国家社科基金
后期资助项目

区域创新系统中的协同效应理论与实证研究

——以长三角为例

A Theoretical and Empirical Study of Synergy in Regional
Innovation System

Take the Yangtze River Delta Region as an Example

陈丹宇 著

浙江大学出版社

图书在版编目（CIP）数据

区域创新系统中的协同效应理论与实证研究：以长三角为例 / 陈丹宇著. — 杭州：浙江大学出版社，2020.12

ISBN 978-7-308-20661-7

Ⅰ. ①区… Ⅱ. ①陈… Ⅲ. ①长江三角洲－区域经济发展－研究 Ⅳ. ①F127.5

中国版本图书馆 CIP 数据核字（2020）第 196878 号

区域创新系统中的协同效应理论与实证研究——以长三角为例

陈丹宇　著

责任编辑	朱　玲
责任校对	汪　潇
封面设计	周　灵
出版发行	浙江大学出版社
	（杭州市天目山路 148 号　邮政编码 310007）
	（网址：http://www.zjupress.com）
排　　版	杭州朝曦图文设计有限公司
印　　刷	杭州高腾印务有限公司
开　　本	710mm×1000mm　1/16
印　　张	17.25
字　　数	310 千
版 印 次	2020 年 12 月第 1 版　2020 年 12 月第 1 次印刷
书　　号	ISBN 978-7-308-20661-7
定　　价	65.00 元

浙江大学出版社市场运营中心联系方式：0571—88925591；http://zjdxcbs.tmall.com

国家社科基金后期资助项目
出版说明

后期资助项目是国家社科基金设立的一类重要项目,旨在鼓励广大社科研究者潜心治学,支持基础研究多出优秀成果。它是经过严格评审,从接近完成的科研成果中遴选立项的。为扩大后期资助项目的影响,更好地推动学术发展,促进成果转化,全国哲学社会科学工作办公室按照"统一设计、统一标识、统一版式、形成系列"的总体要求,组织出版国家社科基金后期资助项目成果。

全国哲学社会科学工作办公室

前　言

　　创新是区域经济发展的根本动力源,区域创新系统的形成与发展是增强区域自主创新能力、建设创新型区域的捷径。作为转型的发展中大国,中国区域创新系统发展具有不平衡性。先发地区的创新系统经验和模式对后发地区具有极强的示范效应和借鉴意义。虽然,区域创新效率增进方式多种多样,但是,相对于传统来讲,现代科技研究的交叉融合性和创新的复杂性、不确定性所引致的创新协同信息成本畸高,致使创新协同度提升成为降低信息成本、增进区域创新效率的关键。长江三角洲地区(简称长三角)①是我国综合实力最强的区域,尽管长三角三省市的区域创新能力处于全国领先水平,也形成了各具典型特色的创新系统模式,并拥有较丰富的区域创新资源,但是,三地创新资源配置过程中,分工、共建脉络还不清晰;过度竞争现象仍然严重;信息共享程度低,重复研发的现象依然如故。上述现象导致三地整体创新协同缺乏,影响和制约着长三角创新资源的利用效率,因此,创新协同度的提升是增进区域创新效率的关键。本书选择具有典型示范意义的长三角,在大国转型经济的背景下,研究区域创新系统中的协同效应,剖析创新协同提升的内在机理,试图为我国区域创新的效率提升提供具有一定普适意义的思路与对策。

　　本书所做的创新性探索要点如下。

　　(1)从区域空间视角拓展了创新协同的内涵,揭示了区域创新协同动因是协同剩余。虽然现有研究对创新协同现象关注较多,但对创新协同背

---

　　① 传统的长江三角洲地区是指上海、无锡、宁波、舟山、苏州、扬州、杭州、绍兴、南京、南通、泰州、常州、湖州、嘉兴和镇江 15 个城市,2003 年在南京召开的长江三角洲城市经济协调会第四次会议上,台州加入长江三角洲城市经济协调会,长三角城市由传统的 15 个扩展为 16 个。随后,从 2010 年至 2019 年,长江三角洲城市经济协调会经过数次扩容,苏、浙、皖、沪三省一市 41 个地级以上城市全部加入长三角城市经济协调会。考虑到融合的时间性和数据的可获得性,本书所研究的长三角地区特指江苏、浙江和上海两省一市。

后的动因研究较少。本研究发现,区域创新协同的动因是各创新行为主体预期获取的协同剩余;而各创新行为主体因追求此种经济利益有可能扭曲信息,引致系统整体协同度较低下,导致剩余减少。追求协同剩余、提升协同度的实质是各区域创新行为主体在信息不对称条件下通过有效的制度安排来强化互补效应,弱化冲突效应而形成的净增益的过程。

(2)通过协同剩余的几何模型,剖析了妨碍协同剩余的形成与增进的症结所在。研究发现,在充分信息情况下,其形成与增进可通过"分工合理＋竞争适度＋融合互补"三个维度的互补效应来实现。但是,因技术市场的交易所涉及的三类不确定性和跨省份的政府研发决策的种种困境等引致的信息障碍会导致以下问题的形成:①区域误分工,即在给定研发资源前提下,创新资源误配置,其特征是低水平的研发重复、有价值的研发投入不足等;②区域竞争过度,内耗加剧,使得创新难以持续;③区域融合虚置,表现为创新系统僵化和效率低下等,从而致使协同度较低,进而妨碍了协同剩余的形成。因此,弱化这种"信息障碍→研发误分工→竞争过度→融合虚置→协同度较低"的冲突效应具有紧迫性,问题的症结源于政府在区域创新协同方面存在信息障碍。

(3)通过对协同度的实证分析,验证了上述信息障碍在地区层次上的差异。研究发现,长三角区域创新系统的整体协同度很低并且某些阶段处于不协同状态,而江浙沪各自的创新系统的有序度却相对较高。这一反差表明,虽然各地政府为区域创新协同构筑了环境、设计了机制和实施了规制,使得系统在跨省份层次上初步形成,但是,这种政府主导型的、跨省份的创新系统,一方面其协同层次"重心"越高,市场配置创新资源的作用发挥越少,利益扭曲越大,信息障碍越多;另一方面各省份追求局部自身利益引致省份间利益有所扭曲,致使跨省份面临协同的信息障碍程度较大,从而导致跨省份的整体协同度较低。而对江浙沪各自而言,因协同层次"重心"低,市场作用发挥较大,利益扭曲程度较低,信息障碍较少;同时,因市场在配置创新资源的作用上较明显,引致政府在做出科技创新发展规划时所面临的信息障碍较少,从而导致其创新系统协同度相对较高。因此,化解信息障碍,提升协同度的关键是要构建市场治理和政府治理的互补而非替代的机制。

（4）从机制设计的视角，探索了化解信息障碍的有效途径。研究表明，在区域创新协同过程中，其信息障碍有特殊性：一是源自不重视市场作为创新资源配置重要手段的行政规划；二是源自技术、知识含量较高的创新自身引起的交易费用过高；三是省际科技创新行为主体间的"囚徒困境"所引致的障碍。而政府惯用的规划难以化解此类信息障碍，因此，构建新型的以激励相容为特征的顺市场导向的政府动态治理机制是明智的选择。这种新型的治理机制可让市场纠偏机制由事后转变为事前，由静态转变为动态，从而降低化解信息障碍的高昂的代价，最终促使区域创新协同所致整体效率增进。

陈丹宇

2020 年 6 月

目　录

第1章 绪 论

1.1 问题的提出与研究背景

以"上海为龙头,苏浙为两翼",长江三角洲地区已经成为中国经济、科技、文化最发达的地区之一。长江三角洲城市群已是国际公认的六大世界城市群之一。鉴于省级行政区域的相对稳定性、在转型大国下地方政府对区域经济发展的特殊作用,以及统计数据的可获得性,本书所研究的长江三角洲地区,特指江苏、浙江和上海两省一市。

中国的长三角是一个充满生机的神奇区域空间。从静态来看,2017年,江浙沪三地只占全国国土面积的 2.19%,占全国人口的 11.6%,但其创造了全国 20.3% 的国内生产总值、35.2% 的进出口总额,如表 1-1 所示。江浙沪三地的经济增长率高于全国平均水平,城镇人均可支配收入比全国高出 1.5～2 倍,农村人均纯收入比全国高出 1.5～2.5 倍,三地的人均 GDP 名列前茅,平均人均 GDP 为全国平均水平的 174.66%。江浙沪三地已经成为我国经济最发达、最活跃、最具竞争力的地区。从动态角度分析,从 2002 年到 2017 年的 16 年间,江浙沪三地的这种不断增强的态势逐渐趋缓。但是,江浙沪三地经济实力雄厚,在我国是最有望率先实现创新驱动发展战略以及建成创新型区域的地区之一,它们在中国国民经济发展中起着举足轻重的作用。

表 1-1 2002 年和 2017 年长三角经济增长部分指标

地区	GDP/亿元		增长率/%		土地面积/万平方千米		人口/万人	
	2002 年	2017 年	2002 年	2017 年	2002 年	2017 年	2002 年	2017 年
上海	5741.0	30133.9	11.3	6.9	0.63	0.63	1334.7	2418.3
江苏	10636.3	85900.9	11.6	7.2	10.26	10.26	7381.0	8029.3
浙江	7670.0	51768.0	12.3	7.8	10.18	10.18	4647.0	5657.0

续　表

地区	GDP/亿元		增长率/%		土地面积/万平方千米		人口/万人	
	2002 年	2017 年	2002 年	2017 年	2002 年	2017 年	2002 年	2017 年
长三角	24047.3	167802.8	—	—	21.07	21.07	13362.7	16104.6
全国	120333.0	827122.0	9.1	6.9	960.00	960.00	128453.0	139008.0

地区	进出口总额/亿美元		人均 GDP/万元		人均可支配收入/元			
					城镇		农村	
	2002 年	2017 年	2002 年	2017 年	2002 年	2017 年	2002 年	2017 年
上海	726.6	32237.8	4.30	12.46	13250	62596	6212	27825
江苏	703.0	40022.1	1.44	10.72	8178	43622	3996	19158
浙江	420.0	25604.0	1.66	9.21	11716	51261	4940	24956
长三角	1849.6	97863.9	1.80	10.42	—	—	—	—
全国	6208.0	277923.0	0.94	5.97	7703	36396	2476	13432

资料来源:相关年份全国以及上海、江苏和浙江的国民经济和社会发展统计公报。

同时,江浙沪三地也是我国技术创新能力和创新水平较高的地区。江苏、上海和浙江在对外经济开放度较高的条件下各自初步形成了具有典型个性的区域创新系统模式,知识创造、知识流动、技术创新、基础设施和创新绩效等反映区域创新能力的指标在全国范围内都居于前列,2017 年综合评价指标分列第二、第四和第五位。[①] 据科技部(2002—2017 年)对全国及地区科技进步基本状况的综合评价,如表 1-2 所示,区域技术进步具有相对优势。北京、上海、天津、广东、江苏和浙江属于第一类:综合科技创新水平指数高于全国平均水平(67.57%)的地区,江浙沪两省一市的各项一级指标大都名列全国前茅。

表 1-2　江浙沪科技进步的综合评价情况(2002—2017 年)

省市	年份	科技进步环境	科技活动投入	科技活动产出	高科技产业化	科技促进经济社会发展	综合评价
上海	2002	(2)	(4)	(2)	(7)	(1)	(2)
	2003	72.19(2)	56.77(4)	70.48(2)	55.60(4)	70.00(1)	61.64(2)
	2004	67.08(2)	54.08(4)	65.63(2)	43.05(7)	77.71(1)	66.04(2)

①　中国科技发展战略研究小组.中国区域创新能力评价报告(2017).北京:科学技术文献出版社,2017:8.

省市	年份	科技进步环境	科技活动投入	科技活动产出	高科技产业化	科技促进经济社会发展	综合评价
上海	2005	69.00(2)	69.96(2)	86.96(1)	61.28(2)	80.17(1)	72.22(1)
	2006	72.83(2)	68.87(1)	88.61(1)	62.79(1)	77.43(1)	74.64(1)
	2007	78.92(2)	77.24(1)	84.39(2)	71.15(2)	81.92(1)	79.18(1)
	2008	81.67(2)	75.69(1)	80.84(2)	71.24(2)	82.20(2)	78.58(2)
	2009	81.86(1)	74.04(1)	81.79(2)	72.45(1)	83.15(1)	78.80(1)
	2010	78.30(2)	78.13(1)	87.08(2)	72.88(2)	83.50(1)	80.50(1)
	2011	75.41(3)	76.89(1)	86.99(2)	73.57(1)	83.36(2)	79.81(1)
	2012	79.21(2)	74.85(1)	97.58(2)	76.74(1)	82.25(1)	82.18(1)
	2013	86.49(1)	79.75(1)	95.06(2)	70.86(2)	79.25(3)	82.37(1)
	2014	80.60(3)	80.44(1)	100.00(2)	73.33(3)	77.11(3)	82.48(2)
	2015	84.42(2)	81.10(1)	100.00(2)	76.72(3)	80.50(2)	84.57(1)
	2016	79.37(4)	80.59(2)	99.69(2)	79.55(3)	80.47(3)	84.04(2)
	2017	79.18(4)	83.39(2)	100.00(2)	81.67(3)	82.62(2)	85.63(1)
江苏	2002	(5)	(7)	(12)	(4)	(8)	(5)
	2003	48.72(7)	49.57(7)	27.08(12)	55.80(3)	45.63(8)	42.23(5)
	2004	44.52(6)	46.52(7)	30.02(11)	47.13(4)	53.84(6)	47.68(5)
	2005	51.29(5)	51.31(7)	34.37(12)	51.08(5)	60.55(5)	50.19(5)
	2006	53.53(5)	54.33(8)	35.59(12)	55.54(5)	62.0(5)	52.56(5)
	2007	54.64(8)	59.53(6)	32.98(13)	59.24(5)	62.72(7)	54.24(5)
	2008	60.37(5)	62.26(4)	34.87(18)	61.45(4)	70.70(7)	58.49(5)
	2009	60.53(8)	63.79(4)	36.82(13)	61.30(5)	73.24(6)	59.90(5)
	2010	64.18(6)	64.53(5)	36.63(14)	63.99(5)	74.59(6)	61.33(5)
	2011	65.12(4)	66.51(5)	45.21(10)	67.18(4)	75.81(6)	64.47(5)
	2012	74.75(4)	69.98(4)	63.48(5)	76.69(2)	68.26(8)	69.97(5)
	2013	77.60(4)	77.68(2)	64.91(5)	68.66(4)	70.85(5)	72.08(4)
	2014	78.04(4)	79.21(3)	68.22(4)	69.92(6)	69.66(4)	73.06(4)
	2015	79.23(4)	79.24(2)	69.96(5)	73.59(5)	77.96(5)	76.21(4)
	2016	79.42(3)	79.71(4)	76.84(5)	76.26(5)	78.78(5)	76.84(5)
	2017	82.99(3)	79.64(4)	72.46(7)	77.33(5)	74.74(5)	77.31(5)

续 表

省市	年份	科技进步环境	科技活动投入	科技活动产出	高科技产业化	科技促进经济社会发展	综合评价
浙江	2002	(9)	(10)	(10)	(13)	(4)	(8)
	2003	49.23(6)	43.55(8)	29.19(10)	28.95(13)	52.00(4)	38.70(7)
	2004	41.55(9)	38.02(8)	33.84(9)	27.46(13)	58.28(5)	43.95(7)
	2005	48.71(10)	51.08(8)	38.33(9)	28.08(15)	59.77(6)	46.90(7)
	2006	52.65(7)	56.26(6)	27.66(16)	28.64(14)	61.41(6)	47.14(9)
	2007	55.69(5)	61.68(4)	27.96(19)	40.63(13)	66.42(6)	52.06(7)
	2008	56.46(10)	60.84(6)	37.45(15)	43.76(13)	70.96(6)	55.47(7)
	2009	59.88(9)	61.33(6)	35.50(14)	45.63(11)	72.63(7)	56.42(7)
	2010	61.42(9)	62.29(6)	34.77(15)	47.09(12)	73.64(7)	57.21(7)
	2011	54.67(11)	64.23(6)	34.70(17)	49.52(11)	74.26(9)	57.19(8)
	2012	65.94(6)	65.14(6)	51.90(8)	56.92(8)	69.09(6)	62.37(6)
	2013	64.96(6)	75.31(5)	52.14(9)	44.90(16)	72.77(6)	63.92(6)
	2014	69.88(6)	77.44(4)	57.57(8)	53.57(10)	72.75(4)	67.58(6)
	2015	68.16(6)	79.02(3)	57.37(11)	55.53(13)	78.46(4)	69.40(6)
	2016	69.14(7)	80.26(3)	59.28(10)	60.18(13)	80.24(3)	71.38(6)
	2017	72.96(5)	81.66(3)	68.22(8)	64.86(12)	78.11(4)	74.26(6)

资料来源:相关年份《全国及各地区科技进步统计监测结果》,http://www.sts.org.cn。

注:表中括号内数据为各一级指标在全国 31 个省区市中的排名。

在高新技术产业领域,江浙沪三地已经成为我国通信、生物医药、新材料、新能源等诸多高新技术产业的重要基地,以微电子、光纤通信、生物工程、海洋工程、生物制药、新材料等为代表的高新技术居全国领先地位,2017 年长三角高技术产业增加值占全国的比重超过 32.00%。同时,2017年,长三角高技术产品出口额占全国的比重为 36.03%,长三角已经成为我国高新技术产品出口的主要地区,如表 1-3 所示。

表 1-3 长三角高技术产品进出口值(2017 年)

进出口情况	上海	江苏	浙江	长三角	全国
出口/亿元	5669.53	9337.70	1260.00	16267.23	45150.00
进口/亿元	5715.01	6426.10	690.73	12831.84	39501.00

资料来源:2017 年全国以及上海、江苏和浙江的国民经济和社会发展统计公报。

2010—2017 年长三角研发经费投入显著提升,研发经费增速普遍高于 GDP 增速。2017 年长三角地区总体 R&D 投入强度为 2.81%,但区域差异显著,其中上海研发投入强度为 3.93%,江苏和浙江分别为 2.63% 和 2.45%(见表 1-4)。三省一市政府在创新驱动发展中的主导和引导作用较强,长三角地区财政科技拨款占政府支出的比重为 4.33%,高于全国平均水平(2.56%)。

表 1-4　长三角 R&D 支出情况(2017 年)

R&D 支出情况	上海	江苏	浙江	长三角	全国
R&D 支出总额/亿元	1205.20	2260.10	1266.10	4731.40	17606.10
R&D 密度/%	3.93	2.63	2.45	2.81	2.13

资料来源:2017 年全国以及上海、江苏和浙江的国民经济和社会发展统计公报。

注:R&D 密度是指 R&D 支出占 GDP 的比重。

如表 1-4 所示,从 R&D 投入看,2017 年,长三角 R&D 支出密度为 2.81%,比全国的 2.13% 还高。长三角 R&D 经费支出占全国的比重为 26.87%,已经成为我国研究与开发的重要中心之一。从发明专利、实用新型专利和外观设计专利三种专利的授权数量来分析,2005 年以来,长三角在全国授权数量上所占比重较高,均高于 20%,发明专利所占比重也高于 20%。长三角每万人发明专利拥有量为 22.9 件,远高于全国 9.8 件的平均水平。如表 1-5、表 1-6 所示。江浙沪成为我国创新活动最活跃、知识产权最密集的区域之一。

表 1-5　部分年份长三角及全国专利授权数量

年份		1990 年	1995 年	2000 年	2005 年	2010 年	2015 年	2017 年
上海	a/件	99	72	302	1997	6867	17601	20681
	b/件	924	1436	4048	12603	48215	60623	70464
江苏	a/件	69	72	341	1241	7210	36000	42000
	b/件	1455	2413	6432	13580	138382	250000	227000
浙江	a/件	43	54	184	1110	6410	23000	28700
	b/件	1217	2131	7495	19056	114643	235000	214000

续　表

年份		1990 年	1995 年	2000 年	2005 年	2010 年	2015 年	2017 年
长三角	a/件	211	198	827	4348	20487	76601	91381
	b/件	3596	5980	17975	45239	301240	545623	511464
全国	a/件	1149	1530	6177	20705	79767	359000	420000
	b/件	19304	41248	95236	171619	740620	1718000	1836000

资料来源:相关年份《中国统计年鉴》。

注:a、b 分别指发明专利授权量和三种专利授权量,下同。

表 1-6　部分年份长三角专利授权数量占全国比重　　　单位:%

专利	1990 年	1995 年	2000 年	2005 年	2010 年	2015 年	2017 年
a	18.36	12.94	13.39	21.00	25.68	21.33	21.75
b	18.63	14.50	18.87	26.36	40.67	31.76	27.86

　　面对新时代,在新常态的导向下,实现长三角高质量一体化发展战略,需要在新发展理念的指引下,走非常规之路。但是,目前江浙沪的发展遭遇到国际金融危机、以贸易保护主义为主要特征的"逆全球化"冲击和市场、资源、环境等的多重约束,主要表现为:FDI(对外直接投资)、土地、电、水、原材料、资金等资源要素全面紧张;长三角经济在全球产业分工体系中的地位没有明显提升,生产总量扩张与效益下降的状况同时发生,并且对外贸易的难度和摩擦阻力日益增大;环境资源破坏状况不断加剧,严重缺水已成为长三角大部分地区的严峻考验。① 我们做深层次原因分析发现,国际金融危机冲击、市场和资源环境等多重约束问题的本质在于传统的粗放经济发展模式,如果不实质性转变江浙沪三地的经济发展模式,这些制约因素的压力还会继续增大。要实现这种发展模式的转变,必须早日将江浙沪三地建成创新型区域,并加快构建与之相吻合的长三角区域创新系统,从而有效提升其区域创新能力和国际竞争力。世界经济发展的经验表

---

　　① 近年来,整个长三角地区"电荒"严重,煤炭、石油供应全面紧张,普遍出现了不同程度的拉闸限电现象。后备土地资源严重不足,土地资源稀缺已成为制约产业发展的重要因素。从水资源方面看,长三角地区虽然是闻名遐迩的水乡,但区域性、水质性缺水现象突出,宁波、舟山等城市用水缺口较大,上海、苏锡常地区、嘉兴地下水严重超采,形成大面积的沉降区。长三角地区仅占全国面积的 2.19%,但其污染排放量占全国的 20%以上。绝大部分地区属于酸雨区,近海赤潮现象时有发生(万斌等,2005)。著名经济学家郎咸平(2014)指出:"以旧金山为例,它的工业用地成本只有 46 美元/平方米,而上海大约 180 美元/平方米。平均而言,我们的工业用地成本比美国高了 5 倍。"

明,经济发展一般经历四个阶段:要素驱动、资源驱动、创新驱动和财富驱动。江浙沪三地均处于资源驱动迈向创新驱动的"阵痛期",也正处于经济转型升级的关键期。只有通过区域的自主创新提升产业能级、培育拥有自主产权的品牌,才能增强国际竞争力。

上述分析实际上勾勒出我国当前区域创新中一个值得高度重视的问题,即区域创新资源流动少、共享程度低,缺乏协同。这对于提高区域创新效率,促进区域创新能力的提升,有效发挥技术外溢的福利效应会产生十分不利的影响。尽管江浙沪的区域创新能力处于全国领先水平,在对外经济开放度较高的条件下各自初步形成了具有典型个性的区域创新系统模式(**江苏的嵌入型创新模式、浙江的原发型创新模式和上海的综合型创新模式**),并且拥有较丰富的区域创新资源。但是,在实现"长三角一体化"示范区战略的大背景下,三地在分解、引入国家战略目标时的分工和共建脉络不清晰;三地技术创新的水平、领域不同,如何实现协同问题没得到有效解决;地区本位主义较严重,退缩在各自的行政区域体系中,造成重复建设;低层次的过度竞争现象相当严重;信息共享程度低,重复立项、重复研究的现象依然如故,区域创新效率提升较缓慢,区域创新能力对区域经济转型升级发展贡献度有待提高,实现创新驱动的高度和深度有待加强。从跨越发展的视角分析,区域创新水平尤其是自主创新能力的提升尚受区域的多方约束,包括人力、财力和物力等。我们认为,在不增加或少增加创新资源投入的条件下,通过江浙沪三地创新资源在区域间的分工、竞争和融合来提高创新产出,从而实现"1+1+1>3"的创新协同效应(synergy effect),是长三角经济跨越发展,实现创新驱动发展战略的有效方式以及提升区域国际竞争力的关键。对此,现有国内外的相关研究尚未做出针对性的回答。

本书正是以此为背景,针对上述问题,展开深入的研究。

1.2　研究目的和意义

1.2.1　研究目的

基于协同学原理,运用信息不对称的机制设计理论和方法,以激励相容的视角,面对全球金融危机、贸易保护主义的冲击和市场、资源、环境等约束,在不增加或少增加创新资源的前提下,通过江浙沪三地创新资源在区域间的分工、竞争和融合三个维度来实现"1+1+1>3"的创新协同效应机理研究,即通过对省际创新协同的机理剖析,进一步探索增进区域创新效率模式,促进江浙沪三地各自走特色的自主创新道路,率先构建创新型区域,为实现长三角高质量一体化发展提供支撑。

1.2.2 研究意义

(1)理论意义

本书借鉴国内外关于区域创新系统的理论研究成果,运用协同学的基本原理和方法,深入分析省际创新协同的内在机理,尝试性地提出并探索了省际创新协同的内涵、动因及其运行机制,并构建了分析研究的基本框架,以长三角为例,以区域创新系统为研究对象,进行了实证研究,从理论上拓宽、深化了跨行政区域创新系统的学术研究,为指导长三角区域创新系统的建设与发展、区域自主创新能力的提升、区域竞争优势的增强提供学理依据。同时,丰富了区域经济学学科发展,特别是推进了我国创新经济学的创立与发展。创新的中国需要中国的创新经济学,在向市场经济体系转型的过程中以及创新型国家转型升级的过程中,中国已经遇到了并将继续遇到各种各样的特殊、复杂的问题,这需要我们紧密按照中国的实际进行理论创新,不断推进当代经济学的本土化。在学习借鉴国外理论与经验的基础上,着重推动中国理论的创新。

(2)实践意义

其一,运用区域创新系统理论指导长三角区域创新系统的建设与发展,通过持续提升区域自主创新能力,江浙沪率先进入创新驱动发展阶段,着力增强长三角区域国际竞争力,促使长三角在全国率先实现经济发展模式转型升级,率先提高自主创新能力,率先推进改革开放,率先构建社会主义和谐社会,进而率先基本实现现代化。

其二,突显长三角区域创新系统在国家创新系统中的重要地位和作用,为推动国家创新系统的建设与发展发挥骨干和引领作用,为建设创新型国家起到引领作用,同时亦为其他区域创新系统的建设与发展树立表率和示范。

其三,强化上海、江苏、浙江创新子系统间的密切联系和相互作用,构建公共服务平台,在更高的层级上实现江浙沪三地区域创新资源的整合与区域创新系统的完善。

其四,提高长三角区域创新系统的开放度,积极主动地与其他区域创新系统密切协作、资源互补、联动发展,进一步推动我国国家创新系统的建设与发展。

1.3 研究内容和方法

1.3.1 主要研究内容

在一体化程度不断深化的背景下,长三角区域一体化上升至国家战略的新形势和新任务下,本书紧紧围绕"激励相容"这根主线,以长三角的江浙沪为例,以区域创新系统为研究对象,试图揭示省际创新协同的内在机理,分析区域创新系统中"1+1>2"的整体协同效应的内在规律,从而建构起支撑长三角发展的、一体化的区域创新系统,以此来不断提高长三角的创新能力和创新层次,促进区域经济持续发展。

本书主要分三部分共 10 章内容:第一部分包括第 1、2 章,主要是提出研究的问题和进行相关的文献综述。第二部分由第 3、4、5、6、7 章组成,重点研究在区域创新系统中省际创新协同的内在机理,在此基础上,着重就江浙沪和长三角区域创新系统中的创新协同效应进行实证研究,这是本书的核心,从理论分析与实证研究两方面剖析省际创新协同的内在运行机制及其实现动因,并揭示内在联系。第三部分由第 8、9、10 章构成,就提升江浙沪三地创新协同效应进行广泛的研究,给出本书的主要研究结论和建议。

第 1 章为绪论,提出本书的研究背景,指出本书研究的目的、理论和现实意义,介绍本书的分析思路、主要研究内容和主要研究方法,概括本书可能的创新点。

第 2 章为文献综述,通过对区域创新系统和协同学等相关文献的较系统的梳理,既充分肯定并吸收了现有文献的主要贡献,又评析了现有文献研究中的不足,实际上也从中指明了本书的努力方向。

第 3 章是分析跨省份的区域创新系统模式。本章在考察江浙沪三地区域创新系统模式及特点的基础上,着重探究跨省份(如长三角地区)区域创新系统形成与发展模式,尝试性地提出长三角区域创新系统"多元均衡极化"一体化模式,并揭示其内在机理,由此提出了其构建途径。

第 4 章是对区域创新系统创生协同效应的内在机理的考察。本章尝试性提出并分析了区域创新系统中创生协同效应的内在行为——省际创新协同的内涵,重点考察了省际创新协同的动因、机理、影响因素及其经济学理论诠释,构建了分析省际创新协同效应的理论框架。

第 5 章是剖析省际创新协同的动因及其实现机理。本章在借鉴现有模型的基础上,创造性地构建了一个揭示省际创新协同的内在动因——追求协同剩余的几何模型,剖析了其形成与增进的内在机理及妨碍协同剩余形成与增进的症结所在。

第6章是实证分析省际创新协同中的协同度。在学习借鉴孟庆松、韩文秀(1999、2000)在研究复合系统整体协调发展时提出的整体协调度模型的基础上,创造性地构建了区域创新系统协同度测算模型,来度量省际创新协同的程度,并应用此模型对江浙沪三地及其整体的区域创新系统协同发展现状及趋势进行了分析研究,并验证信息障碍程度的差异。

第7章是研究省际创新协同中的信息障碍及其化解的制度安排。本章重点考察省际创新协同中信息障碍的特殊性,并就对其化解的问题进行制度设计。

第8章是研究增进省际创新协同效应的有效运行机制。本章在揭示省际创新网络产生协同效应的内在机理的基础上,从区域经济一体化进程的高度,研究省际创新网络的形成与发展,这是区域创新系统中实现和增进省际创新协同效应的有效载体和运行机制。结合长三角,就其省际创新网络形成与发展的内在机理、特点等进行深入探索。

第9章是研究增进省际创新协同效应的动态运行机制。本章以长三角为例,在分析省际创新协同现状的基础上,重点运用激励相容的思想理念,顺应市场竞争的逻辑,研究构建长三角省际创新协同的动态运行机制。研究旨在通过制度创新和构建新机制、新途径来形成促进区域内各主体之间的"合作博弈",防止"恶性"的过度竞争与非合作博弈的种种倾向,以公正、透明、可预期的规制来保障区域内政府与政府之间、政府与企业之间、企业与企业之间、中国与国外之间实现共赢。

第10章是本书的研究结论与展望。

1.3.2 研究的基本思路

本研究的基本思路如图1-1所示。

1.3.3 主要研究方法

本书以创新系统理论和协同学原理为基础和基本支撑,同时运用系统论、区域经济学、创新经济学、新制度经济学、政治经济学、信息经济学和新经济地理学等学科的基本思想和理论,以长三角为例,建构研究区域创新系统中省际创新协同的分析框架,在科学的定性分析前提下进行了必要的定量分析,既展示了创新系统理论及相关理论对各地市的区域创新系统的

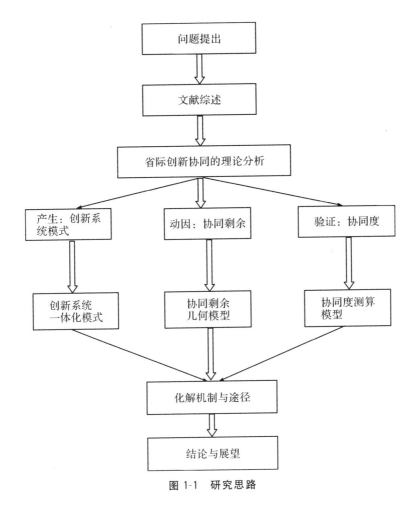

图 1-1　研究思路

解释力,又使复合的区域创新系统的形成与发展进一步丰富了理论体系的内涵,实现理论与实践相互印证,相得益彰。具体的方法如下所述。

(1)实证与规范相结合的分析方法。本书大多采用实证经济学(positive economics)分析的方法,主要回答"是什么""为什么"的问题。当然,完全像自然科学那样避开价值判断,不加入任何的主观感受来解释社会经济现象,也是一件十分困难的事情,而且在解释中国经济现象时没有价值判断更是不可能的,所以本书也采用规范(normative)经济分析,说明"应该是什么"的问题。总之,本书采取实证与规范相结合的分析方法。

(2)系统的分析方法。本书在研究江浙沪三个独立区域系统的基础上,将整个长三角区域看作一个整体的创新系统来理解,所以必须将政治经济学、信息经济学的理论和方法与新经济地理学的理论和方法融合在一起,才能考察和分析长三角区域内部各个子系统的创新以及各个系统的利弊得失,以此来探讨区域创新系统的机理和模式,分析三个子系统的内在联系。因此,系统的分析方法是本书的重要研究方法之一。

(3)定性与定量相结合的分析方法。本书在探讨区域创新系统中的省际创新协同效应的内在机理时,主要分析长三角的江浙沪各自区域创新系统层面形成一体化的经济动因,需要运用博弈论理论,而博弈论很难用定量方法分析。在实证研究方面,本书借鉴了国外许多经济学家的实证分析,采用典型的案例分析方法,这对于理解区域创新系统中形成省际创新协同行为的激励机制很有帮助。当然,本书也建立了实证分析的计量模型,这些模型所得出的结论不仅能验证本书的理论模型,而且对解决转型期中国区域创新的现实问题有一定的政策参考价值。因此,定性与定量相结合的分析方法是本书的重要研究方法之一。

(4)静态与动态相结合的分析方法。从激励相容视角来看,区域创新系统中的省际创新协同效应本身是一个动态演进的过程。因此,本书理论研究不仅注重静态分析,而且结合动态研究。

1.4 预期创新与有待研究方面

1.4.1 预期创新

本书在考察现有相关理论的基础上,以江浙沪的长三角为例,针对区域创新系统中省际创新协同效应的问题全面而深入地展开研究,可能得出的创新性的要点如下。

(1)从区域空间视角拓展创新协同的内涵,揭示省际创新协同动因是协同剩余

现有研究较多关注创新协同这一现象,但对其动因的分析较少。本研究发现,省际创新协同的动因是各创新行为主体预期获取的协同剩余;而各创新行为主体因追求此种经济利益有可能扭曲信息,引致系统整体协同度较低下,导致剩余减少。追求协同剩余、提升协同度的实质是各区域创新行为主体在信息不对称的条件下通过有效的制度安排来强化互补效应、弱化冲突效应而形成的净增益的过程。

(2)通过协同剩余的几何模型,剖析妨碍协同剩余的形成与增进的症结所在

在充分信息情况下,协同剩余的形成与增进可通过"分工合理+竞争适度+融合互补"三个维度的互补效应来实现。但是,因技术市场的交易

所涉及的三类不确定性和跨省份的政府研发决策的种种困境等引致的信息障碍会导致以下问题的形成：①区域误分工，即在给定研发资源前提下，创新资源误配置，其特征是低水平的研发重复、有价值的研发投入不足等；②区域竞争过度，内耗加剧，使得创新难以持续；③区域融合虚置，表现为创新系统僵化和效率低下等，从而致使协同度较低，进而妨碍了协同剩余的形成。因此，弱化这种"信息障碍→研发误分工→竞争过度→融合虚置→协同度较低"的冲突效应具有紧迫性，问题的症结源于政府在省际创新协同方面存在信息障碍。

（3）通过对协同度的实证分析，验证上述信息障碍在地区层次上的差异

本书实证研究发现，长三角区域创新系统的整体协同度很低，而江浙沪各自的创新系统的有序度却相对较高。这一反差表明，虽然各地政府为省际创新协同构筑了环境，设计了机制，实施了规制，使得系统在跨省份层次上初步形成，但这种政府主导型的、跨省份的创新系统有其缺陷。一方面，其协同层次"重心"越高，市场配置创新资源的作用发挥越少，利益扭曲越大，信息障碍越多；另一方面，各省份追求局部自身利益引致省份间利益有所扭曲，致使跨省份面临协同的信息障碍程度较大，从而导致跨省份的整体协同度较低。就江浙沪各自而言，因协同层次"重心"低，市场作用发挥较大，利益扭曲程度较低，信息障碍较少；同时，因市场在配置创新资源方面的作用较明显，引致政府在做出科技创新发展规划时所面临的信息障碍较少，从而导致其创新系统协同度相对较高。因此，化解信息障碍、提升协同度的关键，在于构建市场治理和政府治理的互补而非替代的机制。

（4）从机制设计的视角，探索化解信息障碍的有效途径

本研究表明，省际创新协同过程中发生的信息障碍有特殊性，这表现为：一是源自不重视市场作为创新资源配置重要手段的行政规划；二是源自技术、知识含量较高的创新自身引起的交易费用过高；三是省际科技创新行为主体间的"囚徒困境"所引致的障碍。而政府惯用的办法难以化解此类信息障碍，因此，构建新型的以激励相容为特征的顺市场导向的信息披露治理机制是明智的选择。这种新型的治理机制可让市场纠偏机制由事后转变为事前，由静态转变为动态，从而降低化解信息障碍的高昂代价，最终促使省际创新协同效率整体增进。

1.4.2　有待研究方面

区域创新系统的省际创新协同效应研究是一项探索的课题，涉及方方

面面的内容,是一项系统工程。由于作者研究水平、时间和精力等方面的限制,本研究存在有待研究与改进的问题,其主要表现如下:

(1)理论研究有待深入探索。虽然本书在研究省际创新协同效应方面做了理论探索,但深度不够。

(2)实证研究的模型、数据等方面还可以进一步深化。

(3)激励相容机制设计有待优化,其操作性需进一步加强。

第2章　文献综述

本书的研究主要涉及两个领域：一是区域创新系统理论，二是协同及协同效应理论。本章将通过对这两个领域的理论进行回顾和综述，为本书的研究构建理论模型和建立相关假设提供理论依据。

本章内容安排如下。首先，对区域创新系统理论研究文献进行综述，主要内容有：①考察区域创新系统研究诞生的理论基础背景。将主要论述熊彼特创新理论、"新熊彼特"创新理论的兴起和发展，创新行为模式的研究演化、创新研究"系统范式"方法的形成和发展。②综述区域创新系统研究的兴起和发展。将论述创新研究区域化兴起的原因、区域创新系统理论渊源及其相关理论介绍和评述。③对区域创新系统理论研究的简单评价。其次，对协同及协同效应理论研究文献进行考察。最后，对研究现状简单地进行了评述，以作为本书研究的借鉴和指导，在此基础上进一步阐明本研究的切入点和思路。

2.1　区域创新系统理论研究

2.1.1　基础理论演进

（一）创新理论发展

（1）熊彼特创新理论的发展线索

1912 年奥地利经济学家约瑟夫·熊彼特（Joseph A. Schumpeter）在《经济发展理论》（Theory of Economic Development）一书中首次提出并系统地阐述了"创新"（innovation）的概念，"创新"是指建立一种新的生产函数或供应函数，即在生产体系中引进一种生产要素和生产条件的新组合，因此，创新由内在的因素决定，它主要依赖于企业家"更适当地、更有利地运用现存的生产手段"，对现存的生产要素组合，实施了"创造性的破坏"，从而由企业家"实现了新的要素组合"。他将创新的内涵概括为五个方面：

一是创造一种新的产品,即产品创新;二是引进一种新技术,即工艺过程创新;三是开辟一个新市场;四是控制原材料的新供应来源;五是实现企业的新组织(转引自盖文启,2002)。

之后,创新理论的发展遵循两条分支展开,一是以技术变革和技术推广为研究对象的技术创新分支,二是以制度变革为研究对象的制度创新分支。近年来,在经济演化论复苏的背景下,这两条分支逐渐融合到"新熊彼特"创新理论中去。

在技术创新分支中,其代表人物有埃德温·曼斯菲尔德(Edwin Mansfield)、莫顿·卡米恩(Morton I. Kamien)、南希·施瓦茨(Nancy L. Schwartz)、兹维·格里利谢斯(Zvi Griliches)、谢里夫(Scherev)以及英国萨塞克斯大学(University of Sussex)科学政策研究所(Science Policy Research Unit,简称 SPRU)的弗里曼(Freeman)、多西(Dosi)等。技术创新分支的研究内容一是探索技术创新的动力源,主要形成了技术推动说,需求推动说,政府行为启动论,企业家创新偏好驱动论,社会、技术、经济系统的自组织作用和技术轨道推动论等理论。二是研究了技术创新的阻力机制及影响环境因素,即分析企业内部组织、管理、决策行为及内外部因素相互作用对企业技术创新的影响。三是探讨了技术创新的扩散问题,将扩散分为部门内扩散、部门间扩散及国际扩散,提出了"有效的创新扩散也是创新"的观点。

在制度创新分支中,较早尝试运用熊彼特的创新理论来系统研究制度的变革过程的主要代表学者是道格拉斯·诺思(Douglass C. North)和兰斯·戴维斯(Lance E. Davis)。此外,希克斯(Hicks)、舒尔茨(Schultz)、拉坦(Ruttan)、速水佑次郎和林毅夫等也都在此领域做出了贡献。制度创新学者认为在预期的净收益超过预期成本时,一项制度创新才发生,制度变迁的终极动力在于追求利益最大化,其具体表现为:一是人们经济价值不断相对提高的结果;二是要素与产品的相对价格及与经济增长相关联的技术变迁所引致;三是生产性资产的"专有性"驱动分工或"迂回的生产方式"引起;四是由组织中"机会主义"行为和反机会主义行为的努力所致;五是市场规模的扩大和生产技术的发展。

总的来讲,熊彼特开创性地提出了"创新"概念后,这种"熊彼特式"创新概念日渐显现出其局限性。创新应该在更广的范围内理解为"既包括产品创新和过程创新或者组织创新(在企业内部的组织结构),又包括企业外部产业部门、区域和国家层面上的社会文化与制度创新的系统过程"(Morgan,1997)。特别是 20 世纪 70 年代纳尔逊(Nelson)和温特

(Winter)创立演化经济学以来,技术创新与制度创新两大分支的研究内容日益融合于演化论中,并带动了"新熊彼特"创新理论的兴起和发展。

(2)"新熊彼特"创新理论的兴起与发展

纳尔逊、温特、弗里曼、多西和罗森伯格(Rosenberg)等学者从熊彼特的著作中吸取了丰富的营养,在演化经济学现代发展理念的指导下,在科学技术问题研究上遵循熊彼特思路的研究,这种研究方法被称为"新熊彼特"或"演化"的方法。"新熊彼特"学派批判地继承了熊彼特的传统,广泛地探讨了"熊彼特竞争"的各种问题,如创新收益率、竞争的可持续性、企业规模分布、市场结构的决定因素和新企业创办的作用等;提出了技术推动和技术、制度与产业结构共演的演化增长理论;发展了目前对企业战略产生重大影响的企业能力理论;并以研究科学技术、知识经济和创新系统等闻名于世,如1996年经济合作与发展组织(OECD)发表的著名报告《以知识为基础的经济》就是该组织"国家创新系统研究项目"的子报告。该学派1986年成立国际熊彼特学会,每两年召开一次会议,颁发"熊彼特奖"并出版会议论文集,并于1991年创办《演化经济学杂志》。目前,"新熊彼特"在研究风格上已形成了两种相当不同的分支文献:更形式化建模的技术变迁的演化理论和经验性研究的创新体系理论,后者的形成还受到德国历史学派和老制度学派的重要影响(贾根良,2002)。

"新熊彼特"学派经济学家们发现,演化框架非常适合于对熊彼特的主题进行分析,因此,他们广泛地使用了生物学类比。但是,熊彼特本人认为,人们应需要根据新的证据加以修正和引申,而不应把他的著作看作一成不变的教条。为此,"新熊彼特"创新者对熊彼特许多重要课题展开了批评,认识了各种局限性。第一,创新对熊彼特来说是外生的。因为对熊彼特来讲,新知识如何产生不是他研究的重点,而其如何实现的过程是他着重探究的,因此他明显低估了新知识及其创造过程。正因为忽视创新产生的原因和制度变化对新知识产生的主要影响,所以其对经济发展内生累积过程的解释缺乏说服力(王晓蓉、贾根良,2001)。第二,受尼采学派的"超人"理论的强烈影响,熊彼特把人区分为两类:一是社会精英的企业家,二是对其英雄行为进行模仿者,并用此解释资本主义经济周期,从而忽略了对其更本质原因的探讨。第三,经济学家已区分出"两个熊彼特":一个是基于企业家与小企业创新作用的青年经济学家"熊彼特",另一个是基于大垄断公司优势及技术进步官僚化过程的"老年"熊彼特(王晓蓉、贾根良,2001)。由于熊彼特的经济发展理论中并没有强调指出"社会制度过程"在创新活动中所扮演的不同于市场的角色,所以其理论事实上并没有提出

"创新理论"(Morgan,1997)。"新熊彼特"创新理论则明确指出,知识是一个区域内的企业、研究机构、生产商、客户等不同主体间相互作用以及它们与制度环境之间相互作用的过程,即"创新的发生是一种相互作用的过程"(Dosi and Lundvall,1988)。这种创新的过程从组织层面来分析,通常要求创新者(用户)与一个或更多的生产商(供应商)之间产生交互作用,并以此促进知识、信息、共享技术等要素的传递与扩散,同时使之在其他活动中形成"新的组合",产生更进一步的创新(盖文启,2002),形成创新引致创新的良性循环。

基于对熊彼特创新理论的进一步认识,"新熊彼特"创新理论通过大量的经验研究分析了科学技术在经济发展中的作用,从中概括出了对创新的一些新认识(王晓蓉、贾根良,2001):第一,不确定性是创新活动的突出常态。第二,技术进步的历程表明,科学知识的进步决定了新技术机会的产生。第三,企业研究开发实验室、政府实验室、大学等正式组织作为创新产生的最佳环境比个体创新者更为有利。第四,有相当多数目的创新和改进在"边干边学"和"边用边学"的过程中产生。第五,技术变迁过程具有累积性特征。"新熊彼特"的学者们在这些新认识基础之上做了有益的理论探索,获得了许多重大研究成果。"新熊彼特"学派对创新过程的再认识,拓展了我们对创新行为研究的视野。

(二)创新行为模式研究演化

在熊彼特具有浓郁的个人英雄主义创新理论的影响下,20世纪六七十年代线性模式技术创新研究思路出现,其一般遵循发明→开发→设计→中试→生产→销售等这一技术推动型和市场需求→销售→发明→制造→生产等这一市场拉动型两种线性模式。这种线性模式技术创新研究思路的主要特点:一是完全从企业内部分析整个创新过程,并将创新知识的扩散界定为其他企业采用新思想或新产品行为;二是行为主体间的信息的反馈是单向的,缺少互动。这种创新线性模式,虽然有一定的启发性,但由于其自身的局限性,许多学者提出了质疑(Freeman,1974;Nelson and Winter,1982;Dosi,1988)。线性创新模式的缺点:没有反馈线路(不包括销售数据、个体用户、评估竞争地位等一系列反馈信息);削减了过程创新的重要性;没有考虑技术创新组织的复杂性。

由于创新行为过程是一个复杂且外部不确定性强的长期过程,企业创新的能力提升绝不局限在单一的企业内部,也可扩展到企业的供应商、客商以及内部的市场化过程中。因此,创新的过程并不是一个简单的线性模式,而创新的节点也并不仅仅发生在正式的研发活动中,而是可能发生在企业生产经营过程中的每一环节。此外,在企业与其供应商、客商和合作伙伴的交流协作过程中,抑或是在企业与竞争对手的市场竞争过程中,企业均可能发生创新并提升创新能力(转引自盖文启,2002)等。创新行为是由一个诸多因素交互作用的复杂网络构成的。由此,罗森伯格和克莱因(Kline)提出了这种交互网络的"创新链环模型"。Robert 和 Don(1999)认为,在这种新的环境和创新模式中,网络自组织(network self-organization)和网络学习(network learning)尤为重要。就如有学者论述的,创新是一种学习过程,表现为"干中学""用中学"和"相互作用过程中学习"等多种学习过程(转引自盖文启,2002)。而且,创新作为一个增值的和连续性的过程,在区域层面上被现存的社会经济结构和企业的日常行为所决定(转引自盖文启,2002)。

创新行为应该是一种动态的学习过程,创新的这种趋势是循环的而非因果关系的,这种创新模式称为非线性创新模式(转引自盖文启,2002)。这种非线性创新模式说明企业在进行产品创新过程中的各个环节都需要各种投入,同时在创新过程中的各个环节都会有创新的产出。因此,所有创新的投入和产出,并非在企业内部或者由单个企业独立完成。创新需要企业整合内外的资源,包括供应商和客商(用户)、工程师、企业管理者和生产工人、大学(研究机构)的研发投入以及产业界的研发合作与协同作用。

非线性创新模式被认为是一种自下而上的相互作用的创新模式,它更适应于学习型经济。在学习型经济中,知识是最基本的资源,学习是最重要的过程(转引自盖文启,2002)。另外,由于迅速扩散的信息、计算机技术和柔性生产方式相结合的结果,学习型经济作为竞争的关键手段,是严格地以创新为基础的。

由此,我们认为,非线性创新模式的核心特征是在创新的传统线性模型基础上强调了创新行为的实现空间从企业内部扩展到企业之外的思想。创新行为表现为不同参与者和机构(包括企业、政府、大学、科研机构等)之间交互式作用的网络。在这个网络中,任何一个节点都可能成为创新行为实现的特定空间,因而,一定区域范围内所特有的制度模式、社会的规范、文化和价值观等隐含经验类的隐性知识,在创新的形成过程中具有重要作用。此类隐性知识是人们长期相互合作和交流而不断积累的结果,它们可在不完全的竞争市场中有效降低创新的不确定性。由于区域内的创新活动需要通过区域内行为主体之间交互式作用而发生,因此,区域内的创新往往表现为区域内非线性、网络式的创新。

创新行为模式由线性模式向非线性模式演进,使得创新的发展从以传统的创新政策为主导转向依赖于企业的发明创造来大力推动区域的发展(Asheim,1998)。创新的区域化过程可以被看作在全球化经济中成功提高区域竞争力的战略,同时,创新也被广义地理解为行为主体非线性地相互作用过程。由此可见,在全球化经济中,社会文化结构在区域的经济发展过程中发挥着重要作用,成为保持区域创新能力和竞争力所必需的首要条件。表 2-1 则提供了对两种创新模式的特征概括与总结。从表 2-1 中可以看出,由线性创新模式向非线性创新模式的转变,更强调企业不同环节上的创新,明确了中小企业对创新的贡献,而且也进一步指出,在地理空间上的非中心区,即中小城市或城镇中,同样可以进行创新活动,产生创新知识。正是对创新行为认识的不断深化,为诞生新的创新研究方法提供了理论基础。

表 2-1　线性与非线性创新模式的特征比较

创新要素	线性创新模式	非线性创新模式
重要部门	大企业和研发部门	小企业和大企业、研发部门、客商、供应商、技术性大学、公共机构
创新过程中的重要投入	研发	研发、市场信息、技术竞争、非正式的实践知识
地理后果	大多数创新活动(研发)发生在中心区域	创新活动在地理空间上扩散
典型的工业部门	福特时代的制造业	柔性工业部门
区域政策导向	在非中心区域鼓励研发活动	发展区域创新系统(将企业连接到更广泛的创新系统中)

资料来源:转引自盖文启(2002)。

(三)创新行为研究方法"系统范式"的形成和发展

自熊彼特的开创性研究开始,众多经济学家对创新的起源、影响及其发展规律做了探索。总体而言,这些研究呈三个阶段的发展特征。20 世纪 50 年代初至 60 年代末,学者们往往强调创新起源、效应以及创新组织等内容,在这一阶段具有较大影响的理论假说如技术推动假说和需求拉动假说等。20 世纪 70 年代初至 80 年代初,研究内容开始扩展到技术创新的研究范围,各种研究理论和研究方法得到综合运用,可谓是"技术创新研究的持续兴旺阶段",其间所形成的"演化理论"对后来的研究具有重大影响(傅家骥,1998)。此后,创新系统方法作为一种崭新的研究方法得以诞生与应用,它并不简单地关注创新的某一个方面如发明、创新和扩散,而是从"系统"的视角来解释创新并分析影响创新的各种因素(转引自王伟光,2003)。正是这种"系统范式"的应用,创新行为的研究呈现出"技术创新研究的综合化趋势"(傅家骥,1998;张宗庆,2000;王伟光,2003)。

与以往研究方法不同,创新的系统方法不是简单地关注创新的某一个方面(如发明、创新和扩散),而是将创新看作一个复杂的系统,从"系统"的视角来分析和解释影响创新的各种因素,以及不同国家或地区、部门或产业的创新为什么会存在差异(转引自王伟光,2003)。创新的系统方法是由经济的、社会的、政治的、组织的和制度的等各种影响创新开发、扩散和使用的因素综合应用形成的(Edquist,1997)。

系统是由两个以上相互不同、可以相互作用的要素构成的集合体;各要素之间存在着一定的联系,形成特定的结构和功能。正如 Anderson(1999)所定义的,创新系统(innovation system)是指与经济相关联的系列创新活动通过相互依赖的专业化分工而形成的整体。这种系统范式可以有多层次的表现,也可以从亚区域(sub-region)、国家、泛区域(pan-region)和国际等不同地理范围上进行分析。从纵向历史层面考察,创新研究的"系统范式"主要经历了四个层面和阶段:企业创新系统、国家创新系统、区域创新系统和集群创新系统。尽管这四者之间并不存在明显的时空界线,却成为一条"企业创新系统——国家创新系统——区域创新系统——集群创新系统"的主线,贯穿有关创新系统的研究。

(1)企业创新系统理论研究

从熊彼特创新理论衍生出来的企业创新理论,其研究视角隐含的前提就是从微观系统角度揭示企业的创新行为。如 Nelson(1993)等学者注重从技术创新过程、技术创新影响因素、技术轨迹与技术范式、技术创新扩散等角度强调微观系统的分析和研究。

所谓企业创新系统,是指保证企业创新系统内部信息和知识等的有效联结,它包括企业创新的界面系统和支撑系统两个方面(许庆瑞,2000)。

企业创新的界面系统是指企业内部的研究与发展部门、生产制造与营销部门的有效整合。除了界面系统外,企业创新系统的建立与完善还在于企业创新的支撑系统,其关键包括企业领导与企业家精神、研究与发展体系、教育培训与人力资源、资金供应与管理、创新管理工具、创新文化和企业制度(许庆端,2000)。

随着创新研究的深入,许多研究者开始注意到创新较大程度上必须在企业与企业之间或企业与用户之间交互作用的过程中进行,包括供应者与装配者、生产者与消费者之间的相互影响,竞争者之间的技术信息交流等(Fusfeld and Kahlish,1985;Von Hippel 1988)。其中以冯·希伯尔(Von. Hippel)的观点较为典型。在他看来,技术创新的过程,由于存在各种"黏着信息"(sticky in formation),因此是一个不断试错的过程,并为解决创新问题方向的洞察所左右。为了加快创新的过程,提高创新效率,需要加强创新者与用户的交流与合作,才能及时地提取必要的"黏着信息"。因此,20世纪80年代后,企业技术创新与外部紧密联结,形成了创新的"系统范式",对创新系统的分析层次也逐步得到提升(国家、区域、泛国家)(许庆端,2000)。

(2)国家创新系统理论研究

"系统范式"最初出现在国家层面,并形成了"国家创新系统"理论。事实上,创新研究的"系统范式"首先是从研究国家创新系统开始、发展并确立的。国家创新系统的研究始于20世纪80年代末90年代初,主要代表人物有弗里曼,伦德瓦尔(Lundvall)、纳尔逊、波特(Porter)、爱德奎斯(Edquist)、巴特尔(Patel)和巴维特(Pavitt)等。现有国家创新系统的研究主要是从实体和制度安排两个角度进行的,强调国家创新系统不同的内在结构和机理,从而形成了不同的学派。这些学派主要有:弗里曼的国家创新系统理论、纳尔逊的国家创新系统理论、伦德瓦尔的国家创新系统理论、波特的国家创新系统理论、经济合作与发展组织(OECD)的国家创新系统理论以及国内学者的国家创新系统理论研究等。

我国的国家创新系统研究开始于20世纪90年代中期。1992年,经济科学出版社翻译出版了多西(1991)等主编的《技术进步与经济理论》一书,首次将"国家创新系统"概念引入中国。此后,国内学者从不同的角度、采用不同的方法对我国国家创新系统进行了广泛的研究。应当说,国家创新系统是一个综合的技术创新系统,经济的发展和国际竞争取决于国家的技术创新,而技术创新的快慢又取决于经济体制,没有高效率的国家技术创新系统,经济从粗放型、速度型向效益型转换就没有技术支撑。刘洪涛(1997)是首位沿用伦德瓦尔的研究方法对构成国家创新系统的生产—学习系统、搜寻系统、探索系统与选择系统等进行分析,完成博士学位论文《国家创新系统(NIS)理论与中国技术创新模式的实证研究》的学者。柳卸林(1998)从提升创新能力的角度分析了政府、企业、科研与高校、支撑服务四个要素以及它们彼此之间的相互作用,这四个要素也构成了国家创新系统的主体。国家创新系统是一种社会子系统,其本质是一种制度体系,也是一种分析工具(雷家骕,2007)。此外,冯之浚(1999)的《国家创新系统的理论与政策》、石定寰(1999)的《国家创新系统:现状与未来》、胡志坚

(2000)的《国家创新系统:理论分析与国际比较》等均是中国学者有关国家创新系统研究的重要著作。

总体来说,中国学者借鉴弗里曼、纳尔逊、伦德瓦尔等人的思想进行了研究,尽管在国家创新系统研究方面做了一定的工作,但是,仍需要从组成、过程和绩效等三个方面做深入的研究。

随着创新研究的不断发展,后来的研究者发现,创新更应强调企业与创新环境之间的动态性互动过程(Dosi,1988),从而推进创新系统研究的深入发展。"系统范式"研究的不断深入,逐步推进了区域创新系统理论的形成与发展。随着全球一体化和国际边界的模糊,从经济意义上看,"国家状态"日益让位于"区域状态",区域成了真正意义上的经济利益体(Ohmae,1993)。学者在对欧洲企业的研究中也得出,虽然经济全球化和外资控股迅猛发展,但是这些企业关键性的商业联系仍集中于区域范围内(转引自魏江,2003)。于是,一些学者在综合现代创新系统理论基础上着重从区域层次上研究创新系统理论。

(3)区域创新系统理论研究

在经济全球化与知识经济背景下,国家在经济、科技创新等方面的重要性相对减弱,而区域的地位日益提高,美国的硅谷、德国的巴登-符腾堡、中国的中关村等都是典型的例证。主要原因在于,区域的创新能力直接关系到一个地区乃至一个国家竞争优势的增进。基于这一考虑,众多学者开始着眼于从区域层次上展开对创新系统的研究,即区域创新系统。这些研究表明,创新过程会在一定的条件下根植于区域。正如波特所强调的地点(location)在竞争优势上的重要作用,国与国之间的竞争的一个重要体现在于区域之间的竞争。区域竞争力来源于区域创新能力,这又需要区域创新系统的支撑和引领,从而促进区域创新系统的形成。

系统学表明,区域创新系统是国家创新系统这个大系统的子系统,开放的各个区域创新系统耦合①起来形成了国家创新系统;区域创新系统的建设不仅仅是国家创新系统运行的前提,更是国家创新系统不可或缺的组成部分,没有区域创新系统间的协同,国家创新系统就不可能形成,更谈不上质量和效率。但是,区域创新系统与国家创新系统所处的层次不同,其功能也就不同。国家创新系统主要从国家宏观层面,促进自主创新能力,

---

① 借用物理学的概念,耦合是指两个齿轮或其他机械组合满足一些结构方面的关键性要求,如模数、齿形;或一些配合参数,如中心距、传动夹角是否相切等,能够满足顺利传动或运转方面的要求。

提升国家竞争能力;而区域创新系统则主要从中观层面,推进提升区域创新能力,强化区域的竞争优势。

区域创新系统强调的是"根植性"特征,即各区域以自身独特的制度文化、价值观等来形成与发展各具特色的区域创新系统。这说明,国家创新系统不等于区域创新系统的简单相加,理想状态是区域创新系统各具特色,并成为国家创新系统的有机组成部分,国家创新系统则构筑各区域创新系统的基础和相互联系的纽带,并与区域创新系统互融互动(吴贵生等,2004)。

当创新系统研究发展到区域创新阶段,开始与产业集群的研究结合起来了。以 Porter(1990)、Asheim(2002)和 Todtling(1999)等为代表的研究成果表明了这种结合趋势,于是便出现集群与区域创新的深入研究,从而形成与发展了集群创新系统的理论。

(4)集群创新系统理论研究

在 20 世纪 80 年代后期和 90 年代初,一批学者(Freeman,1991;Bergman et al. 1991;等等)集中从区域层面上探索产业集群,从而开创了对集群创新系统的研究。综合以 Porter(1990)的国家竞争优势研究为代表的现有研究成果,表明基于区域产业集群的国家竞争优势研究,剖析产业集群和国家竞争优势之间的内在机理,进而从国家层面上探究产业政策是学者的研究焦点。对产业集群的深入研究,丰富了各个国家制定创新政策的理论依据。比如,把产业集群政策提升到国家高度,作为优先制定创新政策的依据,是英国创新取向(DTI2001)报告主题之一。为此,英国政府专门成立了以科学部、区域发展组织(Regional Development Agencies)、地方政府、小企业服务组织(Small Business Service)等管理部门组成的产业集群政策指导小组(Clusters Policy Steering Group),针对产业集群成长和发展过程中面临的复杂问题,重点研究解决这些问题的对策思路(转引自魏江,2003)。魏江(2003)在学习和借鉴国外理论的基础上,结合中国浙江的案例,从创新系统与技术学习角度研究产业集群,形成了独特的集群创新系统理论。

2.1.2　创新系统研究区域化兴起和发展

(一)创新系统研究区域化兴起的原因

从《不列颠百科全书》和《中国大百科全书》对区域的定义来看,"区域"强调地域的同质性和内聚力。而经济学意义上的区域是指特定时空范围内各种资源(包括社会资源、技术资源和自然资源)的集合。"经济区域"则是考虑到自然的特点、过去文化的积累、区内居民及其生产技术的特点等因素,通过人为区划而形成的。不同于行政区域,经济区域属于经济基础而非上层建筑的范畴;两者的"区界"可能一致也可能不一。因此,有学者将区域界定为:具有空间接近、自然环境和社会、经济、文化环境相似,且具有一定凝聚力的地理单元,表现为区内一致性和区外差异性的特征(黄鲁成,2000)。

而创新研究之所以在区域层面上独立展开,一方面与技术创新本身的特点有关。正如前文所述,区域的创新能力取决于根植在不同制度系统中的学习轨迹。由于非正式的、难以编码化的隐性知识的传播途径有别于正式的信息传播渠道,因此区域中一些重要的知识具有明显的空间根植性,并导致学习形成"黏性"的特征。同时,"技术能力"依托于技术开发者所在的网络且具有非流动性特征,主要通过实践中的学习而获取。此外,由于现实中人为壁垒、知识产权、交易成本等因素的存在,且技术的流动本身也存在种种障碍(吴贵生、徐建国、魏守华,2004),因此技术并不能实现全流动。另一方面,区域层面技术创新研究,与经济集聚性、地方产业集群的兴盛密切相关,垂直或水平联系的众多企业与相关支撑机构形成了群落,它们在地理上的接近性以及专业化分工合作都会促进知识和技术的创造和扩散,从而在区域创新基础结构系统的支持下,对区域主导性产业创新发挥重要的作用。因此,随着产业集群区域根植性的增强,其技术支持网络也具有明显的区域特征。

(二)区域创新系统研究理论渊源

如何系统地从区域层面上研究和探讨创新过程? 这是值得每位学者深思熟虑的问题。2003 年,英国学者弗兰克·莫勒特(Frank Moulaert)和法国学者法里德·塞基亚(Farid Sekia)曾对最近 10 年来区域创新的研究体系进行了总结,认为在众多有关区域创新的研究中,虽然尚缺乏比较一致的理论框架,但这些研究均以内生增长与发展理论、创新系统理论、网络理论等为理论基础(李青、李文军、郭金龙,2004)。经过实践发展与理论探讨,区域创新系统理论已经形成了共同的理论背景,如集聚经济理论,网络组织理论,知识、学习与区域创新,内生增长与发展理论等。

(1)集聚经济理论

集聚经济是区域经济学研究的一个经久不衰的主题。追根溯源,集聚经济理论来自古典区位论和马歇尔关于产业区的论述。德国经济学家韦伯(Weber)在其著名的工业区位论中,认为各工厂为了追求集聚的成本节约等利益而形成了集聚；马歇尔（Mashall）对集聚经济的外部性问题的研究贡献很大，强调了"协同创新环境"是工业集聚的重要原因，集聚有利于技能、信息、技术诀窍和新思想在群内企业之间的传播与应用，从而构建协同创新的环境。以胡佛（Hoover）为代表的成本学派认为生产成本最低是经济本地化和城市化之成因，胡佛也讨论过集聚经济"创新过程"（innovation process）的问题。此外，增长极理论代表学者法国经济学家帕鲁（Perroux）继承了熊彼特关于"经济空间"的思想，并引入"推动性单位"概念，这里的"推动性单位"指的是一种起支配作用的经济单位，当它增长或创新时，能诱导其他经济单位增长。根据增长极理论，一个地区要取得经济增长，关键是在本地区内建立起一系列的推动性产业，通过产业集聚，推动经济增长，这种推动性产业的建立可以依靠国家政策或地区政策自上而下地完成。值得重视的是，在增长极理论的新发展中，是将研发活动作为增长极，这种新的解释更加强调增长极的创新扩散作用，对于区域创新研究有着很大的启发。从这点出发，政府需要大力培育研究与开发活动，促进区域内大学或科研机构将科研成果转化，以此来带动整个区域经济的发展。

在当今经济全球化和地方化并存的背景下，集聚经济出现了新的时代特征，针对集聚原因、集聚效益、集聚对区域经济格局的影响的研究存在着更广阔的拓展空间。

集聚经济的相关研究与交易成本、互动学习、网络组织及竞争优势等概念相关。Camagni 和 Salone（1993）提出应该在集聚经济的分析中引入更多的空间维度，Malmberg 和 Maskell（1997）对区域产业集聚的网络演进做了定性的分析。而 Porter（1996）则认为，由于集聚经济主要从传统的生产要素分析出发，极少涉及社会关系的影响，故而应该超越对集聚经济本身的讨论，而将重点转向对网络外部性的本质的研究。有关学者将集聚经济区分为静态集聚经济和动态集聚经济，将古典的以降低成本为中心的集聚归纳为静态集聚，而将最近 20 年发展起来的关注互动学习中交易成本降低、区域创新能力和竞争力提高的集聚称为动态集聚。动态的集聚经济由于其有利于知识流动和学习过程，而产生了对区域创新系统影响深远的意义（李青、李文军、郭金龙，2004）。

在区域经济依存性和整体性特征日益明显的情况下，区域内企业通过更深化的分工和合作以及互动学习，在空间上形成集聚，使集聚经济成为区域创新系统形成的重要背景。企业的空间集聚为区域创新环境的形成、互动学习的开展、隐性知识的交流、区域竞争力政策的制定等提供了必要的前提条件（李青、李文军、郭金龙，2004）。

(2)网络组织理论

网络组织理论是 20 世纪 80 年代中后期逐渐形成并迅速发展起来的一个新领域,且成为经济学家在分析经济全球化现象和区域创新现象时经常运用的理论工具。Coase(1937)最早提出企业与市场两分法,后来他自己承认存在企业与市场之间的中间状态。较早提出类似"网络"这一概念的是威廉姆森(Williamson),他没有明确提出 network(网络)这个概念,他用的是 hybrid(混合组织),但人们一般把混合组织的提出看成是网络组织思想的萌芽。他认为非连续的交易处在一端,高度集中的、科层式的交易处在另一端,混合交易(特许经营、共同投资、别的形式的非标准合约)处在两者的中央(Williamson,1985)。他将处在市场和科层之间的"中间形态"用另一个词概括:quasi-market,即准组织、准市场。同时指出中间组织是广泛存在且非常普遍的,关注这些中间状态,可以使我们更好地理解复杂的经济组织。而网络不是中间组织,而是一种既不同于市场也不同于科层的独特的组织,是一种"关系的交换"(relational exchange),网络不是"市场"和"企业"的折中,而是完全不同种类的、不同企业之间的一种"非市场的关系"(Hodgson,1998)。网络中这种"关系的交换"也是一种"关系合约",但是与"市场合约"不同,它具有持久性、关联性和保障性特征,并包含信任与相互的理解,这些特征是市场合约不具备的,市场合约一般来说是没有个人色彩的,并且具有短期特征,由此的分类是:企业、市场和非市场交换(关系的交换)(Hodgson,1998)。从组织形式来看,区域创新系统的本质应该是网络创新。波特关于创新集群的分析中,在 17 个与竞争优势有关的要素中,有一半以上是与严格意义上的合作活动有关的,系统的区域创新正是在合作的基础上,变得"制度化",企业从中能获得超越外部规模经济和范围经济的竞争优势。这里"合作"与"网络"是同等含义的,因为网络的本质特征是企业之间的合作和不同主体之间的合作形成的网络。网络组织形成与发展很重要的原因在于网络化创新能有效降低企业间的协调成本、信息沟通的成本,从而降低学习成本,提高学习效率。对以美国为代表的市场创新范式与以日本、德国为代表的网络创新范式进行了比较研究,其结果(见表 2-2)表明,在网络创新范式中,产品的差异性较高,交易成本相对较低,虽然企业的机会主义存在较大空间,但其机会主义倾向较低,并且企业更有可能进行专有性的投资。对于市场范式而言,网络范式更可能实现渐进式的创新,而区域中的创新恰具备渐进的特征(Nooteboom,1999)。

表 2-2　市场创新范式与网络创新范式比较

特征	市场创新范式 (美国)	网络创新范式 (日本、德国)
契约特征	多边关系的正式契约	非正式契约、延续性、排他性
行为模式	退出	抗议、噪声
文化/制度	个人主义、企业内管理、法律	群体主义、网络、道德、规范等
专有投资	低	高
转换成本	低	高
伙伴的价值	低	高
机会主义的空间	低	高
机会主义的倾向	高	低
生产成本	低	相对较高
交易成本	相对较高	相对较低
产品差异	低	高
渐进的创新	低	高
创造性的破坏	低	低

资料来源：Nooteboom,1999。

　　Cooke(1994)的实证研究的结果也支持以上的观点,Cooke 观察到在"第三意大利"的产业区中,那些网络的组织结构从形态上看如果类似"企业集团"的,这种网络中的企业的绩效好于行业的平均水平。在欧洲的某些地区,地区性的贸易网络和完善的制度支持机制,在促进创新活动区域化的创新模式中,发挥着重要的作用。

　　(3)知识、学习与区域创新

　　研究成果表明,区域创新与知识及学习存在着内在的、密切的关系,知识与劳动、资本及技术一样成为经济增长的重要来源,学习是源源不断汲取和传播知识的过程,创新是学习的结果,是把新知识或旧知识综合,使之出新,并引入经济中的活动。因此,知识、学习、创新是个连续不断、互相作用的一体化过程(李青、李文军、郭金龙,2004)。

　　波兰尼(Polanyi)是知识理论最有影响力的学者,其著作《个人知识》(*Personal Knowledge*)、《隐性的角度》(*The Tacit Dimension*)被认为是研究知识的经典著作。波兰尼根据知识存在方式将其划分为"显性知识"(explicit knowledge)和"隐性知识"(tacit knowledge)两类。显性知识很容易用符号来表达、传播，而隐性知识是"只可意会、不可言传"的技术、诀窍、技能等。并且，在个人、企业、区域的整个知识存量中，隐性知识占有很大一部分。丹麦学者 Lundvall 和 Johnson(1994)进一步扩展和细分了知识类型，将知识分为类似于信息的关于事实的知识 know-what，对科学原理的发现和认识的知识 know-why，专门的技能 know-how，以及对社会网络的密度和强度的认识 know-who。前两类属于显性知识；后两类 know-how 及 know-who 则归类于隐性知识(李青、李文军、郭金龙，2004)，具有区域性和集体性的特点。区域内集群形成的原因之一正是通过一定的区域社会网络寻求隐性知识，如特定个人或群体拥有的地方性的知识、技能和诀窍等。

区域创新理论继承了这种对知识的划分，在把知识作为内生变量的分析框架中，特别地强调隐性知识的作用，认为隐性知识在整个区域赋存、保留和流传，以及在形成区域竞争力中起着重大作用，是区域互动学习的核心内容，由于隐性知识具有空间黏性(spatially sticky)，不易流动，因此其在很大程度上决定了创新活动的空间分布，并促使区域内的企业建立信任关系，进行直接的面对面的交流，帮助企业获取核心竞争力。因此，隐性知识与邻近性(proximity)成为知识活动与区域经济关系的重要表现。这种邻近性体现在地理的邻近、制度层面的邻近、组织层面的邻近及关系层面的邻近，隐性知识的传播成为区域创新系统的内在黏合剂。

省际创新网络中的互动学习是获得、创造及传播知识、实现区域创新的重要途径。创新可以理解为一种交互作用和学习的过程。而知识技术创新的复杂性以及外部不确定性，使得创新的学习过程不再是单个企业或其他行为主体简单合作的结果，而是集体行为的结果。这是因为，学习具有两个典型的特征：一是学习的累积性，学习是区域内成员在交流中实现知识创造与共享的过程；二是学习的互动性，新知识从创造者的个体拥有转向他人(即知识、信息的转移过程)，需要双方不断地相互作用、协同合作，从而导致知识累积过程的产生。

区域的创新技术、知识和思想的迅速扩散，仅仅靠企业在市场中的交易行为是远远不够的(转引自李青、李文军、郭金龙，2004)。知识技术的转移与扩散更多地依赖于企业之间的交流与合作，依赖于区域内行为主体的集体学习过程。而且，以网络为基础的区域创新系统的形成，有利于企业之间面对面的交流以及在信任基础上实现非契约形式的合作，这不但有效降低了学习的社会成本，同时加速了难以复制的隐含经验类知识的扩散和转移(见表 2-3)。

"企业间学习"优于"企业内学习"，当几个企业合并在一起的话，"企业间学习"所具有的一些不可替代的优势就会失去(Maskell,2001)。缺乏与别的企业沟通的单纯的"企业内部学习",将导致企业内部能力与企业外部能力兼容性的下降,致使企业内部能力本身的价值下降;但在区域创新中,随着分工的深化,企业间学习既突出了企业能力的异质性,又促使企业之间能力的互补,从而可以有效降低协调成本。即使单个企业增值创新影响不大,但是通过网络联结和传递,企业之间可以产生知识和信息的"累积效应",而累积的效果就可以使产品的设计和生产率的提高更为有效。增值创新正是在"干中学""用中学""通过相互作用而学习"的过程中出现的(Freeman,1991)。

表 2-3　知识创新转移的学习和集体学习

知识创新及转移因子	连续性	动态的协同	转移方式
企业	研究的功能	功能性的相互作用; 隐含经验类知识的转移	学习
区域	功能性的相互作用; 企业与供应商和客商之间稳定的价值链	区域内劳动力的高变换率; 与供应商和客户的创新合作; 本地企业大量衍生	集体学习

资料来源:Capello,1999。

(4)内生增长与发展理论

在区域内生增长与发展的相关理论中,内生投入被理解为一个技术及经济互动的过程,它取决于区域内自然资源和人力资源的投入、产业组织结构、技术培训程度、企业经验等多项因素(Coffey and Polèse,1984;Garofoli,1984);区域内生发展是由当地群体的需求发生结构性转移,从而实现自我促进的过程,这表现为逐渐的自下而上的发展模式(Friedman,1992)。随着对区域创新的深入研究,更多的研究者发现,在全球化和知识经济背景下,区位因素的成分和重要性实现转向,以自然资源为基础的经济中所重视的资源禀赋、地理位置、丰富而廉价的劳动力资源等因素退而居其次,而知识、技术、人才、信息等成为区域发展更重要的因素,社会资本、社会网络等非实物因素在区域发展和创新中的作用更加突出。非物质、非贸易的区位因素构成了区域创新环境的主要内容,决定了区域创新的基础条件,从而决定了区域吸引和留住各种创新资源的黏性(李青、李文军、郭金龙,2004)。

区域内生增长与发展理论的另一个重要方面,是考察影响区域发展的内生因素与外生因素之间的关系,并着重评价内生影响因素在区域发展中所占据的比重。在区域内生发展理论中,空间规模(spatial scale)是一个富有争议的问题,换言之,即一个区域凭借内生发展策略所能发展的程度。内生增长与发展并不完全是封闭的,也许是对外部影响因素的一种反映,不妨设想,区域的发展有两种极端路径的选择,一种是当今经济实际并不存在的完全的自给自足;另一种是向竞争型外部经济和资源完全开放,这意味着区域要放弃经济的自主决定权(Stohr,1994)。现实中的区域发展往往介于以上两条路径之间,主张应将影响区域发展的外部因素与内部因素综合考虑。

(三)区域创新系统的相关理论

最近二十多年来,在区域创新理论的发展中,出现了创新环境、新产业区、创新集群、学习型区域等与区域创新系统相关的理论分支。

(1)创新环境(innovative environment)

20 世纪 80 年代中期,法国的欧洲区域创新环境研究组(GREMI)提出了"创新环境"的概念,最早是用法语"milieu innovateur"表述。这被认为是关于区域创新研究开创性的工作。GREMI 的专家通过理论和实证的研究,探寻公司与其所处环境之间的关系及其组织的模式(Ratti,1991)。他们提出,对公司来说有三类功能性的空间:生产空间、市场空间和支持空间(support space)。而其中支持空间是使公司面临不确定性的主要因素,支持空间由三种关系(relations)构成,一是组织生产要素所必须具备的关系;二是企业与其合作伙伴、供应商及顾客之间的战略关系;三是区域环境中与中介代理的战略关系。正是支持空间将公司创新与区域经济发展两者相联系,形成了"创新环境"的内涵特点(Ratti,1991、1997)。近年来,GREMI 又着重强调"学徒"的概念,即环境中不同成员的创新能力取决于其学习的能力,企业通过捕捉到所处环境的变化,进而采取与之相适应的行动。因此,目前环境中学徒身份的动态演进以及基于互动的合作性组织构成了创新环境理论的核心,呈现出与"学习型区域"理论融合的特征。

(2)新产业区(new industrial spaces)

新产业区概念最初由 19 世纪马歇尔研究的具有创新环境的小企业集聚区即马歇尔式产业区的概念演变而来。1977 年,巴尼亚斯科(Bagnasco)对意大利东北部地区进行了研究,并将其称为"第三意大利"。Becattini(1990)在进一步实证研究的基础上,首次提出"新产业区"的概念,将其定义为"具有共同社会背景的人们和企业在一定自然地域上形成的社会地域生产综合体"。1984 年,美国学者皮奥里(Piore)和萨贝尔(Sabel)在合著的《第二次产业分工》一书中,总结了新产业区柔性专业化(flexibility and specialization)的特点,对于该学派的产生起到了很大的作用。Storper 和 Scott(1992)在 Brusco(1986)的产业区理论、皮奥里和萨贝尔提出的柔性生产体系学说以及 Boyer

(1988)等的规则理论(regulation theory)的基础上综合了新产业区的概念,他们认为,新产业区除了生产系统本地化集聚与柔性专业化结合以外,还能发挥协调公司间交易和企业家行为、组织当地劳动市场等的作用。

(3)创新集群(clusters of innovation)

创新集群学派以著名学者波特为代表,波特独树一帜地从竞争优势的角度提出并阐释了集群现象。他认为有竞争力的集群是当地区域长期经济增长和繁荣的源泉,地理集中(geographical concentration)有利于信息积累、传递和扩散,这对于提高创造率和促进创新成功具有很大的作用(Porter,1998)。如果政府能够通过集群理论认识到制约公司发展的种种问题并着手解决,那么就能促进本地经济生产率的提高(Porter,1998)。近年来,从波特理论出发的集群分析已逐渐和产业组织理论、区域治理理论、社会学、地理学等相互融合。Saxenian(1994)以硅谷和"128公路"为对象,研究了创新集群的竞争优势,分析了产业结构、公司组织对于经济绩效的作用,还对当地机构、文化等因素对集群竞争优势的影响进行了深入分析,并将硅谷网络组织与"128公路"的纵向一体化的公司结构进行了比较。波特最初的分析模型强调市场需求及竞争是创新集群的成功因素,而对网络组织及社会联系等因素的分析较少,并且,波特的创新集群理论对技术的来源和技术发展的本质的解释是渐进的、本地化的过程。而Saxenian(1994)的研究则融入了产业组织理论、区域治理理论等,从分析工具和分析内容上而言是一个进步。

(4)学习型区域(the learning region)

1995年,理查德·佛罗里达(Richard Florida)在《未来》杂志上发表了《迈向学习型区域》一文,首次提出了"学习型区域"的概念,他认为"区域正在成为知识创造和学习的焦点,学习型区域的功能是知识和观念的收集和储存,提供促进知识、观念和学习流动的根本环境和基础。此后,阿歇姆(Asheim)和摩根(Morgan)等学者都对学习型区域理论做出了较大贡献。学习型区域理论综合了创新体系理论、制度演化理论尤其是区域制度的动态演进、学习过程理论等。知识在演化经济学里具有明确的地位,演化经济学强调两个主要的命题:一是创新是一个互动的过程,二是创新受到各种制度规则和社会规范的影响。上述两点催生了学术界对于"资本主义的本质是学习型经济"的强烈的讨论兴趣,Lundvall(1994)提出的"知识是最重要的战略资源,学习是最重要的过程"的论断被广泛引用。在经济地理学领域,已有大量研究运用演化经济理论工具,尤其是学习、创新以及制度在区域发展中的作用被大量运用。经济全球化背景下区域经济的地位依旧重要,这一点从运用组织学习与技术学习的关系来解释全球经济一体化和区域经济集聚共同发展的现象中可见一斑。

　　Moulaert 和 Sekia(2003)对以上学派的起源及传承脉络进行了梳理（见图 2-1），认为在众多区域创新研究的支系中，尚缺乏比较一致的理论框架，并且，在某些关键问题上，不同的区域创新理论学派的看法也不同。在对区域创新的动力的探讨上，创新环境学派认为企业通过与同一环境内其他组织的关联而实现了自身的创新能力；新产业区学派认为企业研发活动的实施以及新生产方法的推广运用（如柔性生产体系中的敏捷制造等）促进了创新；区域创新系统学派认为，区域内各个创新主体在研发经验累积基础上的互动创新构成了主要的推动力，学习型区域学派的主张与其一致，但更强调技术和制度的演化。因此，在对创新过程的理解上，创新环境学派以企业的"学徒"身份为讨论重点，强调环境中企业的创新能力；而新

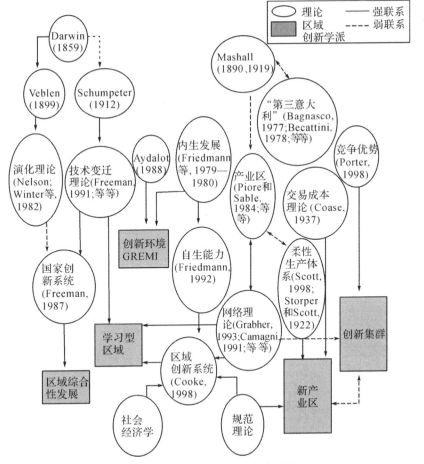

图 2-1　区域创新理论的发展脉络

资料来源：Moulaert 和 Sekia，2003。

产业区学派则将创新视同 R&D 过程本身;但区域创新系统学派和学习型区域学派主张创新是区域内各主体集体互动的过程。

2.1.3 区域创新系统理论研究新进展

(一)概念界定

区域创新系统是创新系统研究在中观层面的应用。作为地理空间,区域是一个集自然、经济、技术和社会的中观层次的综合体,具有高度的包容性与综合性。随着技术创新研究从线性型发展到系统型范式,区域创新作为新兴的创新学研究对象而独立出现,区域创新也更具地方性和独特性的特征。尽管区域创新系统的研究受到国家创新系统研究的诸多启发,但更有其独特的内涵。

Cooke(1992)首次提出了区域创新系统的概念,他将区域创新系统定义为:企业及其他机构在以根植性为特征的制度环境下系统地从事交互学习(转引自胡明铭,2004)。为了全面理解其内涵,不少学者认为,可以从如下三个方面来认识:第一,"交互学习"是一种集体资产,它是各类不同行为主体在生产系统内通过交互作用而形成的知识资产;第二,"环境"是一个包括多种软要素(如规则、标准、价值观以及人力和物质资源等)的开放的地域综合体;第三,"根植性"(embeddedness)要以某种特定的社会交互形式来完成,并呈现出不同的形式,增加复制的难度,其主要体现为企业内外创造和复制经济及知识的过程(胡明铭,2004)。Asheim 和 Isaksen(2002)认为,"根植性"概念是上述定义的关键,否则区域创新系统将等同于国家创新系统的"迷你版"(转引自胡明铭,2004)。

自 Cooke 提出区域创新系统的概念之后,有关创新环境、创新支持体系等方面的研究不断涌现并逐步深化,这些研究都强调创新过程中的区域网络与网络内各要素的互动性。一般认为,区域创新系统是由区域生产中的合作者组成的互动的、动态的结构,不仅能使区域经济各主体充分发挥和扩展其才能,也能引导那些致力于建立学习、研究等认知能力以及构筑企业网络的政府和组织(Lambooy,2002)。可以认为,区域创新系统是"区域内一套经济的、政治的和制度的关系,能促进知识迅速扩散和产生最佳业绩的集体学习过程"(Nauwelaers and Reid,1995)。

此后,Cooke(2008)对区域创新系统理论进行了重新梳理,梳理出区域创新系统理论经历的三个发展阶段,首先是 20 世纪 60 年代末的一般系统理论,其次是 20 世纪 80 年代改进了的区域创新系统方法,最后是新形势下的区域创新网络理论。

区域创新系统主要由参与技术发展和扩散的企业、大学和研究机构组成,并有市场中介服务组织广泛介入和政府适当参与的一个为创造、储备以及转让知识、技能和新产品的相互作用的创新网络系统,它是国家创新系统的子系统,体现了国家创新系统的层次性特征(胡志坚、苏靖,1999)。黄鲁成(2000)认为区域创新系统可以从各种与创新相联系的主体要素、非主体要素及协调各要素之间关系的制度和政策网络等方面进行界定。盖文启(2002)将区域创新系统界定为"区域内网络中各个节点在相互协同作用下的创新与结网,并融入区域的创新环境中而组成的创新系统"。胡明铭(2004)认为可以从社会系统、互动结果、制度因素、创新绩效和目的性等几方面理解区域创新系统的基本内涵。

(二)类型划分

基于多种视角,许多学者对区域创新系统进行了合理分类,较好地描述了区域创新系统的复杂性。库克(Cooke)在其定义的基础上将区域创新系统分为六种类型,主要基于两个关键维度:一是基于"治理结构"(governance structure)维度,将其分成基层式、网络式和统制式三类;二是基于"商业创新"(business innovation)维度,将其分为地方式、交互式和全球式三类(转引自胡明铭,2004)。根据内生和外生的创新网络的区别,Asheim 和 Cooke(1998)将区域创新系统分为区域性国家创新系统(regionalised national innovation systems)和空间一体化的创新体系(territorially integrated innovation systems)。区域性国家创新系统是指生产结构和制度环境是区域性的,但作用方式却是国家创新系统式的,或多或少地表现为自上而下、线性的创新模式;空间一体化的创新体系是指生产结构和制度环境与区域融为一体,创新是通过自下而上的互动方式实现的(转引自胡明铭,2004)。Asheim 和 Isaksen(1997)则将区域创新系统分为三种类型(见表 2-4),分别是:第一,本地根植性省际创新网络;第二,区域网络式创新系统;第三,区域性国家创新系统。

表 2-4　区域创新系统的分类

区域创新系统的主要类型	知识结构位置	知识流	合作诱因
本地根植性省际创新网络	本地性的,但相关知识中心较少	互动性知识流动	地理、社会文化的邻近
区域网络式创新系统	本地性的,更加强调合作的知识机构	互动性知识流动	计划性的、系统性的网络
区域性国家创新系统	主要在地区外部	更加线性的知识流动	具有相同教育和经历的个人

资料来源:转引自魏江,2003。

（三）要素构成

Howells(1990)强调创新系统的多层次性,他将国家创新系统的要素分析方法应用到区域层面上,并将区域创新系统的分析要素归纳为地方政府官僚结构、地方特色产业的长期发展、产业结构的核心和外围以及创新绩效等。这一研究还指出,创新系统的研究应考虑创新系统的地理层次是(部分)重叠的。

区域创新系统是由创新网络与机构组成的,它们相互之间以某种方式(正式或非正式)而发生较强作用,从而使区域内企业的创新绩效不断提高,这些创新网络与机构在区域创新系统中存在着明确的地理界定和行政安排。区域创新系统内的创新网络与机构包括企业网络、企业集群等创新网络和以研究机构、行业协会、技术转移机构、投资者、政府部门、个体企业等为代表的主要机构(转引自魏江,2003)。

在对欧洲 11 个地区进行考察的基础上,库克(Cooke)等学者从聚集性经济、制度性学习、相近性资本、联合治理(associative governance)和互动性创新等方面,概括出区域创新系统的构架(转引自魏江,2003)。如图 2-2 所示,该模型从知识系统的角度,较好地揭示了区域创新系统的结构与本质。

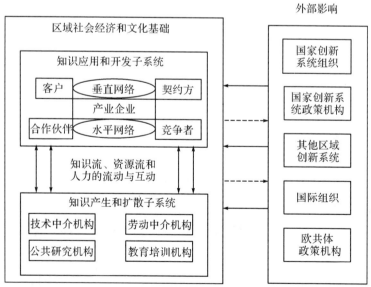

图 2-2　库克(Cooke)提出的区域创新系统的构架

资料来源:转引自魏江,2003。

拉多舍维奇(Radosevic)通过对中东欧区域创新系统的研究,提出了区域创新系统四个层次的决定性要素框架模型,如图 2-3 所示。其中,国家层次要素包括私有化对企业重组所产生的影响、支撑区域创新的国家创新系统、研究与技术的基础结构等;行业层次要素是指技术、金融、市场特征和需求等;区域层次要素则是指本地社会资本、劳动力和自然资源禀赋,但他更强调互动学习的创新网络的重要性;此外,微观层次要素主要是指区域内创新的微观主体企业与其他机构之间的关系,其模式对区域创新模式及企业竞争力都会产生影响。只有在这四个层次的要素互动过程中,区域创新才会产生(转引自魏江,2003)。

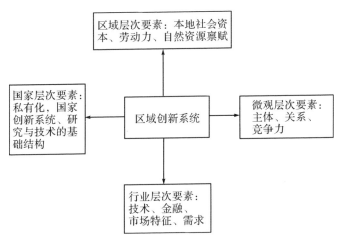

图 2-3　区域创新系统四个层次决定的结构

资料来源:转引自魏江(2003)。

有关区域创新系统的要素及其互动模式,Beckenbach 等(2007)在已有文献的基础上,运用区域创新活动终端需求的代理模型,在部门层次用投入—产出表描述了区域互动的因素,并在此基础上提出了 RIS(regional innovation system,区域创新系统)构成要素分析模型。与此不同的是,Pekkarinen 和 Harmaakorpi(2006)则是从区域创新系统中创新网络的角度开展研究的,但关于企业层面的研究却很少,Stenberg(2007)则填补了这一空白。随着区域创新系统理论和实践的不断推进,Fleming 等(2007)和 FritSch 等(2011)带来了新观点——小世界网络理论。近年来,区域创新系统这一概念在经济可持续发展中成为广为使用的分析框架。基于区域创新政策的角度,Yongrok 和 Eui Yang(2009)、Mari 等(2010)均对区域创新系统进行了实证分析,发现区域创新系统因为缺乏治理而效果甚微。此外,Gaschet(2015)还分析了区域创新系统的多样性及其在欧洲的经济表现,通过确定各部分创新生产体系的具体安排,在区域层面提出了适应创新与社会生产系统的框架。但 Ricardo 等(2015)则认为政府研发投资并不是促进经济增长的有效办法,而 Giedre 等(2016)运用非参数数据包络方法,通过对欧洲东部和中部地区的创新效率水平进行分析,认为政府应加强区域创新活动的水平。总之,在区域创新理论体系得到发展的同时,也应该看到,尽管有大量的实证案例,但由于研究对象存在各个方面的差异,普适性经验的总结和理论体系的完善仍然比较困难。

(四)外溢空间

Romer(1990)认为知识的非竞争性和部分排他性特征是知识溢出的根本原因。随着对知识溢出过程的深入研究,从主体交流角度考察,多数学者认为除了不同知识和技术的特征属性以外,空间距离是影响知识溢出的关键。Gomes(2006)、Cassar 和 Nicolini(2008)等学者发现地理上的接近性可以明显促进企业间的知识溢出。针对这一问题,一些学者也进行了实证检验。Keller(2002)基于"距离衰减"原理,利用部分 OECD 国家制造业数据,发现技术的溢出是地方化的,距离对技术的外溢具有反作用。中国学者符淼(2009)基于中国数据的研究也得出同样的结果。另一方面,Jaffe(1986),Anselin(1997),李婧、谭清美、白俊红(2010),万坤扬和陆文聪(2010),钱晓烨、迟巍、黎波(2010),王家庭(2012)等通过改进的 Gfiliches 知识生产函数,运用空间计量经济学模型,研究了区域层面的R&D溢出,得出相关结果。梁琦等(2019)利用空间计量经济方法进行模型估计,探讨了知识交流合作过程中的溢出效应与邻近效应,得出了相似的结果。

2.1.4　简单评述

通过对区域创新理论——系统视角的研究文献的回顾,可以归纳出以下几点结论以及有待进一步研究的问题。

(1)区域创新系统理论强调社会资本、创新网络,鼓励自下而上式的创新模式。区域创新系统理论认为,决定区域发展的关键不在于传统的资源禀赋及物质基础设施,而在于区域中的网络组织,信任和合作关系,人力资本、技术和服务的供给和需求,制度建设,等等。强调区域内形成社会资本,并建设包括政府、企业和其他组织在内的创新网络的重要性,以提供更广阔的创新平台。主张应以自下而上的模式增强对创新资源的吸引能力,提高集体学习的能力。而那些由政府起主导作用,推动研究发展的自上而下式的创新模式值得反思,如由政府自上而下地建立科学城、科学园进行区域创新,容易忽视地区发展的内生性和省际创新网络的生成规律,这种植入型区域发展由于具有主观性,往往缺乏区域创新最重要的社会资本,使企业难以自发形成关联,缺乏各因素的协同。然而,这种区域创新系统理论以封闭性为隐含假设前提,对于如何整合区域外的社会资本、资源来促进创新以及如何促进区域内外创新网络一体化的问题的研究较少。

(2)区域创新系统理论强调合作和互动的创新模式。区域创新系统理论十分强调广泛合作的价值,认为成功的创新来自企业内的合作、价值链中企业之间的合作、企业与制度环境的合作,这里的制度环境既包括政府机构、银行、大学、培训机构、贸易协会等组织的硬环境,也包括社会规范、习惯习俗等软环境。在知识经济迅速发展的时代,只有依靠合作才能分享和占有更多的信息,产生创新性的劳动分工和专业化,有利于集体学习和创新。区域内企业的空间集聚有利于产生和维系合作关系,而高度的合作直接关系到区域创新系统的效率。区域创新系统理论的另一主张是强调互动,强调关系主体之间有效的反馈,甚至有观点认为,合作还是在互动的框架下进行的,因为合作的状况取决于对合作的需要和合作伙伴满足需要的情况。互动的创新模式带给我们很多启示,在一些国家和区域的 R&D 政策中,将创新能力的高低等同于 R&D 能力的高低,认为创新是纯技术的行为,片面强调知识的生产而不是知识的应用,科技成果的转化缺乏连续渠道和支持体系,这些都有悖于区域创新的科学规律。但是,这种合作与互动仅限于区域内的各创新行为主体之间,而缺少对区域与区域之间、系统与系统之间以及网络与网络之间的创新合作和互动研究。

(3)区域创新系统理论高度重视知识和学习在区域发展中的关键作用。许多理论研究表明,区域创新高度根植于区域中的、地方性的知识,知识的生产和占有能力是区域内产业竞争力的基础所在,也是区域优势和发展潜力的重要标志。而互动学习是获得、创造及传播知识、实现区域创新的重要途径,并且具有集体行为的特征。因此,在区域创新系统建设中,一方面需要保护和开发已形成核心竞争力的地区的隐性知识,维护和完善有利于地区经济发展的地方企业网络所特有的互动学习方式;另一方面要建立联结全球知识和技术资源的渠道,跟上世界知识与技术进步的步伐,促进区域经济融入世界经济,加强显性知识的吸收利用。

(4)现有关于区域创新系统研究的文献,主要从"结构""过程"和"系统"等视角进行探索,并基于许多重要的假设前提:其一,假设创新区域内的均质性。其二,以"体系"或"系统""网络"为出发点讨论"外溢"特征,分析单位为微观个体(如企业、政府、大学、科研机构等),强调"点"的外溢。其三,假设创新区域的封闭性。其四,假设区域内创新主体间无利益摩擦或区域间无利益冲突。由于这些假定,区域创新理论对某些问题无法做出很好的解释,更不足以指导实践。例如,随着创新区域的空间拓展,区域内由均质性变为非均质性,原有的假定前提难以适用。又比如,目前的区域创新系统研究主要着本区域范围内创新环境及创新网络的建设,存在着一定的封闭化倾向,如何以开放的视角去研究区域创新,突出在国家层面和全球层面拓展省际创新网络联结的广度和幅度,利用全球资源、吸收全球知识发展区域创新系统,解决好经济全球化和区域化发展的这对矛盾,也是一个有待进一步发掘的领域。再者,随着区域经济一体化进程的不断深化,结果导致各区域创新系统之间的相互作用和合作,那么,不同的区域创新系统的相互作用、相关性和相互作用的方式会有所不同,其合作动因、模式以及对区域经济发展的作用机理等问题都有待进一步研究(陈丹宇,2007)。

(5)我国区域创新理论研究中的一个薄弱环节,是对区域创新系统的研究尚处于初级阶段。相对于国外的研究来说,无论是对区域创新系统基本理论的研究,还是对区域创新系统研究方法的研究,均相对滞后,正是因为缺乏系统、深入的区域创新系统的专题研究,尚不能充分地为政府决策提供科学的依据和可操作性强的对策。这正是我们这一代学者的使命。

2.2 协同及协同效应研究综述

协同(synergy)与竞争(competition)是自然界系统和人类社会经济发展系统中广泛存在的现象。

其中,什么是竞争? 不同的学者有着不同的理解。从系统论的角度分析,竞争主要表现为各要素间或行为主体间的差异性、独立性和排他性,各要素或行为主体不仅力图保持相对独立性,还竞相居于主导和支配地位。在自然科学界,由于生物学的系统性特点最为明显,因此,不少学者率先从生物学的竞争开始研究并取得突破性进展。自达尔文(Darwin)提出生物进化论后,竞争的概念受到重视,并成为一个基本的科学范畴。在达尔文的"适者生存"的进化论中,竞争具有宽泛的内涵,"我把这个词当作广义的和比喻的意义来用,其意义包含着这一生物对另一生物的依存关系,而且更重要的,也包含着个体生命的维持,以及它们能否成功地遗留后代"[1]。

---

[1] 达尔文.物种起源(第一分册).舒德干,等译.北京:商务印书馆,1981:79-80.

这充分说明,竞争具有差异性、独立性、斗争性、依赖性和协同性等特性。显然,协同产生于竞争之中,两者都是系统生成演化所不可或缺的动力。

那什么是协同呢? 吴彤(2001)通过对自组织的方法论的研究认为,协同是指整体系统中诸多子系统或要素之间交互作用而形成有序的统一整体的过程。大千世界尽管千差万别、气象万千,但是,协同现象普遍存在。正如赫尔曼·哈肯(Hermann Haken)所指出的那样,无论是原子、分子、细胞,还是动物、人类,都是集体行为,一方面通过竞争,另一方面通过协同而决定着自己的命运。从宏观层面分析,协同现象主要有自然协同现象和社会协同现象两大类。科学家们努力研究这些现象的结构组织,并揭示结构是怎样自发形成的。一种以往流行而有效的方法是把研究对象分解为越来越小的部分,然而,这种研究方法专门研讨组织的结构,不研究组件如何协作。如歌德所说,部分已在我掌中,所惜仍欠精神链锁。特别应用到各科学领域,"即使发现了结构怎样组成,还得明白组件如何协作"①。协同学的问世就是为了克服以往研究方法的不足,来处理组织结构是怎样建成的。本节的内容主要是在考察协同的概念及协同学产生和发展的基础上,重点回顾了协同的思想方法在经济管理领域广泛应用的文献,并做了简要的评述,理清了协同学在区域创新系统中应用的理论切入点,为下一步研究做基础准备。

2.2.1　协同概念的产生及其发展

协同(synergy)源于希腊文 synergos,为"一起工作之意"。

协同的现象和概念早已普遍存在。中国古代很早就有关于协同的思想认识。《尚书·汤誓》说"有众率怠弗协",说的就是"协办同心"的含义;《太玄·玄数》说"声律相协而八音生",也指明了音律的协同才能产生和谐美好的声音的哲理。"三个臭皮匠,顶个诸葛亮",更是生动地解释了整体协同效应的倍增,即三个臭皮匠相互启发、相互促进、相互配合和互补而产生的整体智慧大于个人智慧之和,从而达到"诸葛亮"的智慧程度。其他如"积羽沉舟""群轻折轴""聚沙成塔"等成语也都从不同方面表现了协同的思想和道理以及协同的结果。

此外,亚当·斯密在 18 世纪提出了劳动分工理论,虽然亚当·斯密(Adam Smith)没有明确指出协同的概念,但是,他的劳动分工理论中隐性涉及有关协同的思想。其后,马克思进一步发展了其理论,明确提出了有

---

① 赫尔曼·哈肯.协同学——大自然构成的奥秘.凌复华,译.上海:上海译文出版社,2005:5.

关协同的类似思想,如马克思认为协作"在历史上和逻辑上都是资本主义生产的起点"①。之后,许多著名学者对"协同现象"进行不同学科、不同视角的研究,更加丰富了协同思想内涵。但是,这些研究存在以下特点:①协同与协调两者间无区别;②协同研究的视角较狭隘;③缺乏系统的协同理论。

直到20世纪70年代,协同学作为一门跨学科理论,由德国著名物理学家赫尔曼·哈肯创立。1979年,哈肯出版了《协同学导论》(*Synergetic—An Introduction*)一书。1983年,他又出版了专著《高等协同学》(*Advanced Synergetic*),在这本著作中,他指出,"协同学是研究由完全不同性质的大量子系统(诸如电子、原子、分子、细胞、神经元、力学元、光子、器官、动物乃至人类)所构成的各种系统,研究这些子系统是通过怎样的合作才在宏观尺度上产生空间、时间或功能结构的"②。

作为一名物理学家,哈肯所创立的协同学起源于他关于激光的研究。哈肯对激光理论的研究过程中,在吸收了现代系统控制科学的最新理论——平衡相变理论、激光理论、信息理论、控制论和突变论的基础上,采用系统动力学的综合思维模式,通过对不同学科、不同系统的同构类比,创建了处理非平衡相变的理论和方法,并且建立了一整套统一的数学模型和处理方案,在从微观到宏观的过渡过程中,描述了各类有着不同特殊性质的系统从无序到有序转变的共性。哈肯通过对许多客观系统(如激光系统)进行考察,发现系统在发展演化中存在一个共同规律,即任何系统中的子系统经过有目的的"自组织"过程,都可产生新的稳定有序结构。哈肯发现无论是平衡相变还是非平衡相变,系统在相变前之所以处于无序状态,都是由于系统内的子系统之间没有形成合作关系,各行其是,杂乱无章,因此不可能产生整体的新质;而一旦系统被拖到相变点,这些子系统仿佛得到某种"精灵"的指导,能够迅速改变以前的无序状态,以很强的组织性统一行动,从而导致系统的宏观性质发生突变。③

(一)协同学的基本概念

竞争、协同、序参量和支配,是协同学的基本概念。哈肯认为,竞争是协同的基本前提和条件。在关于整体行为的系统科学理论中,所谓的竞争,都是与合作、协同相联系的竞争,是以协同和合作为基础、与协同

---

① 马克思.资本论(第一卷).北京:人民出版社,1975:372.
② H.哈肯.高等协同学,郭治安,译.北京:科学出版社,1989:1.
③ H.哈肯.协同学引论,徐易申,等译.北京:原子能出版社,1984:19.

和合作不可分离的相竞相争。① 因此,竞争是系统演进的最具活力的动力。

协同在协同学中占据更重要的地位。哈肯认为,协同有两种含义,一种是与竞争相对立的合作、协作、互助、同步等狭义的协同;另一种是既合作又竞争的广义的协同。按照哈肯的观点,协同就是系统中诸多子系统相互协调、合作或同步的联合作用,是系统整体性、相关性的内在表现,也是具体行为。协同和竞争是相互依赖、互相促进的,没有协同,就没有竞争;同样,没有竞争,也就没有协同。来自系统内部的两种相互作用的协同和竞争,是自组织系统演化的动力和源泉。

序参量和支配原理是协同学理论中重要的概念和原理。

序参量(orderparameter)最早由物理学家朗道在研究第二类相变时提出,是临界点上具有随机性的参量,是系统有序程度的量度。序参量的大小描述系统有序程度的高低。在协同学中,哈肯借用序参量作为系统宏观有序程度的度量,并以序参量的变化来刻画系统从无序向有序的转变。序参量与系统的整体状态相对应,它是由系统本身的具体运动或集体行动产生的。序参量的确定和建模是协同学的关键问题。哈肯在确定系统的序参量过程中,将变量分为快弛豫变量和慢弛豫变量,并将这种慢弛豫变量称为序参量,来描述系统有序程度的参量。许多系统往往存在多个序参量。

支配原理(又称伺服原理或役使原理,slaving principle)是协同学的核心。支配原理的基本思想是,在系统自组织过程中,在临界点上,一个或几个序参量一旦处于支配地位,就会拥有主导优势,迫使其他因素或状态服从它们的支配,"快速衰减组态被迫跟随于缓慢增长的组态",从而序参量支配子系统行为。用数学来描述就是:在临界点上,快变量呈指数衰减,而慢变量呈指数增长。②

(二)协同学处理动力学问题的基本方法

哈肯在其《高等协同学》一书中,明确将协同学的方法分为微观、中观和宏观三个层次。③

(1)微观层次:用各个原子或分子的位置、速度及其相互作用来描述所研究的对象。

---

①　曾国屏.竞争和协同:系统发展的动力和源泉.系统辩证学学报,1996(3):7.

②　李曙华.从系统论到混沌学.桂林:广西师范大学出版社,2002:159.

③　H.哈肯.高等协同学.郭治安,译.北京:科学出版社,1989:25.

（2）中观层次：用许多原子或分子的集合来描述所研究的对象。假定这种集合比原子的间距大得多，但比正在演化的宏观模式小。

（3）宏观层次：要研究相应的空间模式，从中观层次出发，并且预测演化的宏观模式的方法。

经典协同学是从建立微观层次运动方程入手的。它采用的是非线性微分方程、稳定性分析和概率论及数理统计学等基本数学方法。依据一定的解决步骤，来处理系统演化的动力学问题。但是，协同学的微观方法的假设前提，是必须了解和掌握系统微观过程的机制和相互作用，对于物理学等的自然科学对象，以上要求一般能够得到满足，微观方法是非常有效的。然而，对于社会科学等复杂系统，一般情况下我们无法了解全部的微观相互作用，更无法建立描述微观行为的方程组。为此，哈肯于 1988 年出版《信息与自组织：复杂系统的宏观方法》一书，为非平衡态理论宏观方法的发展奠定了基础。因此，我们重点介绍协同学的宏观方法。

清华大学学者吴彤（2000）对协同学的宏观方法做了一个很好的总结，现简单介绍如下：所谓协同学的宏观方法，就是从只能在观测、统计和实验中得到的宏观资料出发，用类似热力学的现象方法处理复杂系统，然后推测产生宏观结构或行为的过程的微观基础。其主要的方法是信息概念，主要的理论工具是最大信息熵原理。

所谓最大信息熵原理，就是在非平衡相变点（域）处，系统将要演化到有序状态（分布函数的），信息熵在各种可能状态中具有的最大值（吴彤，2000）。

从形式上讲，就是在满足约束条件 $\sum p_i f_i^{(k)} = f_k$ 和 $\sum p_i = 1$ 的前提下，求信息公式 $H = -k \sum p_i \ln p_i$ 的信息熵最大值 $H_{\max}$ 的概率分布。

宏观方法的主要公式是：

$$p_i = e^{-\lambda - \sum_k \lambda_k f_i^{(k)}}$$

$$f_k = <f_i^{(k)}> = -\frac{\partial \ln z}{\partial \lambda_k}$$

$$\frac{1}{k} H_{\max} = \lambda + \sum_k \lambda_k f_k$$

哈肯通过最大信息熵原理主要是寻求临界点的序参量。哈肯证明，接近临界态的信息熵可以分为两个部分：序参量信息熵＋伺服模信息熵。此时，伺服模信息熵不发生增益，而只有序参量的信息熵发生增益，因此，此时通过最大信息熵分布自然可以发现序参量（吴彤，2000）。

我们认为，运用最大信息熵原理应抓住几个关键点：①选择合适的宏观约束;②序参量在临界点时具有最大的信息熵;③系统的信息熵是否增加,与系统所处的过程阶段有关。

总之,自从哈肯提出协同学理论以来,人们开始对协同概念有了认识,并将"协同"作为一门新型跨学科,广泛地研究并应用到了由具有共同本质特征的不同事物所形成的交叉学科中,推动了协同学理论的不断发展。

2.2.2 创新协同的研究进展

当前国内外有关区域创新过程中各创新行为主体间或各区域间的协同研究比较少见,现有的文献大多从微观企业角度来研究协同。现有文献研究多采用"整合"(或称一体化,integration)这一概念,反映区域创新过程中各创新行为主体和要素通过沟通、合作,实现一体化过程。因此,整合与协同(synergy)的概念存在密切的联系,同时又有区别。"整合"强调各子系统(或要素间)的一致性和集成,注重的是过程。而"协同"则在此基础上更强调通过各要素、各创新行为主体复杂的相互作用,产生单独的要素或主体所不能达到的整体效果,即协同效应,它强调的是整体性和结果。因此,陈光(2005)认为,整合是实现协同的基础和前提,是协同过程中的一个重要阶段。

现有文献主要从企业内部角度探讨创新过程中的各部门和跨部门(职能)的协同问题。在互动(interaction)和合作(collaboration)异同的比较研究的基础上,Kahn(1996)认为这两者都是实现整合(integration)的方式,但各有特点。他就合作与互动对管理绩效是否产生影响进行实证研究,表明合作与产品开发绩效和产品管理绩效都有显著的正相关性,而互动则并不显著。他的研究结果表明,如果要取得较好的创新绩效,那么企业除了要重视如各种会议、文档化的信息交流以及相互抄送报表等互动关系外,更要注重部门间有效的合作关系。Kahn(2001)进一步指出,就创新绩效而言,适当的互动是必要条件但不是充分条件(转引自郑刚,2004)。

英国卡迪夫大学的库克(Cooke)和摩根(Morgan)在研究"区域合作优势"(co-operative advantage of region)时发现区域创新中的创新行为主体间合作关系比竞争关系更重要,且不同的制度环境会因区域整体利益而整合,有利于形成和保持区域竞争优势,并提出协同经济的概念。

就省际创新协同问题而言,Kahn(1996)等国外学者的研究成果给我们以较大的启示。首先,对于区域创新的绩效来讲,在创新过程中,各创新要素和创新行为主体间的"互动"和"合作"都是十分重要的,只重视一方面而忽视另一方面,往往不会取得较好的创新绩效。其次,区域内或区域间创新资源的共享,会有助于区域创新绩效的提升。最后,区域创新资源的整合是重要的和必需的,但仅仅"整合"是远远不够的,必须更加强调区域创新行为主体间的协同作用,从而取得单个创新主体无法取得的协同效应(即"1+1>2")。

2.2.3　基于要素的创新协同研究

随着系统科学研究的不断深入,经济管理领域开始接受并运用协同的观点和思想。"未来的经济理论将必然更深刻地研究这些现象,并采用协同学的方法,以便更好地理解经济现象,甚至改善经济的运行"(哈肯,2005)。国内外学者从不同层面运用协同的思想和方法来理解、分析不同的经济现象,均做了许多有益的拓展和深化,限于篇幅和相关性,本小节仅对与本书研究相关的代表性理论研究进行回顾,需说明的是因为有的外文文献较难收集到,因此,本书主要参考了郑刚(2004)的博士学位论文文献资料。

20世纪初在首次提出"创新"的概念时,熊彼特不仅指出了创新是从新产品、新技术、新工艺、新原材料和新组织等五个方面建立的一种新的生产函数,而且明确提出创新是把一种从来没有过的"新组合"引入生产体系。其中的"新组合"本身就已经隐含了各创新要素协同的思想。但是,由于种种原因,"人们更关注的是其提出的创新的五种情况,而对其具有更深层次的'生产要素新组合'的思想却大大地忽略了"(郑刚,2004)。

国外著名学者罗斯韦尔(Rothwell)指出,技术创新过程经历了技术推动型、市场拉动型、技术与市场的耦合互动型、综合模型和系统集成以及网络化等五代典型的技术创新模式,这充分说明,技术创新的过程由单一的要素作用过程,逐渐演化到多要素的协同作用过程,因此,国内外学者对创新过程中各创新要素如何协同进行了广泛而深入的研究,取得了比较多的研究成果,这为我们的进一步研究提供了启迪。

(一)战略要素与技术要素的协同

在考伯(Cooper)的研究之前,几乎没有学者关注战略要素与成功创新之间的关系,考伯经过对这两者的深入研究发现,能促进创新业绩的战略有以下几方面的特点(道格森和罗斯韦尔,2000):

(1)有挑战性的技术导向、研发导向并主动寻求新技术;

(2)公司战略的优势体现在有风险性的、进攻性的创新计划;

(3)有基于客户需求的、市场导向的新产品开发思路;

(4)有显著的技术进步,并有对顾客强烈冲击的产品开发方案;

(5)采用跟企业的技术和生产资源高度协作的完善技术;

(6)具有潜在的需求、高增长的大市场、多元化的新产品生产计划。

1997 年，弗里曼和泽特(Soete)在《工业创新经济学》一书中，通过对企业战略的分类，研究了不同的战略与研究开发和企业的其他创新活力之间的关系。结果发现，进取型战略的企业是高度技术密集型的企业，企业不仅重视基础研究，而且更注重应用开发研究。

采取保守型创新战略的企业不想带头创新，避免冒巨大的风险，而是想从早期创新者的失误中和其开拓的市场中获得好处；此类企业在创新性质和时间安排上不同于进取型创新战略。采取仿制型或依赖型创新战略的企业，不热衷于"蛙跳"式的跃进，甚至不想跟上"比赛"的节奏，他们满足于跟随在已定型的技术领导者之后。采取传统型和机会主义型战略的企业，缺乏科学和技术能力来推行意义深远的产品革新，但是他们有可能应付基础上属于款式而非技术的设计变化。

（二）组织要素与技术要素的协同

国外许多学者对组织结构与技术创新的协同匹配问题进行了广泛的研究。伯恩斯(Burns)和斯托克(Stalker)被公认为是最早深入研究创新型组织的专家学者。自伯恩斯和斯托克以来的许多研究者，从关键因素——愿景、领导、结构、文化、培训、团队合作以及关键个人的作用等角度做了深入的探索，得出的结果是只有宽松的组织结构才能形成足够的创造力。罗思韦尔(Rothwell)的系统集成和网络(SIN)模型认为，创新的成功关键在于形成了与外界协作和高密度的信息流（转引自郑刚，2004）。

"创新组织"提供的不仅仅是一个结构，更是一整套组成部分，这些组成部分一起协作，强化一种使创新活跃繁盛的环境（转引自郑刚，2004）。表 2-5 列出了创新组织的组成部分。

表 2-5　创新组织的组成部分

组成部分	关键特性	参考文献
愿景、领导创新意愿	清晰表达和共享目标、扩展"高层管理承诺"的战略含义	Kay(1993)，Kanter(1984)，Nayak 和 Ketteringham(1986)，Champy 和 Nohria(1996)
合适的结构	组织的设计使高层次创建成为可能。合适的结构不仅是一个宽松的"欺骗工作"的模式，关键是寻找对于偶发事件的"有机和机械"选择的适当平衡	Woodard(1965)，Thompson(1967)，Peters(1988)，Pfeffer(1994)，Burns 和 Stalker(1961)，Mintzberg(1979)，Perrow(1967)

续　表

组成部分	关键特性	参考文献
关键个体	倡导者、拥护者、桥梁人物和其他促进创新的角色	Allen(1977)、Rothwell(1992)、Rubenstein(1994)、Bess(1995)、Tichy 和 Devanna(1986)
有效的团队合作	适当运用团队(在当地,交叉职能和国际组织层次)解决问题,需要对团队选择和建设进行投资	Kharbanda 和 Stallworthy(1990)、Bixby(1987)、Francis 和 Young(1988)、Wheelwright 和 Clark(1992)、Thamhain 和 Wilemon(1987)
个人发展	长期致力于教育和培训,确保能力和有效学习技能的高层次	Pedler 等(1991)、Jarvis 和 Prais(1995)、Prais(1995)、Senker(1985)
广泛沟通	组织内外的有效沟通——向上、向下和横向	Allen(1977)、Francis(1987)
广泛参与创新	参与整个组织范围的持续活动	De Meyer(1985)、Imai(1987)、Robinson(1991)、Bessant 和 Caffyn(1996)
关注用户	内部和外部的用户定位	Rothwell(1992)、Oakland(1989)
利于创造的环境	积极对待创造性的思想,运用相关的奖励制度	Ekvall(1990)、IPD(1995)、Richards(1988)
学习型组织	过程、结构和文化有助于个体学习的制度化,知识管理	Argyris 和 Schon(1970)、Garvin(1993)、Leonard-Barton(1995)、Nonaka(1991)、Starkey(1996)

资料来源:转引自郑刚,2004。

Miller(1983)的研究表明,符合创新要求的组织结构应具有灵活性的特征,并且需要足够的协同与整合,他进一步指出,不同大小的企业其协同路径是不同的,大企业要通过经常性的再造,形成"交叉神经"(即跨职能)团队来实现协同,而中小企业可以通过有机的非正式结构实现协同(转引自郑刚,2004)。

(三)文化要素与技术要素的协同

随着对技术创新路径的全面深刻的理解,技术创新与制度变化之间明显的相互影响逐渐被实证研究所证实。现代技术创新理论是对技术创新与制度创新进行综合分析的理论。而制度创新细化为组织、文化的创新,因此,文化要素和技术要素的协同创新就成为解决问题的关键。Myerson 和 Hamilton(1986)通过对文化与技术的匹配(matching)问题的研究,提出了清晰的战略愿景、高层管理者的承诺与重视(commitment)、领导者的身体力行(symbolic leadership)、支持组织变革、选择与招聘新员工以及解雇不适合的员工等有利于文化与技术匹配的六条原则。

(四)制度要素与技术要素的协同

创新是经济发展不竭的动力,其所起的作用领域日益广泛,人们对创新的认识已不再局限于单纯的技术要素的创新,熊彼特的"要素组合"思想日益得到重视,研究者们将约束人们行为的制度概念纳入研究范畴,逐步形成技术要素与制度要素的系统创新协同观。20 世纪 70 年代,美国经济学家纳尔逊和温特借鉴生物进化理论对创新过程机理进行深入研究,推动了技术创新与制度创新的融合。他们创立的创新进化论,使得人们对于技术创新理论的研究重新回归熊彼特的创新内涵,即认为创新是一个复杂的系统,既包括技术上的创新,也包括组织和管理等制度意义上的创新。此后,许多学者(Freeman,1987;Lundvall, 1988;Nelson, 1982;等等)在国家、区域等更广的范围开展了技术与制度创新的综合性研究,提出了一些分析框架,如国家创新系统、区域创新系统等,从而为研究创新协同的相关问题开创了一个理论分支。正如 Slavo Radosevic(1998)所指出的,目前创新系统的概念被普遍认可,主要基于如下两点:一是创新的发展已不能用简单的、单纯的 R-D 角度来解释,必须考虑组织内的学习过程;二是不同组织的学习过程受到特定组织制度的影响,并进而形成不同的竞争与合作关系。Rothwell(1992)在分析前四代创新过程模型的基础上,提出时间更短、成本更低的第五代创新过程模型——系统集成和网络化(SIN),利用网络和专家系统、仿真模型技术、充分集成、完全一体化并行开发,在全球范围广泛合作,实现创新资源优化配置,高度集成,动态结盟,组织柔性化以及创新协同,显示技术要素与制度要素的系统集成创新。

国外许多学者认为,战略、文化、组织、制度上的匹配(fit)是新产品开发合作(collaboration)的决定性因素。但对具体各影响因素的作用的看法并不一致。如 Saxton(1997)的研究结果表明,文化的相似性对合作的成功具有负面的影响;而 Harrigan(1985)的观点则相反。同时,由于对合作成功的绩效标准的界定不同,不同学者的研究结果也有所不同。

(五)国内有关创新要素协同的研究

近年来,我国许多学者(许庆瑞、谢章澍、杨志蓉,2006;陈光,2005;郑刚,2004;刘友金,2002;李兆友,2000;朱祖平,1998;曾国屏,1996;洪勇,2010;邹波、周文霞、卜琳华,2013;洪银兴,2014;等等)从不同的范畴(如哲学、社会学、经济学和管理学等)对协同开展了广泛而深入的研究(见表 2-6)。

表 2-6   国内学者有代表性的协同问题的研究

代表人物	主要观点	研究视角
曾国屏（1996）	系统演进的真正动力源泉是竞争与协同	宏观：系统科学、科技哲学
张钢、陈劲、许庆瑞（1997）	企业技术创新的关键来源于技术、组织与文化的协同创新	微观：企业技术创新管理
彭纪生、吴林海（2000）	技术协同创新模式	宏观：系统科学、经济学等
温新民、刘则渊、薛静（2002）	科学技术通过技术创新与经济发展协同	宏观：经济学
刘友金（2002）	协同竞争是集群中企业创新行为的重要形式	微观：经济学、管理学等
李兆友（2000）	技术创新是同时涉及不同主体的并行活动过程，不同主体间的协同将大大提高创新成功率	宏观与微观：科技哲学、企业技术创新管理
许庆瑞、谢章澍（2004）	企业创新协同分为技术创新主导型、制度创新主导型、技术创新与制度创新共同主导型三种模式，并构建了创新协同演化模型	微观：企业技术创新管理
郑刚（2004）	企业技术创新过程中各要素全面协同有利于提高创新绩效	微观：企业技术创新管理
陈光（2005）	企业内部各要素的协同有利于提升创新绩效	微观：企业技术创新管理
许庆瑞、蒋键、郑刚（2005）	创业创新方式必须从传统的职能整合发展到创新协同	微观：企业技术创新管理
孙强、杨义梅（2006）	企业创新效率提升取决于创新体系中管理创新与技术创新的有效协同	微观：企业技术创新
许庆瑞、蒋键、郑刚（2005）	企业技术与制度动态性创新协同	微观：企业技术创新管理
白俊红、陈玉和、李婧（2008）	企业内部创新协同及其影响要素	微观：企业技术创新
洪勇（2010）	企业要素创新协同模式	微观：企业技术创新
邹波、周文萱、卜琳华（2013）	"三螺旋"式创新协同效应	宏观：国家创新管理
洪银兴（2014）	创新驱动与协同创新	宏观：国家创新管理

资料来源：在郑刚（2004）的基础上，增加并整理了相关文献编制而成。

现有的文献表明,我国学者或者主要从微观层次的企业创新系统中各创新要素的协同问题来展开研究,或者在整体上从国家创新系统的视角来研究各要素的协同,而基于中观层面的区域创新系统中的协同问题则较少研究。此外,区域创新领域中现有的有关协同的研究大多是从区域内部角度来研究各要素间的协同,而对区域间的各创新主体之间的协同问题的研究尚不多见。

2.2.4　协同效应研究

协同学原理表明,协同效应是指由于协同作用而产生的结果,是指复杂开放系统中大量子系统相互作用而产生的整体效应或集体效应。自然系统或社会系统虽然千差万别,但都存在着协同作用。协同作用是任何复杂大系统本身固有的自组织能力,是形成系统有序结构的内部作用力。协同学在经济社会管理系统中的应用,主要源自安索夫(Ansoff)在 20 世纪60 年代首次提出"协同效应"的概念,Porter(1985)、Itami(1987)、Buzzll 和Gale(1987)、Prahalad 和 Hamel(1990)、Markides 和 Williamson(1994)、Sirower(1997)等都对公司并购协同效应的概念界定、类型以及实现条件等方面做出了许多有益的拓展和深化。Ansoff(1965)首次提出协同的概念和理念,认为协同是投资收益率(ROI)函数的超加性(super-additivity),由此构建了函数的超加性协同效应理论研究框架;Porter(1985)从价值链(value chain)的角度分析,认为在实现协同效应的过程中,业务单元间可能有关联(linkage),包括有形关联、无形关联和竞争性关联,这些关联在价值链的实际活动中能降低成本或加强歧异性的有形机会,从而实现协同效应的推进,形成价值链协同效应理论;美国的两位学者 Buzzll 和 Gale(1987)从企业群的角度考察了协同效应的概念,分析持续的协同效应可通过共享资源、市场营销和研究开发支出的外溢效应(spillover)、企业的相似性以及对企业形象的共享等四种方式创造价值,由此构成企业群协同效应理论框架;日本战略专家 Itami(1987)将协同定义为一种发挥资源最大效能的方法,他把资源分为实体资源(physical assets)和隐形资源(invisible assets),认为隐形资源才真正是竞争优势的不竭源泉,只有有效地利用好这种隐形资源,才可能产生真正的协同效应。相应的,协同效应分为静态协同效应和动态协同效应,并形成了基于隐形资源的动态协同效应的基本研究框架;Markides 和 Williamson(1994)在引入战略资产(strategic assets)概念的基础上,从更深层面提出了核心能力动态协同效应理论,他们认为能带来资产改善(asset improvement)优势、资产创立(asset creation)优势、资产裂变(asset fission)优势的相关性公司并购重组,才能为公司提供可持续性的竞争优势。与此同时,国外学者(Cording等,2002)对公司并购协同效应做了大量的实证检验,主要是通过相关性并购的绩效是否显著超过非相关性并购,来实证检验公司并购协同效应,但检验结论尚未达成一致性的答案,这就是著名的所谓"公司并购协同效应悖论"(synergy paradox)。

此外,国外学者运用协同效应概念来考察全能银行的协同效应,如Saunders 和 Walter(1994、1996)关于多样化风险的研究,Van Den Berghen 和 Verweire(1998)关于金融混业集团的绩效研究,等等。也有学者研究了知识共享的协同效应。近些年来,有关协同效应的研究,不断拓宽研究领域,从经济学、管理学向社会学、教育学、法学等领域发展,并取得了一些有益的研究结果,这些对协同效应的研究给予我们很大的启示。

2.2.5　不足及启示

虽然国内外学者对基于创新要素的协同问题进行了广泛的研究,并取得了不少阶段性成果,但是,现有协同文献研究还存在如下不足:①国内外现有研究大多从微观或宏观的协同角度进行,而从中观的角度来研究协同问题的还比较少;②现有文献大多从一个系统内各要素协同问题的角度来研究,而较少从系统间各主体行为的协同角度来研究;③对于创新协同的层次、过程、影响因素等协同机制缺少深入而系统的研究;④对于基于区域层面的创新协同的剩余测量及协同度的定量分析尚不多见。

国内外许多学者从不同的视角对创新要素协同的研究为本研究提供了研究方法论和方法意义上的借鉴和帮助。例如,有学者提出的有关协同的多元性、层次性等初步思想使得本研究在现有研究基础上能够更进一步深入。

第 3 章 跨省份的区域创新系统模式及其构建研究[*]

不同的创新系统模式会产生不同程度的省际创新协同作用,从而会形成大小不一的协同效应。长三角区域经济一体化,应实现转变,即长三角区域经济增长方式应由基于资源禀赋的比较优势转向基于知识技术创新的竞争优势,因而需构建与之相辅的区域创新系统(RIS)。那么,这种区域创新系统的模式是什么?是将现有江浙沪各自区域创新系统合并为一个创新系统,还是形成一个一体化的模式?

就区域创新系统模式而言,目前在区域创新理论界,难以用一个唯一固定的标准来对其生成模式进行划分。Asheim 和 Isaksen(1997)从社会的根植性角度将区域创新系统分为区域性的国家创新系统和根植于特定区域的创新系统。Braczyk 等(1998)从技术转让模式的视角,把区域创新系统分成三种模式:基础型、网络型和统制型。Howell(1999)根据地域接近性和空间集聚在创新中的作用,提出了两类区域创新系统模式:一是从属于国家创新系统的自上而下的区域创新系统;二是自下而上具有独立的内部特征和内部联系的区域创新系统。Doloreux(2002)总结了其他学者关于区域创新系统分类的五种标准,即区域潜力、区域一体化水平、社会凝聚力、技术转移的管制模式和区域障碍。Asheim 和 Isaksen(2002)依据知识组织的位置和知识流动的特点,提出了三种区域创新系统模式:地方根植性省际创新网络(territorially embedded regional innovation network)、区域网络型创新系统(regional net worked innovation systems)和区域化国家创新系统(regionalized national innovation system)。国内学者温新民(2002)、李娟和张硕(2003)等分别从不同的角度考察了区域创新系统的生成模式,虽然他们均有程度不同的创新,但是他们都是在学习和借鉴国外学者的理论基础上做了延伸。

---

* 本章内容根据陈丹宇发表在《科学发展》(2010 年第 2 期第 19-28 页)上的"长三角区域创新系统模式及其构建研究"一文整理。

对于 RIS 一体化问题,国外学者更多地关注了超国家层面的 RIS 一体化问题,如欧洲一体化中的 RIS 一体化问题(Kuhlmann,2001),而对于次国家层面的 RIS 一体化问题鲜有涉及,原因在于:一是这些研究大都以发达国家/地区为对象;二是这些研究以既定区域的 RIS 为研究内容,或者认为 RIS 依赖于区域结构的均质性(Howells,1999),或者已经暗含了 RIS 的均质性前提,没有给 RIS 内部的多元化留有余地。王立军(2003),张方华和朱朝晖(2004),袁昱明和兰娟(2004),巢来春、高福斌、楼巧玲(2005)等学者分别从省际联合、超省份和行政突破等方面讨论了长三角 RIS 的培育与构建问题,但并未触及长三角区域创新系统一体化模式及其最终的RIS 模式。

以长三角为例,其区域创新系统涵盖江浙沪三省市,以此为基础构建跨省份的区域创新系统,显然其内部是非均质的。因而,结合现有区域创新理论,并考虑其不足,区域创新系统应该有四种:一是均质和封闭的区域创新系统;二是均质和互动的区域创新系统;三是非均质和封闭的区域创新系统;四是非均质和互动的区域创新系统。具体到长三角一体化,其区域创新系统应该是非均质和互动的区域创新系统。因此,本章在考察江浙沪三地区域创新系统模式及特点的基础上,着重探究跨省份的区域创新系统形成及其模式,尝试性地提出了长三角区域创新系统"多元均衡极化"一体化模式,并剖析其内在机理特征,在此基础上提出了其构建的基本途径。

3.1 江浙沪区域创新系统模式及特点比较

改革开放以来,尽管江浙沪三省市均为我国区域经济高速发展的典型,但在发展进程中却形成了风格迥异的三种不同的区域创新系统模式,而区域创新系统模式的不同可引致区域创新绩效的差异,尤其是经济绩效的区别,这种各具特色的经济发展模式反过来又促进特色区域创新系统的演进。

3.1.1 浙江区域创新系统模式及特点

(一)民营经济主导型的浙江经济发展和区域创新模式

民营经济是浙江经济最亮丽的"金名片"。民营经济在浙江经济发展中起着至关重要的作用。按所有制经济成分划分,可将国民经济划分为国有经济、集体经济、个体私营经济、港澳台和外商投资经济,浙江将集体经济和个体私营经济统称为民营经济。2017 年,民营经济创造增加值 33831 亿元,占 GDP 的 65.4%;民间投资 18152 亿元,比 2003 年增长近 8 倍,年均增长 16.9%;占固定资产投资总额的比重由 2003 年的 48.7% 提高到 58.3%,超过国有及国有控股、其他经济类型企业投资,是拉动投资增长的主要力量;浙江税收收入 55.6% 来自民营经济,其中,54.1% 来自个体私营经济,比 2002 年提高 24.1 个百分点,成为税收收入的重要来源;民营经济出口 14956 亿元,占全省出口的 76.9%,比 2002 年提高 46.8 个百分点,在对外经济方面起着至关重要的作用,可谓是浙江经济的铁柱钢梁。特别是个体私营经济在政策引导下获得了快速发展。1978—2017 年,个体私营经济增加值年均增长 24.1%,比 GDP 年均增速高 7.4 个百分点,个体私营经济占 GDP 的比重从 1978 年微不足道的 5.7% 提高到了 2017 年的 61.0%,已成为民营经济发展的主力和推动浙江经济持续发展的重要引擎。主要体现为如下方面。①

(1)民营经济主导型的市场主体结构

改革开放前,浙江经济基本是单一的公有制经济。改革开放以后,放手发展非公有制经济,彻底打破了传统计划经济体制下公有制或国有制一统天下的格局,形成了国有、集体、私营、个体、外商等不同所有制共同发展的局面。公有制经济增加值占地区生产总值的比重由 1978 年的 94.3% 降至 2017 年的 25.0%,非公有制增加值占比由 5.7% 升至 2017 年的 75.0%。2017 年,私营有限责任公司为 121.7 万家,占全部企业法人的 76.1%。

民营经济不断发展,成为浙江经济最大的优势。2017 年年末,全省共有私营企业法人单位 147.7 万家,占全部企业法人单位的 92.3%,其中又以私营有限责任公司为主,为 121.7 万家。私营企业覆盖全部行业大类,1039 个行业小类,除极个别行业外,已渗透到经济生活的各个方面,成为满足人民衣、食、住、行等物质需求和精神需求的重要来源。在中国民营企业 500 强中,浙江有 93 家企业上榜,连续 20 年居全国第一,诞生了阿里巴巴、华三通信、海康威视、聚光科技等世界知名的"独角兽"龙头企业,以及曹操专车、钉钉、数梦工场等"准独角兽"企业。

---

① 根据发挥体制机制优势,推动多种所有制经济共同发展——"八八战略"实施 15 周年系列分析之二,http://tjj.zj.gov.cn/art/2018/11/23/art_1562012.25740577.html;体制机制显优势民营经济亮名片——改革开放 40 年系列报告之三,http://tjj.zj.gov.cn/art/2018/11/6/art_1562012.24370612.html 整理。

（2）民营经济主导型的产业结构

从产业结构看，民营经济在三次产业中呈"三、二、一"格局，结构不断调整优化。2017年，民营经济第一、二、三产业增加值占比分别为5.7%、46.3%和48.0%。随着经济社会的发展，第三产业的市场空间不断扩大，个体工商户和私营企业数量规模迅速扩大，民营经济的发展逐渐向第三产业倾斜，增长速度快于整体经济，比重呈上升态势。2017年，民营经济第一产业比重比1978年下降49.4个百分点，第二、三产业比重则分别提高18.4个和31.0个百分点，2017年第三产业首次超过第二产业，成为份额最大的产业领域。在第三产业中，民营经济在批发和零售业、住宿和餐饮业、居民服务修理和其他服务业等传统行业比较集中，2017年，这些行业民营经济增加值占比高达90%以上。随着经济的发展和产业结构的调整，浙江民营经济正逐步从传统领域向新兴领域拓展。2014—2017年，信息传输软件和信息技术服务业、租赁和商务服务业、科学研究和技术服务业、文化体育和娱乐业年均分别增长44.4%、23.9%、23.0%和23.1%，2017年这几个行业民营经济增加值占比分别比2013年提高了21.9个、18.1个、14.3个和21.1个百分点，大大快于第三产业和整个民营经济的发展。1978年和2017年民营经济三次产业增加值构成见表3-1。

表3-1　浙江民营经济三次产业增加值构成　　　　　单位：%

产业	1978 年	2017 年
第一产业	55.1	5.7
第二产业	27.9	46.3
第三产业	17.0	48.0

（3）民营经济主导型的投融资结构

改革开放40余年，经济结构发生了深刻变化，投资主体多元化、资金来源多元化、投资方式多样化、管理方式间接化，以市场为基础配置投资资金的体制基本形成。浙江立足于民营经济这一最大特色和优势，出台了一系列鼓励和支持民间投资的政策措施，2010年出台《浙江省关于鼓励和引导民间投资健康发展的实施意见》；2014年开始大力推进民间资本以PPP（public-private partnership，公私合作模式）方式参与基础设施建设；2016年成立初期规模达100亿元的基础设施投资（含PPP）基金；2017年出台《浙江省传统基础设施领域实施政府和社会资本合作实施细则（试行）》，以进一步规范 PPP 项目操作流程,同年召开浙商大会,引导浙商回归报效桑梓,激发民间资本投资活力,拓宽投资领域。2003—2017 年,浙江民间投资累计 129270 亿元,年均增长 16.9%。民间投资占全部投资的比重从 2003 年的 48.8% 提高至 2017 年的 58.3%。民间资本积极参与基础设施建设,2013—2017 年,民间基础设施投资累计 6810 亿元,年均增长 27.3%。基础设施建设领域民间投资占比从 2013 年的 5.4% 提升至 2017 年的 10.6%,其中,广播电视电影和音像业、文化艺术业、电力燃气及水的生产供应业以及卫生设施等行业民间投资占比分别提升至 77.3%、47.5%、32.7% 和 30.7%。为进一步吸引民间资本进入基础设施领域,拓宽建设资金来源渠道,2015 年、2016 年分别向社会公开推介三批 PPP 项目,杭绍台铁路、杭温高铁两个国家级铁路 PPP 示范项目顺利落地。至 2017 年年末,浙江已落地 PPP 项目 154 个,总投资 2964 亿元,落地率 49.4%。

浙商因改革开放而兴,在新时代改革开放征程中浙商同样有大作为。自 2011 年首届世界浙商大会发出“创业创新闯天下、合心合力强浙江”的动员令,引导了大量浙商优质资源要素回归浙江,也鼓励牵引带动民资、国资、外资等投资浙江,形成海内外优质要素集聚浙江、发展浙江的新格局。2012—2017 年,浙商回归省外到位资金不断增长,累计到位资金 17533 亿元,年均增长 34.4%。鼓励支持民营企业完善产权制度,实施“凤凰行动”计划,大力支持企业上市和并购重组。2017 年新增境内外上市公司 96 家,上市公司实施并购 337 起。年末境内上市公司 415 家,累计融资 9077 亿元;其中,中小板上市公司 138 家,占全国的 15.3%;创业板上市公司 80 家,占全国的 11.3%。

(4)民营经济主导型的开放经济格局

浙江民营企业积极参与对外投资,2001 年,万向集团收购美国纳斯达克上市公司 UAI,开创了中国乡镇企业收购海外上市公司的先河;2007 年,中国首批境外经济贸易合作区——泰中罗勇工业园迎来首家企业入驻。对外投资领域拓宽,成效显著。2009 年,中国吉利汽车集团正式收购沃尔沃汽车公司。2001—2012 年,全省累计批准境外投资企业 5063 家,中方投资额 141.9 亿美元。投资项目遍布世界 121 个国家和地区,投资领域涉及建筑、纺织、机械、矿产、服装、化工、渔业等。中方投资备案额从 2002 年的 0.5 亿美元增至 2017 年的 96.4 亿美元,年均增长 41.8%。至 2017 年年末,经审批核准或备案的境外企业和机构共计 9188 家,累计中方投资备案额 707.2 亿美元,覆盖 145 个国家和地区,在“一带一路”沿线国家和地区投资总额 191.9 亿美元。制造业是对外投资的主要领域,2017 年对外投资 61.5 亿美元,占全省对外投资总额的 63.8%。跨境并购成为对外投资的主要方式,2017 年并购项目 118 个,其中,并购额在 1 亿美元以上的项目 17 个,并购金额占全省对外投资总额的 55.9%。

2017 年,浙江民营企业出口 2207 亿美元,占全省出口总额的 76.9%,对全省出口的贡献率为 88.6%,出口规模仅次于广东,占全国民营企业出口的 21.0%;民营企业进口 470.7 亿美元,居全国第四。浙江民营企业发达的独特优势得到了进一步发挥,浙江民营企业成为对外贸易中最活跃的经济主体。

浙江民营企业在发挥体制机制优势的同时,不断加强科技创新,加快经济与科技的对接和融合,催生了一大批民营科技企业。根据《浙江省民营科技企业 2006 年度发展状况统计分析》,到 2006 年年底,全省民营科技企业数量 6963 家,比上年增长 5.0%。企业职工数 161.61 万人,比上年增长 9.87%。企业总资产 7556.89 亿元,技工贸总收入 8294.49 亿元,企业增加值 1975.56 亿元,出口创汇 296.92 亿美元,实现利润和税收(简称"利税")852.62 亿元,分别比上年增长 11.83%、16.74%、10.53%、39.34% 和 26.12%。投入科技活动经费 274.91 亿元,投入 R&D 活动经费 160.72 亿元,分别比上年增长 19.45% 和 23.45%。浙江民营科技企业增加值约占全省工业增加值的 26.2%,约占全省规模以上工业企业增加值的 33.0%;民营科技企业利税约占全省规模以上工业企业利税总额的 35.6%;民营科技企业出口创汇约占全省出口创汇总额的 29.4%。从抽样调查来看,83.1% 的民营科技企业建立了不同形式的研究与开发机构,而且 21.2% 的企业在国内其他地区设有研究分支机构,0.7% 的企业还在国外建立起了研究分支机构。许多大型民营企业如万向、华立、正泰、德力西、飞跃等集团,不仅建立了研发机构,还设立了博士后工作站。从 R&D 投入水平与强度看,73.8% 的科技型中小企业 R&D 投入水平(R&D 投入占企业销售收入的比重)在 2% 以上,50.6% 的企业在 3% 以上,高于浙江大中型企业 R&D 投入的平均水平(0.23%)。民营科技企业成为行业发展的"排头兵"。统计显示,2709 家省级以上高新技术企业中,民营科技企业占 95% 以上,知名企业如波导、恒生电子、正泰、新和成、康莱特、升华拜克等大量涌现。民营科技企业已经成为推动浙江技术进步和创新的主力军,以民营经济推动为主成为浙江区域创新中的显著特色,使浙江经济呈现出依靠本地资源进行创新的典型,在技术进步方面表现出与其他地区不同的特点。

浙江以民营企业为主导的区域创新模式,有学者如王立军(2006)总结为以下几类:第一类是基于块状经济的集群创新。浙江在拥有产值超亿元的 500 多个块状经济发展过程中,企业逐渐形成了以企业间技术合作为主的集群创新。第二类是基于资源配置全球化的跨界创新。由于浙江自身科技资源有限,一些大型民营企业根据自身发展的需要,开始进行基于资源配置全球化的跨界创新。目前,浙江民营企业已在 4 个国家设立了 5 家研发机构,主要形成了以万向集团为代表的循序渐进模式、以华立为代表的高端介入模式、以飞跃为代表的引进专家模式以及以艾康生物为代表的两头在外模式等四种模式。第三类是依托高校、科研院所的产学研联合创新。产学研联合创新主要有两种形式:一是高等院校发展科技产业,采用产学研相结合模式。杭州的产学研结合创新模式的科技型企业较多,如网新科技、普康生物、中控科技等。二是以企业为主导,通过企业主动出击,与有关高等院校和科研院所建立技术合作关系,将科研成果产业化,比如浙江省绍兴市上虞市的上风集团与上海交通大学建立技术合作关系,浙江省杭州市余杭区的高发磨料公司与洛阳磨料模具研究所建立的技术合作关系等。但是,由于浙江自身的科技资源比较少,因此,浙江民营企业在发展过程中更多的是依托省外的高校、科研院所进行产学研联合创新。

(二)浙江区域创新系统的特点

正是浙江民营经济主导型的区域发展和区域创新模式,决定浙江区域创新系统是一个典型的**内源式制度创新为主导的区域创新系统**,其特征具体表现为如下方面。

(1)市场导向型的区域创新系统

市场化程度相对较高的体制和激励机制,相对清晰的产权,使得浙江企业较易进行创新和获得创新外溢。经过 40 余年的改革开放,我国取得了举世公认的市场化改革成功。但是,对于各省区市而言,其市场化进程是不同步的。相关研究成果表明,在全国 31 个省区市中,浙江的市场化相对进程指数排序较前。在较为完善的市场经济环境和市场竞争压力下,企业的技术创新具有充分报偿和较大的激励,他们进行技术创新、引进技术、获得技术外溢的动力较强。

与此同时,浙江科研体制的三个率先改革,导致区域创新系统中企业主体地位不断提高。一是浙江在全国率先全面实行改制与转制相结合的科研院所改革。1997 年,省政府选择省化工院、冶金院、广电所、农科院、水科院分别作为开发类和公益类院所的改革试点。1999 年,省政府召开了全省科研院所体制改革工作会议,在总结试点经验的基础上,全面推行科研院所体制改革。二是在全国率先实行技术要素参与股权和收益分配。1998年,浙江省政府出台了《浙江省鼓励技术要素参与收益分配的若干规定》,允许以职务成果作价入股的,其股权可按不低于20%的比例划给该成果的完成者和成果转化的主要实施者。三是在全国率先建设中国浙江网上技术市场。中国浙江网上技术市场的建设,为技术流动和科技成果转化提供了快速有效的通道和平台,受到企业、高校、科研机构和广大科技人员的普遍欢迎,得到省部领导的充分肯定。

(2)外源"技术"导向型的区域创新系统

由于市场化程度较高,浙江民间企业家的商业头脑和市场直觉性被大大激活,他们具有内在的动力,并以市场为导向,积极主动整合外部资源进行技术创新。尽管显性的R&D水平并不高,甚至在2006年以前一直低于全国平均水平(见表3-2和表3-3),但隐性的R&D水平较高,如人才以"星期天工程师"等形式进行的"柔性"流动,通过市场购买"脑袋",在货币资本拥有方与人力资本拥有方之间形成更有效的纽带,双方的信息不对称程度较低,技术创新的成功率较高(李晓钟、张小蒂,2006)。

表 3-2 2000—2017 年全国及江浙沪 R&D 经费 单位:亿元

地区	2000 年	2005 年	2010 年	2011 年	2012 年
上海	73.60	208.35	481.70	597.70	679.50
江苏	73.00	269.83	857.90	1065.50	1287.90
浙江	33.50	163.29	494.20	598.10	722.60
全国	895.66	2449.97	7062.60	8687.00	10298.40
地区	2013	2014	2015	2016	2017
上海	776.80	862.00	936.10	1049.30	1205.20
江苏	1487.40	1652.80	1801.20	2026.90	2260.10
浙江	817.30	907.90	1101.20	1130.40	1266.30
全国	11846.60	13015.60	14169.90	15676.70	17606.10

资料来源:http://www.sts.org.cn.

表 3-3 2000—2017 年全国及江浙沪 R&D 经费占 GDP 的比重 单位:%

地区	2000 年	2005 年	2010 年	2011 年	2012 年
上海	1.60	2.28	2.81	2.90	3.16
江苏	0.85	1.47	2.10	2.20	2.30

续　表

地区	2000 年	2005 年	2010 年	2011 年	2012 年
浙江	0.56	1.22	1.82	1.92	2.04
全国	0.90	1.32	1.76	1.84	1.98
地区	2013 年	2014 年	2015 年	2016 年	2017 年
上海	3.60	3.66	3.73	3.82	3.93
江苏	2.45	2.54	2.57	2.66	2.63
浙江	2.18	2.26	2.36	2.43	2.45
全国	2.01	2.05	2.07	2.11	2.13

资料来源：http://www.sts.org.cn 以及全国、上海、江苏和浙江各年份的国民经济和社会发展统计公报。

（3）以企业集群为载体的区域创新系统

企业集群是介于市场和企业之间的中间组织形态，集群式的创新特色十分明显。改革开放以来，浙江在农村工业化的进程中形成了独特的"块状经济"发展模式。[①] 有关资料表明，浙江 88 个县市区中的 85 个已经形成了"块状经济"，工业总产值近 6000 亿元，涉及 175 个产业和 23.7 万个生产单位，截至 2006 年年底，浙江年产值超亿元的企业集群有 601 个，其中 10 亿元以上的 285 个、100 亿元以上的 37 个，培育出义乌小商品、宁波家电、温州皮鞋、永康五金、乐清低压电器、海宁皮革、嵊州领带、诸暨珍珠等在国内外市场占有率都较高的"块状经济"，使浙江成为全国乃至世界相关产品的重要加工制造基地。从技术创新的角度而言，浙江基于民营企业的企业集群经济本身就是一个由中小企业组成的创新网络的集合，其内部包含了大量的交叉在一起的企业，而每个企业都是一个创新节点。这与单个企业的创新相比，创新活动量要大得多。同时，企业集群基于专业化分工，每个公司专司一个零配件或部件，创新内容的专一，也大大降低了创新的成本和风险，极大地提高了创新的速度和效率。同时，企业集群内拥有多种交易途径和产品生产组合，可以便于集群内不同环节的创新成果马上能在最终产品上反映出来，形成集群的创新合力机制（黄中伟，2004）。企业集群最显著的特点是空间的聚集性和产业的关联性。

近些年来，浙江将全省的各类企业集群整合为 15 个产业集聚区，作为

[①]　浙江的"块状经济"是政府、学术界均已公认的。在浙江省的许多文件、新闻报道中均有出现。这里的数据参考了李晓钟、张小蒂（2006）。

浙江经济转型升级的重要载体,支撑整个浙江经济转型发展。浙江省级产业集聚区(以下简称集聚区)作为全省产业创新引领、转型升级和集聚示范的窗口,近几年来取得了显著成效,特别是招大引强、科技创新、集聚集约化发展方面取得了不俗成绩。

浙江 15 个集聚区(未包括 2013 年 12 月批复的温州浙南沿海先进装备产业集聚区的统计数据)主要分为三种类型:**一是龙头企业引领型**。依靠龙头企业辐射带动,政府积极引导服务,短期内吸引了一批同类产业快速集聚。此类集聚区龙头企业引领作用突出,主导产业集聚度较高,产业链完善,具有较强竞争优势,比如杭州大江东和城西、宁波杭州湾、衢州等集聚区。杭州大江东和宁波杭州湾以汽车产业为主导,引进了大众、福特、吉利和东风裕隆龙头企业之后,两年内迅速聚集了上百家以汽车生产、组装、研发、服务为主的汽车关联企业。杭州城西在淘宝软件、淘宝商城等公司进驻后,带动了电子商务及互联网公司的快速发展。衢州依托衢化集团大力发展氟化硅产业,吸引了一批氟化工企业聚集,使衢州集聚区发展成为亚洲氟化硅的主要生产基地,占领国际市场。**二是优势产业推进型**。此类集聚区特点是主导产业具备较大规模,有相对竞争优势,但集聚区内行业相对分散,主导产业发展优势不突出。主要有温州、湖州、绍兴等集聚区,主导产业集聚主要依靠较好的产业基础和技术、市场、规模优势不断吸引同类产业发展壮大,比如温州、湖州的金属制造业,绍兴的纺织化工业,台州的医药化工业,金华、丽水的汽车和摩托车配件等产业形态。**三是特色产业集聚型**。结合当地独具特色的资源、政策、区位优势发展主导产业,此类集聚区发展优势特色明显,行业集中度较高,具有较强的竞争优势,但产业政策性强,受政策影响大,产业转型弹性小。比如宁波梅山、嘉兴、舟山、义乌 4 个集聚区主导产业依靠特色发展明显,宁波梅山是外向型的物流保税区,转口贸易企业较多;嘉兴产城融合发展方式较为完善,城市第三产业服务业企业集聚度较高;舟山的优势是临港制造和海洋经济,船舶制造、石油化工类企业相对集中;义乌重点围绕商贸物流服务业发展,物流服务业企业集聚度较高。在此基础上,进入 2015 年,浙江在政府工作报告中提出发展信息经济、健康、节能环保、旅游、时尚、金融、高端装备等七大产业,每一个产业都将被打造成万亿级别,被称为"七大万亿"产业。浙江围绕"七大万亿"产业计划培育具有工业产业导向的特色小镇 100 个。几年来,浙江各地因地制宜,突出特色,改革创新,探索出了一条具有浙江特色、符合规律、可持续的特色小镇发展道路,涌现出了一批具有标杆性、引领性、示范性的特色小镇,成为培育发展新动能、推动经济转型升级的重要引擎。特色小镇正成为加快产业转型升级的新载体。2017 年，浙江重点打造的产业增加了文化产业，"七大万亿"产业转变为"八大万亿"产业。2017年，前三批省级命名和创建的 108 个特色小镇，有"八大万亿"产业小镇 95个，历史经典产业小镇 13 个；108 个特色小镇 2017 年完成固定资产投资1495 亿元，其中特色产业投资 1192 亿元，占 79.7%；全年总产出 6957 亿元，其中特色产业总产出 5759 亿元，占 82.8%；108 个特色小镇入驻高新技术企业 496 家，科技型中小企业 1340 家。高新技术企业从业人员 19.9万人，占小镇全部从业人员的 22.6%；工业高新技术企业营业收入 1557 亿元，占小镇工业企业营业收入的 50.2%，服务业（不包括批发零售和住宿餐饮业）高新技术企业营业收入 726.6 亿元，占小镇服务业营业收入的25.6%。特色小镇正成为高端人才集聚创业创新的新平台，至 2017 年年末，108 个省级特色小镇吸引国家及省级高层次人才 447 人，国家和省级大师 285 人，国家及省级非遗代表性传承人 231 人，有中高级专业技术职称 20496 人；108 个特色小镇已与 936 家高校、省级以上研究单位开展了技术合作。2017 年完成科技投入 397.6 亿元，规模以上工业新产品产值已达 2460 亿元，形成国家或行业标准 347 项，期末有效发明专利 6634 件；至2017 年年末，108 个省级特色小镇已入驻创业团队 10876 个，"新四军"①创业人员达 20451 人，其中大学生创业者 12353 人，大企业的高管和连续创业者 2944 人，科技人员创业者 3993 人，留学归国人员创业者 1161 人。创业创新基地 358 个，其中众创空间 170 个。特色小镇产业富有特色，文化独具韵味，生态充满魅力，生产、生活、生态"三生融合"功能逐渐显现，正成为宜业宜创宜居宜游的现代城市生活的新示范，2017 年年末，108 个省级特色小镇规划范围内可办理公共服务事项 9859 项。有 99 个小镇已建有公共服务 APP 或公众号，60 个小镇建成使用了功能多样、管理智慧的小镇客厅；2017 年年末，108 个省级特色小镇公园绿地面积 1963 万平方米，镇均18.2 万平方米，公园及休闲健身广场 482 个，96 个小镇开通了公共 Wi-Fi；2017 年，108 个小镇有省级以上非物质文化遗产项目 216 个，公共文化建筑面积 282.6 万平方米。宾馆床位数 5.6 万个、民宿（农家乐）床位数 1.6 万个。2017 年参观、旅游总人数 13073 万人次，镇均 121 万人次。浙江特色小镇凭借政策的先发优势及自身的天然优势走在全国前列。特色小镇是承接全球新一轮科技和产业革命的先行者，是践行新发展理念、深化供给侧结构

---

① "新四军"分别是指年轻的大学生、留学归国人员创业者、大企业的高管和连续创业者以及科技人员创业者。

性改革的示范地,是助推转型升级、加快实现"两个高水平"的生力军。下一阶段,要把培育创建特色小镇摆到更加突出的位置,坚持特色发展、创新发展、融合发展、集约发展、高起点规划,高标准推进特色小镇建设。①

(4)基于主动吸收型技术溢出效应的区域创新系统

因为民营企业的激励机制是内生的,所以浙江民营企业获取技术外溢的动力十足,主要体现在以下两个方面:一方面对有益的技术手段、营销方法、经营诀窍和管理经验往往较主动地学习和模仿;另一方面与外资企业及本地龙头企业等先进企业积极主动地建立前后向产业联系(李晓钟、张小蒂,2005)。浙江的产业集群是一种"原发型"企业集群,它是结合了本地要素禀赋优势和历史文化因素而发展起来的,其集群内的各种市场主体往往存在着许多类型的社会资本(如血缘关系、亲缘关系、地缘关系和同行关系等),此类集群内人员的流动和相关产业之间的联系更加频繁,因而更有利于促进知识和技术的转移和扩散(李晓钟、张小蒂,2006)。浙江私营企业家丰裕度较高,每万人中私营企业家数由1995年的17人增加到2006年的82人,年均每万人中私营企业家数为45人。② 这些市场中成长起来的私营企业家,具有内生动力去寻找先进的技术、管理和制度等创新要素,因此,他们会主动吸纳FDI和先进技术的溢出效应。与全国及广东、上海、江苏等对外贸易大省有所不同,浙江对外出口贸易以一般贸易方式为主导,2002年在出口总额中一般贸易比重曾达到82.5%。2013年,浙江一般贸易出口比重为78.9%,比全国高出29.7个百分点。2015年中国(杭州)跨境电子商务综合试验区设立,杭州构建了"六体系两平台"为核心的制度体系并推向全国,为挖掘全国外贸新增量带来更多可能。2017年,杭州跨境电子商务进口29.1亿美元,比上年增长42.0%,出口70.2亿美元,比上年增长15.9%。2017年5月,义乌开启新一轮国际贸易改革试点实施计划,重点从深化小商品国际贸易制度创新、探索进口贸易发展新机制等八个方面做好工作,义乌国际贸易试点诞生的"市场采购"贸易方式出口从2011年的1.3亿美元快速增至2017年的279.3亿美元。浙江企业积极参与全球规则制订,开放内涵不断深化。阿里巴巴集团主导建立了电子世界贸易平台(eWTP),分别在马来西亚和杭州设立试验区,让中小企业更方便地进入全球市场、参与全球经济。在贸易方式创新的影响下,从2011年开始,浙江货物出口市场份额仅次

---

① 特色小镇"特美活新"宜业宜居海纳群英——改革开放40年系列报告之十四,http://tjj.zj.gov.cn/art/2018/11/21/art_1562012_25891307.html.

② 资料来源:《中国统计年鉴》(1996—2007年)。

于广东和江苏,居全国第三。工业制成品占据绝对主导地位,占 2017 年全省出口的 97.1%;其中,以纺织服装为代表的七类劳动密集型产品出口占全国的 22.8%,仅次于广东。2013—2017 年,机电产品年均出口增速 5.3%,高于出口平均增速 0.3 个百分点。党的十八大以来,随着"两创"战略、"最多跑一次"改革等举措的深入实施,外贸企业发展环境持续优化。2017 年,有进出口实绩的企业达 71334 家,民营企业出口规模仅次于广东,占全国民营企业出口的 21.0%。[①] 一般贸易为主导的贸易方式结构与浙江民营企业发达的区域经济结构密切相关。[②] 浙江省这种以一般贸易为主导特征的出口贸易结构以及贸易方式的创新,可以大大促进浙江企业(尤其是民营企业)获取更多的技术外溢。

(5)综合运用政策、制度、管理以及载体创新求得创新协同的区域创新系统

2004 年,《中共浙江省委、浙江省人民政府关于推动民营经济新飞跃的若干意见》(浙委〔2004〕4 号)等重大战略决策,从放宽准入资格、降低创业门槛、提升创新竞争能力等方面入手,大力促进民营经济发展。为了进一步完善促进中小企业又好又快发展的法律保障制度,2006 年,浙江颁布实施了《浙江省促进中小企业发展条例》,推出鼓励支持和引导个体私营等非公有制经济发展的 32 条强有力具体举措。为了进一步给民营经济发展注入新的动力,2007 年,浙江又率先推出了 20 条创业富民新举措,如扩大合伙人范围、鼓励金融资本与技术资本优势互补,等等。为了给中小企业上市创造和谐的外部环境,浙江成立中小企业上市联合培育机构,与深圳证券交易所联合成立"浙江中小板上市企业联合培育中心",颁布实施一系列引导和鼓励中小企业上市融资的政策意见,构建了浙江资本市场综合培育体系,其参与者由地方政府、监管部门、交易所、中介机构等组成,以实现通过民营企业上市的有效途径来规范管理和经营。[③] 1990 年,浙江有了第一家上市公司,并成为首批在上海证券交易所上市的企业之一。至 2013 年年末,浙江境内上市公司总数 246 家,居全国第二位,累计融资 3031 亿元;其中,中小板上市公司 119 家,占全国中小板上市公司总数的 17%;创业板上市公司 36 家,占全国创业板上市公司总数的 10.1%。2013 年年末,

① 构建全面开放新格局　融入世界经济大舞台——改革开放 40 年系列报告之十,http://tjj.zj.gov.cn/art/2018/11/19/art_1562012_25891137.html.

② 浙江省经济综合外向度发展状况统计研究,http://tjj.zj.gov.cn/art/2014/8/27/art_1530860_20981047.html.

③ 陈旭明.民营经济甩开大步往前走.今日浙江,2007(19):36.

浙江共有证券公司 4 家,证券分公司 24 家,证券营业部 503 家,证券投资咨询机构 4 家,全年累计代理交易额 13.5 万亿元。除了场内交易市场表现活跃外,区域资本市场也得到开创性发展。2012 年 9 月,浙江股权交易中心成立,建立了一套符合区域性资本市场建设要求的规则与运营体系,并与全国性证券市场相对接,为省内企业特别是中小微企业提供股权、债券的转让和融资服务。至 2013 年年末,共有挂牌企业 737 家,其中成长板企业 150 家,总市值 230 亿元,创新板企业 587 家,总股本约 107 亿股。①

2003 年,浙江省委、省政府为民营企业在更高起点上谋求更大发展,审时度势,适时提出了"跳出浙江发展浙江"的新思路。近些年来,在举办"香港浙江周""澳门浙江周""美国浙江周"等境外活动中,浙江省政府一方面主动组织民企参加,另一方面积极寻找有效途径推动民营企业"走出去"战略(如与香港中华总商会、澳门中华总商会、香港中华厂商联合会、澳门厂商联合会等组织签订了双向合作协议)。近年来,浙江积极实施"走出去"战略,大力推进对外投资便利化,进一步健全服务和支持体系,充分利用高层互访及多边经贸联系机制和磋商机制,支持和推动各种类型大项目的签约和实施,为"走出去"提供有力保障,"走出去"步伐加快,成效显著。投资备案额从 2002 年的 0.5 亿美元增至 2017 年的 96.4 亿美元,年均增长 41.8%。至 2017 年年末,经审批核准或备案的境外企业和机构共计9188 家,累计投资备案额 707.2 亿美元,覆盖了 145 个国家和地区,在"一带一路"沿线国家和地区投资总额 191.9 亿美元。制造业是对外投资的主要领域,2017 年对外投资 61.5 亿美元,占全省的 63.8%。跨境并购成为对外投资的主要方式,2017 年并购项目 118 个;其中,并购额在 1 亿美元以上的项目 17 个,并购金额占全省并购总额的 55.9%。开放平台不断升级,至 2017 年年末,全省共有 1 个自贸试验区、21 个国家级经济技术开发区、56 个省级经济技术开发区、8 个海关特殊监管区、19 个国家产业合作园、4个浙台经贸合作区,形成了全方位、多层次、宽领域的对外开放平台体系。2017 年 4—12 月,中国(浙江)自由贸易试验区新增注册企业 4167 家,实际利用外资 3 亿美元,港口货物吞吐量 1.1 亿吨,口岸进出口总额 149.6 亿元。"一带一路"捷克站建设和"义新欧"班列稳定运营为开放平台提供了创新样本。"义新欧"作为全国唯一一个民营资本主导的中欧班列,从2014 年 11 月 28 日首发义乌到马德里的中欧班列开始,至 2017 年年末,已

---

① 2013 年浙江省国民经济和社会发展统计公报,http://www.zj.gov.cn/art/2014/3/2/art_7403_1300180.html.

开通 9 条运输线路,沿线设立 4 个分支机构、8 个海外仓和 5 个物流分拨中心。2017 年,宁波—舟山港货物吞吐量突破 10 亿吨,连续 9 年居全球海港首位,集装箱吞吐量居全球第四,达 2461 万标箱。浙江在全国率先颁布了《浙江省知名商号认定办法》,多形式、多层次、多领域地帮助民营企业开展品牌培育,同时,出台了支持品牌国际化的 5 项新举措,全方位促进浙江民营企业创自主品牌、做强势品牌、走品牌国际化之路,切实推进实施"品牌大省"战略。目前,浙江民营企业拥有中国驰名商标 169 件,总量位居全国第一;拥有专业商标品牌基地、知名商号和省著名商标各 36 个、523 个和 1450 件,品牌集群优势逐步凸显。此外,浙江省国际商标注册总数达到 1.1 万件,其中,万向集团生产的"钱潮 QC"牌万向节荣获"2007 年中国世界名牌产品"称号,实现了浙江省"世界名牌"零的突破。①

3.1.2　江苏区域创新系统模式及特点

党的十一届三中全会以来,江苏领改革开放之先,从"苏南模式"到大规模引进外资,抢得了发展的先机,创造了有江苏特点的发展模式,为全国发展做出了很大贡献。

(一)FDI 主导型的江苏经济发展和区域创新模式

20 世纪 90 年代以来,FDI 主导型的江苏经济保持了又好又快的发展态势,是我国开放型经济最具潜力和活力的地区之一。1981 年,江苏批准设立了第一家中外合资企业"中国江海木业有限公司",拉开了外商在江苏直接投资的帷幕。江浙沪及全国进出口额及利用外资情况见表 3-4。

表 3-4　江浙沪及全国进出口额及利用外资情况(2017 年)

地区	进出口		出口		实际利用外资/亿美元
	总额/亿美元	外商企业所占比重/%	总额/亿美元	外商企业所占比重/%	
上海	4678.92(3)	66.63	1904.25(4)	66.73	170.08
江苏	5911.40(2)	63.73	3571.44(2)	59.20	251.35(2)
浙江	3716.11(4)	29.70	2822.35(3)	17.96	179.02
全国	40746.79	44.80	23166.59	42.20	1363.00

注:括号内数据为在全国 31 个省区市中的排名。

资料来源:2017 年全国、上海、江苏和浙江国民经济和社会发展统计公报。

---

① 陈旭明.民营经济甩开大步往前走.今日浙江,2017(19):37.

经过 20 世纪 80 年代的起步阶段、90 年代的持续发展阶段和 21 世纪的提高发展阶段,江苏利用外资取得了令人瞩目的成就。实际外商直接投资在 1992 年突破 10 亿美元,2002 年突破 100 亿美元,2007 年突破 200 亿美元,2011 年突破 300 亿美元,2012 年突破 350 亿美元。实际利用外资额自 2003—2014 年保持了 12 年的全国第一,2015 年被广东超过居于次席,2016 年、2017 年重新登顶全国第一(见图 3-1)。

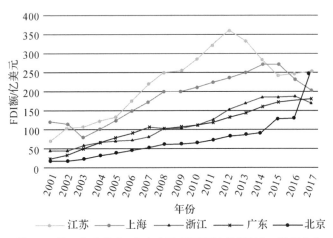

图 3-1　长三角和北京、广东实际 FDI 额比较(2001—2017 年)

资料来源:2001—2017 年北京、广东、上海、江苏和浙江的国民经济和社会发展统计公报。

随着 1979 年《中华人民共和国中外合资经营企业法》的颁布,中国对外资敞开了大门,外商投资企业从无到有,经营规模不断扩大。但在改革开放初期,外商投资企业在江苏经济发展中的作用并不突出,1987 年出口 0.1 亿美元,仅占出口总额的 0.6%,进口 0.4 亿美元,占进口总额的 5.0%。到 1998 年,出口、进口分别占比达总额的 51.5% 和 79.9%。进入 21 世纪,随着外商来苏投资的迅猛增加,大批外商投资企业进入了经营期,其进出口额随之大幅度增加。2007 年外商投资企业出口额为 1556.3 亿美元,占出口总额的比重高达 76.4%;进口 1245.9 亿美元,占进口总额的 85.4%。2017 年外商投资企业出口额达到 2114.4 亿美元,占出口总额的 59.2%;进口 1653.8 亿美元,占进口总额的 72.6%。外商投资企业为江苏对外贸易和国民经济的发展做出了巨大贡献。

2001—2017 年长三角和北京、广东实际 FDI 额占全国比重见表 3-5。

表 3-5　长三角和北京、广东实际 FDI 额占全国比重(2001—2017 年) 单位:％

年份	江苏	浙江	上海	北京	广东
2001	14.75	4.72	9.16	3.77	25.45
2002	19.32	5.83	8.10	3.27	21.49
2003	19.74	9.30	10.22	4.10	14.62
2004	19.96	11.02	10.79	5.08	16.51
2005	21.85	12.80	11.36	5.85	20.50
2006	25.09	12.80	10.23	6.55	20.89
2007	26.21	12.42	9.48	6.07	20.51
2008	27.19	11.00	10.90	6.60	21.79
2009	26.13	11.70	11.33	6.80	22.05
2010	26.95	10.41	10.52	6.02	19.89
2011	27.68	10.06	10.86	6.08	19.25
2012	32.01	11.69	13.59	7.20	21.08
2013	28.29	12.04	14.27	7.25	21.22
2014	23.56	13.21	15.19	7.56	22.47
2015	19.23	13.43	14.62	10.29	21.30
2016	19.48	13.95	14.69	10.34	18.53
2017	19.18	13.66	12.98	18.57	15.32

资料来源:2001—2017 年北京、广东、上海、江苏和浙江的国民经济和社会发展统计公报。

由表 3-5 可见,江苏利用 FDI 处于全国领先地位,其区域经济增长的主要特色是由 FDI 主导的开放经济。相对于浙江基于民营企业的"原发型"企业集群而言,江苏的企业集群属于"嵌入型"企业集群,它的形成与发展都是通过吸引 FDI 与当地经济结合的途径来实现的,因此,江苏区域创新系统体现出独有的特点(李晓钟、张小蒂,2006)。

(二)江苏区域创新系统的特点

2012 年以来,江苏紧紧把握稳中求进、改革创新的核心要求,围绕使市场在资源配置中起决定性作用和更好地发挥政府作用,着力推进创新型省份建设,提高区域创新体系整体效能,着力推进知识产权强省建设,营造激励创造、保护产权的制度环境,全面提升企业自主创新能力,让企业真正成为技术创新的主体和创新驱动发展的主导者,加快促进科技与经济的紧密结合,全省科技创新工作取得了较好成效。2017年,江苏全社会研发投入占GDP比重达2.63%,高新技术产业产值占规模以上工业企业比重达42.66%、科技进步贡献率达62.0%,区域创新能力连续8年位居全国第一。截至2016年年末,已建国家重点实验室42个,省级重点实验室134个;省级以上工程技术研究中心3097个,企业院士工作站344个,企业博士后科研工作站401个,博士后创新实践基地451个,企业研究生工作站3780个。全省共认定省级以上企业技术中心1993个,其中国家级企业技术中心110个,比2012年增加了43个,数量均居全国前列。截至2016年年末,全省已建省级以上科技服务平台300个,拥有省级以上科技企业孵化器468家,孵化面积达3000万平方米,其中国家级孵化器数量、面积及在孵企业数量连续多年位居全国第一。

江苏FDI主导型的区域经济发展和区域创新模式,导致了江苏区域创新系统具有典型的**外源式技术创新为主导的区域创新系统**特征,其表现为如下方面。

(1)基于FDI发达的高技术产业导向的区域创新系统

江苏基于外源式技术创新为主导的区域创新系统的特点主要表现在两个方面。

第一,江苏大力发展技术含量较高的劳动密集型出口加工业。江苏注重发挥加工贸易的"溢出效应",带动省内产业参与国际分工,充分利用现有加工能力,不断提高加工出口产品的科技含量和附加值。同时,江苏积极引进外资和先进技术,充分发挥"后发优势"和利用"外部经济",从而促进高新技术产业的发展,进一步优化出口产品结构。

2017年,江苏高新技术产业实现产值6.79万亿元,比2009年增长3.09倍,年均增长15.1%。高新技术产业实现出口交货值1.25万亿元,占全部规模以上工业企业出口交货值的55.5%,比2009年增长1.80倍,年均增长7.6%。江苏高新技术产业新产品产值为0.91万亿元,占全部规模以上工业企业新产品产值的62.0%,高新技术产业新产品产值率为13.4%,高出规模以上工业企业新产品产值率4.2个百分点。2017年江苏高新技术产业产值占规模以上工业企业总产值的比重为42.66%,比2009年提高12.62个百分点,对全省经济发展的贡献份额进一步提高。

2011—2013年江苏高新技术产业中外商投资企业关键指标的比重见表3-6。

表 3-6　江苏高新技术产业中外商投资企业关键指标的比重　　单位:%

关键指标	2011 年	2012 年	2013 年
外商投资企业单位数占比	31.46	30.01	33.00
外商投资企业拥有发明专利数占比	31.70	47.80	29.40
外商投资企业当年价格总产值占比	63.10	61.80	56.90
外商投资企业新产品销售收入占比	54.10	50.90	64.60

资料来源:中国高新技术产业统计年鉴 2014.北京:中国统计出版社,2015.

第二,江苏借助苏州工业园区、昆山等地的开发区,积极发展高新技术产业的集聚区。从 2003 年起,江苏借助开发区吸引外资,全省利用外资连续 11 年名列全国第一。"三资企业"的蓬勃发展推动了江苏高新技术产业的发展,2013 年,全省高新技术产业开发区实现总收入 42503.14 亿元、区内生产总值 11827.22 亿元、利税 3306.87 亿元、财政收入 2516.27 亿元、出口 1161.31 亿美元,技工贸总收入、区内生产总值、利税、财政收入和出口分别比上年增长 18.89%、14.22%、20.94%、21.36%和 5.38%。随着高新区的不断升级,这种趋势日益强化了其特殊地位。

江苏通过 FDI 的溢出效应,积极参与垂直国际分工获取技术进步的模式在我国具有典型意义(李晓钟、张小蒂,2006)。江苏各类工业园区为 FDI 提供了优良的创新平台和创新环境,大批外资企业通过直接投资(FDI)将包括创新能力及技术先进的机器设备、高端研发人员等一揽子要素由境外投入江苏,与江苏优质的劳动者有机结合,致使江苏的技术进步贡献率大大提高,其高新技术产业的迅速发展,产业结构的有效转型升级和贸易结构的不断优化,提升了江苏区域创新能力。江苏大力提升高新区发展水平,到 2017 年,国家级高新区总数达 17 家,居全国首位;23 家省级以上高新区集聚了全省 40%以上的高新技术企业、60%以上的国家高层次创业类人才,创造了全省 20%的地区生产总值。据《中国区域创新能力评价报告 2017》分析,2017 年江苏省区域创新能力综合指标数居第二位,近 10 年来首次被广东超越。

(2)基于被动吸纳型技术溢出效应的区域创新系统

FDI 对江苏的技术溢出效应是明显存在的。研究结果表明,FDI 可通过竞争压力、示范和模仿、人员流动和前、后向产业联系等多种途径产生技术溢出(如"外溢"效应、"干中学"效应和"用中学"效应等)(江小娟等,2004)。尽管如此,江苏区域技术溢出效应还是相对较小,其外溢的比率只为 29%(李晓钟、张小蒂,2005)。原因在于,虽然跨国公司在江苏的 FDI 会通过各种渠道产生技术溢出,但这种技术溢出效应是潜在的、有条件的,由双方溢出和吸收等多种因素决定。其溢出效应的强弱受多种因素的影响。

第一,从 FDI 溢出方来分析,主要有如下四方面的问题:一是 FDI 大多采用内部化的方式来转移关键技术或核心技术,这样可以更有效地发挥其拥有的技术优势,获得尽可能多的 R&D 报酬,并减少或避免因外部化导致的技术泄密和壮大竞争对手。二是随着 FDI 的转移,很多先进技术都固化在生产设备之中,因其隐蔽性较强,要把固化在生产设备中的先进技术分化出来,并被有效吸收,具有一定的难度。三是投资方式发生变化。外商投资方式由以中外合资经营方式为主逐步向以外商独资经营方式为主转变,导致技术转移主要在跨国公司母子公司内部进行,部分当地企业无法直接融入跨国公司子公司的技术体系之中。江苏的中外合资、合作企业的实际 FDI 的比重由 1995 年的 75.27% 降至 2013 年的 19.06%;而外商独资企业的实际 FDI 比重由 1995 年的 24.73% 提高到 2013 年的 80.94%。四是 FDI 以"加工贸易"为主的贸易方式,降低了 FDI 的溢出效应。例如,2007 年,江苏加工贸易出口总额的 90.3% 来自外商投资企业的加工贸易,而江苏外商投资企业出口 1556.3 亿美元,占外贸出口总额的 76.39%,直到 2017 年,江苏外商投资企业出口额为 2114.4 亿美元,还占全省出口总额的 59.2%。这四个方面的原因,影响了 FDI 的溢出效应。

第二,从江苏本地企业的技术吸纳能力分析,一则江苏企业科技创新的主体地位尚未完全确立,江苏当地企业吸纳溢出的技术的动力有待提高。尽管改革开放以来,江苏市场化进程在全国各地区中相对较快,但是,江苏主要是以集体所有制为主的"苏南模式",产权界定有待进一步完善,因而其动力也相对较弱。据对江苏自主创新的现状评估,经过聚类分析,影响自主创新的障碍因素被聚为六类[1],第一聚类便是"企业自主创新积极性不高""企业没有成为自主创新的主体"。二则区域先进技术水平与当地技术吸纳能力的差距(李晓钟、张小蒂,2006)。三则江苏存在"重技术引进,轻消化吸收"的问题。江苏高技术产业消化吸收经费与技术引进经费支出之比一直比较低,2000—2011 年平均为 0.16:1(见表 3-7)。2005 年,长三角地区大中型工业企业用于引进国外技术的支出是 99.9 亿元,用于消化吸收引进技术的支出却只有 15.2 亿元,消化吸收经费支出与技术引进支出比仅为 0.15:1,其中浙江为 0.27:1,上海为 0.11:1,上海和江苏甚至低于全国 0.23:1 的平均

---

① 江苏省社会科学院.江苏创新发展报告//王荣华.2007 年:创新长三角.北京:社会科学文献出版社,2007:90.

水平。与发达国家相比,我国企业的消化吸收经费支出远远不够,发达国家这一比例通常是 3∶1 左右,韩国、日本则是 5∶1 至 8∶1 不等,为我国企业的 20～50 倍。[1] 有关研究表明,促进地区技术进步的一条重要途径是技术引进,但要从根本上提高本地区技术进步的水平和能力,必须对引进的产业性主导技术、关键技术、基础技术和高新技术进行消化、吸收,通过创新形成自主知识产权,这也是作为一个发展中国家发挥"后发优势"的重要渠道,而消化吸收的经费安排是一个重要的前提(李晓钟、张小蒂,2006)。2011 年,江苏规模以上工业企业引进技术经费支出 722059.9 亿元,居全国第一位。

表 3-7　江苏高新技术产业消化吸收经费与技术引进经费支出之比

年份	2000	2001	2002	2003	2004	2005	2006	2007	2008	2009	2010	2011
比例	0.04∶1	0.05∶1	0.05∶1	0.04∶1	0.05∶1	0.07∶1	0.10∶1	0.27∶1	0.49∶1	0.24∶1	0.17∶1	0.37∶1

数据来源:2001—2012 年中国高技术产业统计年鉴。

上述分析研究表明,从溢出和吸收两方面来讲,FDI 溢出效应的局限性,表明江苏的区域创新系统是一种基于 FDI 的被动吸纳技术溢出效应的区域创新系统。

(3)以企业为主体的产学研结合的区域创新系统

江苏区域创新系统的一个明显特点是以企业为创新的主体。如 2003 年江苏企业 R&D 投入约占其 R&D 总投入的 53.6%,居全国第二位,到 2011 年,江苏规模以上工业企业 R&D 经费内部支出总额 899.89 亿元,列全国第一位。江苏是在长三角开展 R&D 项目研究最多的省份,2005 年大中型工业企业 R&D 项目经费已达到 159.5 亿元,是浙江的 1.8 倍和上海的 2.1 倍。2006 年江苏企业 R&D 总投入占江苏全省 R&D 总投入的 70%以上,企业 R&D 机构占全省 R&D 机构的 80%以上。江苏进一步加大了企业研发机构建设力度,确立"两推进、双提升"的目标方向,大中型工业企业研发机构建有率提高 50 个百分点,到 2013 年达 85%,跃居全国第一。2013 年,江苏工业企业 R&D 活动经费支出 1239.57 亿元,占工业企业销售收入的 0.93%。2017 年江苏企业 R&D 投入综合指标为 83.08,列全国第一位。[2]

---

[1]　李东华.长三角自主创新与企业竞争力挫折//王荣华.2007 年:创新长三角.北京:社会科学文献出版社,2007:193.

[2]　中国科学院大学.中国创新创业管理研究中心.中国区域创新能力评价报告 2017.北京:科学技术文献出版社,2017:96.

江苏是我国拥有高等院校数量最多的省区市之一①，随着技术创新在经济发展过程中的作用越来越大，江苏也越来越重视产学研合作。2006年江苏高校的 R&D 投入中，来自企事业单位的经费（204118 万元）约占50%，高于全国平均水平。2013 年，江苏推动科技大军下基层，加大"科技镇长团"选派力度，在全国首创建设研究生工作站等人才站点，推动千名科技管理干部，万名研究生，8 万多名专家、教授常年活跃在基层和企业一线。

江苏率先在全国构建了"两院三校"（中国科学院、中国工程院、清华大学、北京大学、浙江大学）全面合作格局。苏州、无锡等地与中国科学院、北京大学、清华大学、复旦大学等国内一流院校签订了全面合作协议，形成了"X+1"的官产学研合作模式。近几年，江苏注重发挥科教优势和开放优势，统筹国际、国内两种资源，完善产学研合作体系，积极与以色列、芬兰等建立政府间产业研发合作机制，探索发展与美国麻省理工学院的技术合作联系，大力提升与中国科学院、清华大学等的战略合作，着力打造"产学研合作成果展示洽谈会"和"跨国技术转移大会"两大工作品牌。全省每年发展产学研合作关系 100 个，新增"校企联盟"1000 个，实施产学研合作项目超过 10000 项。

2016 年 8 月，江苏省人民政府出台了《关于加快推进产业科技创新中心和创新型省份建设的若干政策措施》（简称"江苏科技 40 条"），为未来江苏的产学研发展指明了方向。另外，为打通科技成果转移转化通道，还出台了《江苏省科技成果转化专项资金管理办法（试行）》《江苏省科技成果转化风险补偿专项资金暂行管理办法》等多项普惠制政策，并设立了"政策引导类—产学研前瞻性项目"，引导高校院所的科研人员围绕企业需求，联合企业开展以应用为导向的基础性、前瞻性研究。为加强产学研人才队伍的建设，开设了"科技镇长团""科技副总"等职位，把科技服务送到科技创新的主战场上去。为加快推动高校院所创新资源开发共享，探索建立技术转移资源共享、协同互动、优势互补、互利共赢的运作机制，在省科技厅的指导下，2015 年 12 月成立了江苏省技术转移联盟。联盟的成立在推进科技成果转移转化、服务产业转型升级、探索创新技术转移模式和手段、促进联盟成员交流与合作、提升技术转移能力水平等方面起到了积极的作用。江苏的产学研合作机制有效地促进了企业与科研的合作，在知识流动的过程中进行创新协同，从而形成了以企业为主的产学研结合的区域创新系统。

---

① 2017 年，江苏省普通高等学校有 142 所，在校学生数为 194.5 万人。

3.1.3　上海区域创新系统模式及特点

（一）现代服务业主导型的上海经济发展和区域创新模式

上海是长三角地区乃至全国经济最发达的地区之一。上海商业历史悠久,工业基础较好,企业技术创新能力在全国领先。改革开放以来,特别是 20 世纪 90 年代初浦东开发开放以来,上海加快建设了"国际经济中心""国际金融中心""国际航运中心"和"国际贸易中心"等 4 个中心,特别是 2013 年上海自由贸易试验区(简称自贸区)正式实施以来,上海在改革开放中的特殊重要地位以及十分突出的区位优势、丰富的人力资本等特征吸引了大量的优质 FDI,外向型经济得到迅速发展,有力地促进了上海经济又好又快地发展,使其在长三角中的核心地位得到进一步强化和提升。

上海区域经济发展呈现出显著特点,主要表现为如下方面。

第一,上海现代服务业在全国、长三角区域处于领先增长的态势,以服务经济为主的产业结构实现新的发展,服务业引领、拉动全市经济转型升级的作用进一步凸显。2017 年,第三产业增加值占上海生产总值的比重为 69.0%。据统计,1990—2013 年,上海服务业增加值年均增速达到了 13.2%,每年增加近 2 个百分点,服务业占全市 GDP 的比重由 1990 年的 31.9% 提高到 2007 年的 52.6%、2012 年的 60.0% 和 2013 年的 62.2%。2012 年和 2013 年,上海市第三产业增加值分别为 12061.00 亿元和 13445.07 亿元,对经济增长的贡献率高达 82.7% 和 68.4%。现代航运服务业、战略性新兴服务业、文化、教育、会展以及以信息服务、科技服务为主的中介服务业等一批知识密集型高技术、高附加值的现代服务、新型服务业已成为上海经济结构中的新的增长点。以互联网为依托的新兴贸易模式快速发展,2017 年完成电子商务交易额 24263.60 亿元,比上年增长 21.0%。其中,B2B 交易额 16923.40 亿元,比上年增长 17.2%,占电子商务交易额的 69.7%;网络购物交易额 7340.20 亿元,比上年增长 31.0%,占电子商务交易额的 30.3%。2017 年,上海市信息产业实现增加值 3274.78 亿元,比上年增长 12.1%;其中,信息服务业增加值 2179.02 亿元,比上年增长 15.0%;信息服务业增加值占第三产业增加值的比重达到 15.76%,占全市生产总值的比重达到 10.87%。

第二,随着更多的跨国公司将生产中心转移到上海的同时,其研发中心也向上海集聚,总部经济加快发展。2017 年年末,在上海投资的国家和地区达 175 个,在上海落户的跨国公司地区总部累计达到 625 家。其中,亚太区总部 70 家,投资性公司 345 家,外资研发中心 426 家。年内新增跨国公司地区总部 45 家(见表 3-8)。其中,亚太区总部 14 家,投资性公司 15 家,外资研发中心 15 家。上海积极与"一带一路"沿线国家和重要节点城市建立经贸合作伙伴关系,其货物贸易额占全市比重达 1/5。

表 3-8　2004—2017 年上海外资功能性机构数量　　　　　单位:家

年份	跨国公司地区总部	外商投资性公司	外资研发中心	总数
2004	86	105	140	331
2005	124	130	170	424
2006	154	150	196	500
2007	184	165	244	593
2008	224	178	174	576
2009	257	190	304	751
2010	305	213	319	837
2011	353	240	334	927
2012	403	265	351	1019
2013	445	283	366	1094
2014	490	297	381	1168
2015	535	312	396	1243
2016	580	330	411	1321
2017	625	345	426	1396

资料来源:各年份上海市国民经济和社会发展统计公报。

第三,FDI 对上海第三产业尤其是现代服务业投资的比例较高。随着我国加入 WTO、外资市场准入门槛的放开,FDI 向第三产业投资的比重增加,推动了上海第三产业,尤其是以金融、贸易和港口为核心的现代服务业的发展。上海坚持完善投资和经商环境,积极引导外资参与上海"四个中心"和新型产业体系建设,外资对上海的发展贡献度持续提升。尽管上海和江苏一样大量利用外资,但是,其外资的投向结构与江苏不同。2017年,全年外商直接投资实际到位金额 170.08 亿美元,全年第三产业外商直接投资实际到位金额 161.53 亿美元,占全市实际利用外资的比重为95.0%。在 2013 年上海市第三产业税收和工业税收百强企业中,外资企业分别达 50 家和 67 家,纳税额分别占上榜企业纳税总额的 45.6%和

32.0%。金融业的对外开放,使上海中外资银行各类营运中心的集聚态势显现,到 2017 年年底,在沪经营性的外资金融单位数达 251 家。服务业扩大开放取得新成效,54 项开放措施新落地服务业项目数 412 个,累计达 2404 个。金融开放创新和金融风险防范同步推进,共开立 FT(free trade,自由贸易)账户 7.02 万个,当年累计收支总额 7.65 万亿元。实施"跨境双向人民币资金池业务"的企业累计达 769 家,收支总额 9761.50 亿元。自贸区企业境外直接投资中方协议投资额累计达 694.00 亿美元。自贸区内共有 95 家企业开展跨国公司外汇资金集中运营管理业务;发布全国首张自贸区金融服务业对外开放负面清单指引;"一带一路"国别馆初具规模,保加利亚、匈牙利等 7 馆投入运营;先后与以色列、俄罗斯、新加坡等"一带一路"沿线国家联合建立跨国孵化器,搭建跨境项目交流平台。上海完善自贸区境外投资服务平台,设立"一带一路"技术贸易措施企业服务中心。因此,近年来上海现代服务业的发展呈现出领先增长的集聚态势。全市各类金融单位达到 1491 家,其中,货币金融服务单位 623 家,资本市场服务单位 403 家,保险业单位 389 家。2017 年上海实现金融业的增加值为 5330.54 亿元,比江苏多 16%,比浙江多 50%,并由此对长三角乃至全国产生较强的辐射和带头作用。可见,上海吸引 FDI 以现代服务业、高新技术产业为发展重点。同时,与浙江和江苏相比,上海拥有中央政府对其经济发展的大力扶持,地方政府对科技创新又非常重视,科技的人力投入和财力投入都名列全国前茅,从而使上海区域创新系统呈现出与江浙不同的特点。

(二)上海区域创新系统的特点

我们认为,上海的区域创新系统是典型的**综合式服务创新为主导的区域创新系统**,具体特点如下。

(1)"政府+市场"主导的区域创新系统

政府在上海区域创新系统中发挥着极为重要的作用。长期以来,由于上海特殊的定位,中央政府对上海经济发展的投资较多,上海无论是基础设施还是科技基础都在全国领先。同时,地方政府通过制订发展规划以及完善相应的配套措施等,为经济主体进行技术创新提供了良好的外部环境。例如,2000 年再次修订出台《上海市促进高新技术成果转化的若干规定》(简称"十八条"政策),"十八条"政策在推动技术创新与科技成果转化的政策和市场环境的营造上体现了更为开放、更为宽松、更为优化的特征,从而有利于区域创新效率的提高。又如,2013 年上海为了促进有影响力的全球科技创新中心建设,促进创新创业发展,制定出台了《关于深化人才工作体制机制改革促进人才创新创业的实施意见》,旨在创新更有竞争力的人才集聚制度,建立更加灵活的人才管理机制和优化人才创新创业综合环境。虽然上海的市场化起步较晚,在 20 世纪 80 年代和 90 年代期间,上海的市场化进程都较浙江、江苏慢;但是,在 20 世纪 90 年代初浦东开发开放以后,上海的市场化进程明显加快,2016 年已列全国第二(王小鲁等,2017)。目前,上海尤其是浦东新区在体制创新、产业升级、扩大开放等方面领先全国,强劲地发挥着示范、辐射、带动作用(李晓钟、张小蒂,2006)。

(2)具有完善的金融市场支撑体系的区域创新系统

上海基本形成了包括货币、股票、债券、商品期货、金融期货、黄金、保险、产权市场等比较完善的金融市场体系;同时,积极地大力发展创新基金,为创新主体提供了融资便利条件。2013 年,上海实现金融业增加值2823.29 亿元,金融业增加值对经济增长的贡献率达到 21.6%。① 在技术的研发创新活动过程中存在着技术风险(如技术研发失败的风险、技术产业化的风险以及新技术、新产品被替代的风险等)、信息风险(如信息不对称分布可能造成科研项目选择以及科研成果产业化选择的失误)和市场风险(如市场接受时间的不确定性、市场容量的不确定性以及市场竞争对手的不确定性等)等,因此,企业,尤其是中小企业较难通过银行信贷、发行股票和债券来筹集到充足的资金,而上海通过发展创新基金可部分地缓解这一矛盾(李晓钟、张小蒂,2006)。近年来,上海已形成数种不同功能的基金,例如,由浦东科技投资有限公司向高新技术创业事业投资,孵化、培育和扶持高新技术企业;上海市高新技术成果转化项目专项贷款财政贴息资金;浦东新区高新技术种子资金;浦东新区科技专项资金等,从而推动了区域技术创新活动的开展。

(3)外资研发主导的区域创新系统

跨国公司地区总部、投资性公司和外资研发中心成为新热点。到2017 年年末,在上海落户的跨国公司地区总部达 625 家,投资性公司 345家,设立在上海的外资研发中心达 426 家,总计国外跨国公司总部高达1396 家,更加有力地促进了当地技术创新能力的提高、技术溢出水平的改善,为上海率先实施创新驱动发展战略提供了坚实的保障,为上海经济转型升级做出了积极贡献。这一贡献至少体现在三个方面(李晓钟、张小蒂,2006):其一,外资研发机构聘用当地人员进行研发工作,有助于提高这些人员的研发能力。一部分接受过跨国公司培训的研发人员日后被当地企

---

① 2013 年上海市国民经济与社会发展统计公报。

业雇用或者自办企业时,就有可能把由此获得的技术、营销、管理知识扩散出去,成为推动当地技术创新的重要力量。其二,外资研发中心进入上海,通过外商与当地研究机构的合作、技术转让等,有助于培养当地的研究与开发力量,促进相关配套产业的发展,从而可提高相关产业的国际竞争力。其三,外资研发机构的进入有助于当地研发机构在与之零距离的接触和竞争中学习、提高,可更快地提升自身的研发能力和竞争能力。可见,相比于一般的外商投资,此类投资更有利于当地技术创新能力的提高,也可获得外资企业更多的技术外溢。

(4)现代服务业主导的区域创新系统

上海着重发展以金融贸易为核心的现代服务业,吸引以跨国公司投资为主体的高新技术产业,进而塑造以金融贸易为核心的区域化、国际化经济增长中心,从而可对长三角地区乃至全国产生更大的知识外溢和技术外溢。2017 年,上海第三产业增加值 20783.47 亿元,比上年增长 7.5％。第三产业增加值占上海生产总值的比重为 69.0％。[①] 其中,金融、物流、商贸、房地产、旅游和信息服务等六大行业实现增加值占全市服务业的比重已超过 70％,值得一提的是金融业所占比重超过 20％。

3.2　江浙沪区域创新能力存在的突出问题分析

虽然江浙沪各自的区域创新能力较强,并形成了具有特点的区域创新模式,但是,我们进一步研究发现,目前江浙沪的区域创新中尚存在如下几个值得注意的问题。

(一)产业能级层次有待提升,缺乏拥有自主知识产权的核心技术

长三角以劳动密集型产品为主参与国际市场竞争,主要不是依靠自己研究开发的核心技术,而是建立在廉价劳动力和政策优惠基础上的低成本优势,产品市场开拓具有较大的依赖性。即使是高新技术产品也大多停留在劳动密集型的加工装配环节,科技含量不高,缺乏拥有自主知识产权的核心技术,利润率较低,国际竞争力也不强。[②] 以江苏为例,江苏企业缺乏

---

① 2017 年上海市国民经济与社会发展统计公报。

② 如苏州罗技国际集团公司生产的旺达无线鼠标在美国零售价为 40 美元,其中总部分得 8 美元,分销商和零售商分得 15 美元,零部件供应商分得 14 美元,留给苏州基地的只有 3 美元,这 3 美元要支付员工工资、水、电、房租以及运输成本。为此,地方还要提供一系列的税收优惠等,付出环境和资源。资料来源:姜帆等.长三角制造业:辛苦钱也难赚了.新华每日电讯.2005-05-15。

关键核心技术,处于全球价值链(设计—制造—销售)的最低端,产品附加值较低。与欧美等发达国家相比,江苏高新技术产业的增加值比率明显偏低,仅为 25.2%,而美国约为 43%,日本和英国约为 36%。许多企业只从事一些简单的加工装配,关键技术或零部件高度依赖进口,成为跨国公司的加工车间,并非严格意义上的高新技术企业。在计算机、电子通信等重要的高新技术领域这一问题尤为突出。

(二)企业自主创新能力不高,高新技术产业发展对外资依赖性较大且技术创新强度低

长三角虽然区域创新能力相对较强,但是,企业普遍缺乏强烈的创新发展冲动,从而导致企业自主创新能力较弱。如江苏社会科学院对江苏同类型的 200 家企业做了关于自主创新的抽样问卷调查,反馈的情况从一个侧面反映了长三角目前企业自主创新的状况,如表 3-9 所示。

表 3-9 江苏 200 家企业自主创新现状问卷调查反馈 单位:%

自主创新现状	好	较好	一般	差
企业自主创新的积极性	7	10	20	73
政府对于自主创新的作用	17	25	19	39
企业的研发投入情况	9	16	11	64
企业研发投入能力	5	12	15	68
企业科研人员在全社会中比重的评价	6	7	13	74
知识产权保护情况	14	17	20	49
教育科技与经济的结合	9	17	21	63
不同类型企业自主创新的平等待遇	2	5	8	85
科技人才作用的发挥	8	17	18	57
政府对自主创新的奖励	40	21	17	22

资料来源:王荣华,2007。

长三角高新技术产业的发展对外资的依赖性较大。如 2016 年,上海市高技术产业的从业人员、总产值和销售产值分别为 50.50 万人、6618.26 亿元和 6588.21 亿元,其中外商投资企业的从业人员、总产值和销售产值分别为 37.86 万人、5568.26 亿元和 5542.97 亿元,占比分别为 74.97%、84.14% 和 84.14%。又如 2016 年,对浙江 40127 家规模以上工业企业的创新调查结果显示,其中开展创新活动的企业有 24576 家,占 61.3%。调

查表明,制约企业创新的因素主要表现如下①(见图 3-2)。

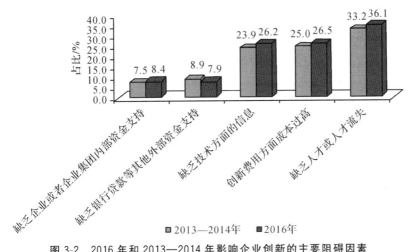

图 3-2　2016 年和 2013—2014 年影响企业创新的主要阻碍因素

(1)各类制约技术创新的因素影响加大,人才缺乏或流失成主要制约因素

当前企业创新发展进程中,依然存在着各种制约因素,与 2013—2014 年相比,各种制约因素的影响在进一步加大,其中人才缺乏或流失是企业技术创新过程中面临的主要问题。2016 年,在开展技术创新的工业企业中,36.1%的企业将人才缺乏或流失视作开展创新活动重要的阻碍因素,比 2013—2014 年扩大 2.9 个百分点。创新费用成本过高和缺乏技术方面的信息也是影响企业开展技术创新的重要因素。26.5%的企业认为创新费用成本过高,26.2%的企业认为开展技术创新缺乏技术方面的信息,分别比 2013—2014 年扩大 1.5 个和 2.3 个百分点。资金缺乏也是阻碍企业创新不可忽视的因素,16.3%的企业认为资金缺乏阻碍了企业创新,其中8.4%的企业认为缺乏企业或者企业集团内部的资金支持,7.9%的企业认为缺乏银行贷款等其他外部的资金支持。

(2)创新激励机制不够完善,缺乏长效奖励机制

充分发挥和调动科研人员的积极性是企业创新成功的关键。尽管企业在鼓励创新方面采取了许多措施,但大多数企业采取的是增加工资或奖金、提供升职机会或进行岗位调整等手段,缺乏长效的激励机制,比如奖励股权或者期权。2016 年,在采取相应激励措施的企业中,92.4%的企业对员工采取了增加工资或者奖金的措施,81.2%的企业对员工采取了岗位调整或

———————
①　浙江省统计局. 工业创新较为活跃 制约因素仍需关注,http://tjj. zj. gov. cn/art/2018/11/23/art_1562012_25740547. html.

升职机会的措施,72.4%的企业对员工采取了培训或深造机会的措施,31.4%的企业对员工采取了汽车、住房等物质奖励的措施,只有27.1%的企业对科技人员采取了发放股权或期权的措施,仅占规模以上工业企业数的14.9%。采取发放股权或期权措施的企业占比远低于采取其他几种激励措施的企业,不利于将企业发展与员工利益长期有效地结合起来。

(3)创新政策制约因素仍需关注,落实力度有待加强

对10项创新政策的调查结果显示,仅"企业研发费用加计扣除税收优惠政策"以及"创造和保护知识产权的相关政策"实施效果获得超过半数的企业家认同,"科技开发用品免征进口税收政策"实施效果认同度最低,为33.3%。在认为政策效果不明显或无效果的企业家中,"不具备享受政策资格"被企业家认为是首要原因,10项政策均有超过半数的企业家认为"不具备享受政策资格",被列为第一大影响因素,其中企业家对"高新技术企业所得税减免政策"受益面狭窄反映最为强烈,占84.6%。"不知道此政策"被企业家认为是影响政策效果第二位的原因,5项政策均把它列为第二位因素,其中选择"推进大众创业、万众创新各项政策"的企业家最多,为19.8%。因此,仍需关注创新政策的制约因素,加强创新政策落实力度。

可见,长三角高新技术产业的发展主要得益于"三资"企业的兴旺发达。虽然浙江、江苏和上海的内资高新技术企业经过这几年的不断自主创新,其产值已大大提升,但是,外商高新技术企业的作用和地位依然如故。从全国情况来看,上海的高技术产业主营业务收入中,"三资"企业所占比重达到83.8%;山西的"三资"企业占比超过75%;天津的"三资"企业占比超过60%;福建、北京和江苏的"三资"企业占比都在50%以上。

长三角高新技术产业的创新强度有待于进一步提高。这主要表现在高技术产业 R&D 强度,即 R&D 经费占工业增加值比重较低。2003 年,在长三角,上海的 R&D 强度最高,达到 4.67%,全国排名第 11 位;浙江是3.85%,全国排名第 15 位;江苏是 1.94%,全国排名第 24 位,浙江与江苏的 R&D 强度均低于全国 4.42%的平均水平。与国外比较,长三角三省市在高技术产业的研发方面存在巨大的差距。OECD《结构分析数据库2004》中的资料显示,2000—2001 年,美国、日本、德国、法国、英国和韩国的高技术产业 R&D 投入强度均超过 20%,分别为 22.5%、26.3%、23.8%、25.8%、21.2%和 21.8%。①

---

① 宋林飞.长三角年鉴(2006).北京:社会科学文献出版社,2007:773.

（三）区域创新能力居全国前列的长三角，其部分指标与全国相应指标的最大值存在显著的差距

中国科技发展战略研究小组用知识创造、知识获取、企业创新、创新环境、创新绩效等五个方面的一级指标来衡量我国省级各地的区域创新能力，2017 年，上海列第四，江苏列第二，浙江列第五。[①] 虽然长三角总体区域创新能力居全国前茅，但是，我们利用衡量区域创新能力的二级指标中的长三角的最大值与全国相应指标数的最大值进行比较（见表 3-10），可以发现以下几个重要结论。

表 3-10　长三角创新因素最大值与全国的比较（2017 年）

一级指标	二级指标	长三角最大值(a)	全国最大值(b)	a/b
知识创造	研究开发投入	44.09(上海)	78.95(北京)	0.56
	专利	63.05(江苏)	66.22(北京)	0.95
	科研论文	42.65(上海)	80.14(北京)	0.53
知识获取	科技合作	40.65(江苏)	57.72(北京)	0.70
	技术转移	33.15(上海)	52.47(宁夏)	0.63
	外资企业投资	85.09(上海)	85.09(上海)	1.00
企业创新	企业研发投入	83.08(江苏)	83.08(江苏)	1.00
	设计能力	42.44(江苏)	69.99(广东)	0.61
	制造与生产能力	56.97(江苏)	56.97(江苏)	1.00
	新产品销售收入	76.22(浙江)	76.22(浙江)	1.00
创新环境	创新基础设施	43.88(江苏)	51.27(广东)	0.86
	市场环境	67.79(上海)	67.79(上海)	1.00
	劳动者素质	45.15(江苏)	52.05(北京)	0.87
	金融环境	51.86(江苏)	61.25(北京)	0.85
	创业水平	55.21(江苏)	64.44(广东)	0.86
创新绩效	宏观经济	82.56(江苏)	82.56(江苏)	1.00
	产业结构	66.52(江苏)	73.46(广东)	0.91
	产业国际竞争力	47.97(江苏)	62.09(广东)	0.77
	就业	51.43(江苏)	68.99(广东)	0.75
	可持续发展	73.97(上海)	87.30(北京)	0.85

资料来源：中国科学院大学，中国科技发展战略研究小组. 中国区域创新能力评价报告 2017. 北京：科学技术文献出版社，2017：57-181.

---

① 中国科学院大学，中国科技发展战略研究小组. 中国区域创新能力评价报告 2017. 北京：科学技术文献出版社，2017：7.

（1）长三角整体创新能力的指标参差不齐

我们从表 3-10 中看到，长三角二级指标中数值最大的地区大都集中在江苏（在 20 个二级指标中有 13 个指标江苏最大，占 65.0％），呈现出江苏一枝独秀的格局。"木桶"效应原理表明，从长三角整体出发，创新能力的空间差异越大，对整体创新能力的快速提升所起到的负面作用就越强。这一事实表明，尽管江苏的创新因素以及自身的综合创新能力都很高，但是整个长三角却达不到如此高的水平。更为严重的是，如果优势地区与劣势地区没有形成良性互动、互助的局面，那么，整个长三角就不可能形成一种创新发展的协同力。

（2）对研究开发的投入综合指标明显落后，知识创造后劲明显不足

上海是长三角对研发的投入最高的地区，但到 2017 年，也只是北京的 56％，是 20 项二级指标中差别较大的一项。这种现实要引起高度重视。同时，知识创造的 3 个二级指标中，长三角的两省一市均未列全国第一。这种状况对长三角整体创新能力的提升形成了严峻考验。

（3）科技中介服务体系缺乏强有力支撑

目前，从整体的角度看，长三角高水平、大规模的科技中介服务机构几乎没有，现有的科技中介服务机构规模偏小，服务项目单一；2007 年，三省市的生产力促进中心数量不到全国的十分之一（王荣华，2007），与数量巨大的中小企业极不适应，系统、完美的科技中介服务链远未形成。近年来，长三角的江浙沪在此方面努力形成合力，积极培育科技中介服务体系，已组建了如大型仪器共享平台等多个中介服务机构，但是，相对国际市场而言，还是较为不足的。

由此形成科技与经济、社会相脱节的局面，一方面，高校、科研院所大量科研成果被束之高阁；另一方面，急需解决技术难题的企业，却找不到适合的研发机构；更有甚者，信息不对称和市场信息传播慢等原因，致使研发机构许多本该得到大力支持的研究项目未获得资助，而又有很多科研项目缺乏有效针对性，偏离了市场的实际需求。

（4）科技资源布局分散，资源配置不合理，缺乏协同

尽管三省市区域创新能力在国内具有较强的竞争优势（区域创新能力均居全国前五），不乏拥有多所全国"双一流"重点建设高校以及"大院""大所"和外国研发机构等，但由于"省情"不同，受行政体制和历史发展的局限，科技资源布局分散，三地间的科技资源流动不够，没有形成创新协同的合力，从而影响和制约着长三角整体的资源利用效率。

3.3　一体化模式形成机理研究

通过上述分析,我们发现,伴随着长三角区域经济的一体化,一个一体化的 RIS 的逐渐形成是题中应有之义,而这个一体化的 RIS 的进程及其具体模式,则取决于江苏、上海和浙江三个次区域的 RIS 模式。实际上,苏沪浙次区域 RIS 的一体化模式选择,从某种程度上已经决定了长三角最终的 RIS 模式;但是,从两省一市的现实发展来看,不可能形成一个统一而均质的长三角 RIS 模式。所以,本小节在运用和引申现有理论解释长三角区域创新系统一体化的同时,也提出了长三角 RIS"多元均衡极化"的一体化模式,亦即最终的 RIS 模式,并试图揭示其内在机理,从而形成了一个关于RIS 内部多元化的理论。

3.3.1　"多元均衡极化"一体化模式

RIS 是一个制度基础设施(政治制度结构)和生产结构(技术经济结构)交互作用的结果。就长三角 RIS 一体化的制度基础而言,一方面,江浙沪地域相邻,有着共同的"吴越"历史文化背景,为长三角 RIS 一体化提供了非正式制度的制度环境,有利于形成 RIS 所需的、一体化的社会资本;另一方面,行政区划制度和中央—地方间的"分权制"改革范式,形成和强化了省域经济推动中国整体发展的格局,从而促成江浙沪各自不同的发展模式。再从改革开放中形成的区域发展的典型模式来看,江浙沪分别形成了具有典型性的省域发展模式:江苏形成了以 FDI 推动为主导的经济发展模式,上海在日趋成为金融、航运中心的基础上将最终形成现代服务业为主导的经济发展模式,浙江则形成了以民营经济为主导的经济发展模式。这就意味着,长三角区域经济一体化的进程实际上是一个"极化"过程,即三种典型的地域发展模式分别成为长三角经济区三个不同的增长极。这种"极化"过程和增长极,不同于传统理论所强调的"极化"(Pemoux,1950)过程和增长极(Gore,1988)。传统的极化过程和增长极理论虽然打破了新古典关于区域增长的静态均衡范式,概括出了区域增长的动态非均衡特征,但将其理论应用到长三角一体化的实践中却有诸多局限和不足(陈建军、姚先国,2003)。从发展水平和速度来看,江浙沪之间属于空间上的同质一元区域,而非空间上的异质二元区域,即"中心—边缘"或"核心—外围"的空间经济结构。亦即,长三角一体化进程中江浙沪间的极化,是一种对等和均衡的极化(见表 3-11)。

表 3-11　不同区域的均衡与极化

区域	新古典区域	Perroux 区域	中国长三角区域
空间属性	均质结构	非均质二元结构	均质一元结构
极化效应	无	有	有
态势	静态均衡	动态非均衡	动态均衡
动力机制	市场	市场/政府	市场/政府
增长极	无	中心/核心一元增长极	三个对等的增长极
创新模式	无	二元空间中的中心/核心	三个对等创新模式

显然,长三角区域经济一体化进程中均衡极化过程,必然包含了江浙沪三个创新模式的形成过程。反过来,这三个创新模式又支撑了三个增长极。

第一,浙江的创新模式。与江苏 FDI 为主导的增长极相比,浙江作为长三角区域经济的一个增长极,属于典型的、以民营经济为主导的"内源型"发展模式,其快速发展得益于体制上的先发优势和浙江民营企业家艰苦创业的精神,**其区域创新系统则具有以民营经济推动为主的内源式制度创新的特点**,最终形成的是一种**原发型的创新模式**。

第二,江苏的创新模式。江苏吸引、利用外资的规模自 2003 年以来首次超过广东,在全国各省区市中位居第一,其作为长三角区域经济的一个增长极,由涉外经济尤其是 FDI 推动为主的特色明显,因而外商直接投资推动对**江苏外源式技术创新的区域创新系统**形成起了主导作用,最终形成的是一种**嵌入型的创新模式**。

第三,上海的创新模式。就创新而言,上海有着不同于苏浙两省的区位优势因素。首先,在发展水平和速度相当的前提下,上海享有城市集聚经济的优势,而大城市地区一般有更高的创新比例,可以更快地采纳创新(Malecki,1997);其次,上海作为城市区域除了有创新动力(基础设施和高质量的技术基础设施、供应商、大学、正式和非正式的网络等)的集聚外,更重要的是存在着跨国公司在华总部及其研发机构的集聚①;最后,上海有创新所需的专业化的服务业体系,尤其是金融支撑体系,因而,综合来看,上海基本具备了常规化创新的基础,**形成以服务创新为显著特点的区域创**

---

① 截至 2017 年年底,上海外资功能性项目累计达 1396 家,其中跨国公司区域性总部 625 家、投资性公司 345 家、研发中心 426 家。按照商务部评定标准,占全国的近一半,上海已成为我国总部经济最活跃的地区之一。

新系统,最终将发展为以常规型创新为导向的**综合型的创新模式**。

如同由均衡极化过程产生的增长极,江浙沪三种创新模式分别"镶嵌"于不同的、典型的省域经济增长模式之中,服务于特定的区域生产系统。伴随着长三角经济一体化,三个增长极一体化的均质性空间结构是其创新模式的区域背景,即长三角三个创新模式一体化为更高层次的 RIS,并不会出现"Perroux 区域"的"空吸泵"现象。这还要从创新模式所在的增长极来考察,因为区域创新总是依附于特定的区域产业,如表 3-12 所示,江浙沪三种增长极在主导影响下,形成了各自不同的产业部门,并进一步形成产业创新系统,最后综合形成创新模式。

表 3-12　长三角一体化的 RIS

产业部门	增长极(苏)	增长极(沪)	增长极(浙)	产业创新系统
产业部门 1	○ □ △ ▼	○ □ △ ▼	○ □ △ ▼	产业创新系统 1
产业部门 2	○ □ △ ▼	○ □ △ ▼	○ □ △ ▼	产业创新系统 2
产业部门 3	○ □ △ ▼	○ □ △ ▼	○ □ △ ▼	产业创新系统 3
⋮	⋮	⋮	⋮	⋮
	创新模式(苏)	创新模式(沪)	创新模式(浙)	RIS

注:○表示企业;□表示大学;△表示公共机构;▼表示地方政府。

区域创新系统非常强调劳动分工亦即产业分工的作用,显然,长三角区域创新系统中三个创新模式之间不是"中心—边缘"或"核心—外围"式的"吸收—扩散"非均衡极化关系,而是均衡极化关系,这可能有三种情况:一是行政壁垒影响下的交叉与重复,可能存在着创新资源的竞争;二是产业分工下的创新协同,则可以产生创新极之间的"外部经济";三是既无同构又无分工,很难为一体化的长三角 RIS 提供整合基础。实际上,这个问题与市场化进程及其程度有关。一般而言,市场机制作用的结果与行政区划制度激励的结果不同,它要求和产生基于比较优势的区域存在劳动分工,因而也要求和产生特定的区域经济一体化,长三角区域一体化要求就是在市场化改革的进程中产生的。

江浙沪是我国改革的先行地区,2016 年在各省区市市场化指数排序中分别居第三、第一和第二位①,如果再将开放因素考虑进来(主要是对外

① 王小鲁,樊纲,余静文.中国分省份市场化指数报告(2016).北京:社会科学文献出版社,2017:7.

贸易依存度和内流 FDI),其市场化已达到相当程度了,这反映到区域产业层面上就应该是市场驱动下的劳动分工。21 世纪初有学者实证研究表明(范剑勇,2004),长三角一体化水平目前已达到较高阶段,两省一市正实现着有差异的专业化生产,上海通过转移劳动密集型产业专业化于资本技术密集型、金融型、港口型、都市信息型等少数产业,实现产业转型升级;浙江则在吸收苏沪转移出来的劳动密集型产业的基础上集中于轻工产品的生产;而江苏在吸收和释放劳动密集型产业的基础上将偏向于重工业化,这种趋势大大促进了长三角区域内两省一市间的制造业结构差异度,使得各省市都朝着自己已有的竞争优势的方向发展。在一体化不断推进的过程中,这种基于比较优势的区域分工会不断强化。

于是,我们可以得出,江浙沪基于产业创新系统的创新模式之间存在着劳动分工关系,为一体化协同的长三角 RIS 奠定了基础。此外,江浙沪三个创新模式之间的均衡极化关系非"中心—边缘"或"核心—外围"的关系,这还可以从两省一市各自创新能力的相关指标中看出①,三个创新模式的创新能力在全国都较强,尽管由于各自主导因素差别而在具体指标上迥异,但最终的创新绩效却显示出空间上的均质性,即三种创新模式之间以均衡极化的路径形成了各具特色的创新模式。

总而言之,伴随着长三角区域经济一体化,江浙沪各自典型的区域创新系统模式在市场与政府的内合力和经济全球化的外力的作用下,**形成了长三角区域创新系统"多元均衡极化"一体化模式。**

3.3.2 一体化模式内在机理

长三角区域经济一体化进程中,一个"多元均衡极化"一体化的长三角区域创新系统已初步形成。这个一体化的长三角区域创新系统是替代了江浙沪各自区域创新系统还是强化了江浙沪各自原有的区域创新系统?或者说是否在强调江浙沪各自原有特色的区域创新系统基础上,重视长三角区域内部各种创新特色之间的互补性,并动员某些地区放弃或转移弱势创新,集中精力打造强势创新,从而提高长三角整体的创新水平?为此,我们将着重考察、分析长三角区域创新系统的形成机理,以揭示长三角区域创新系统"多元均衡极化"一体化模式的内在规律。

2017 年江苏、上海和浙江创新能力综合评价效果雷达图如图 3-3所示。

---

① 《中国区域创新能力评价报告 2017》表明,江苏列全国第二位,上海第四位,浙江第五位。

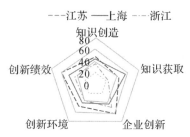

图 3-3　江浙沪区域创新能力综合评价效果雷达图

（一）创造了多样互补性的科技创新发生与发展机制

"多样性"（diversity）的思想是近年来国际学术界和相关领域非常重视并付诸实践的思想，是实现经济社会和环境可持续发展思想的核心内容之一。虽然在全球一体化的趋势之下，由"多样性"思想指导的"多样化"实践早已开始，但是在推动全球走向一体化的科技界，对"多样性"的思想认识还有待深化。当今自主创新方针指导下的"多样化"实践就为我国原创科技的发展创造了原动力和重要机遇。依靠"多样性"实现原创性既是以往科技发展的一般规律，也是创新文化的基本内涵。Kuznets(1971)通过对整体经济增长过程的分析认为，多样性的产生机制是至关重要的，没有这样的机制，总增长将会走向尽头。

如图 3-4 所展示的那样，长三角区域创新系统的多样性通过不同渠道的影响，可以从多个层面来发生多样互补性的机制。

首先，长三角区域创新系统具有技术多样性。这种技术多样性，在"新熊彼特"贸易理论中得到应有的地位并发挥更为积极的作用。在这种理论中，技术水平和创新能力的差异成为解释贸易和国际竞争差异性的基础性因素。

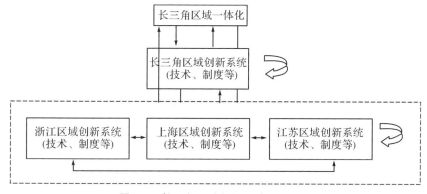

图 3-4　长三角区域创新系统的多样性

系统演化理论认为,在系统发展过程中,由于多种多样随机涨落的存在,驱动着系统中的子系统总是处于非平衡状态,使其中的一些子系统率先突破系统的既有稳定域,从而进化到其他可能的稳定域,在随机涨落的过程中,系统发生质变,进入新的状态,可见,涨落(变动、起伏、运动)成为系统新的发展机会,发展可能的创造者、提供者。因此,多样互补性成为系统发展演化的必然机制是一种客观规律。

如在前述的分析中,我们发现**上海是综合式服务创新为主导的区域创新系统,江苏是外源式技术创新为主导的区域创新系统,浙江是内源式制度创新为主导的区域创新系统**,这种各自具有典型特色的不同的区域创新系统不仅表现为技术上的多样性,而且也显现了技术上的互补性,从而为形成长三角区域创新系统一体化模式提供了翔实的实证。从创新的观点看,系统中的技术多样性是一种优势。在创新过程中,技术知识的多样性支持互动学习,而这种互动学习又创造和配置了属于不同选择类型的新技术知识。基于这个原因,通过互动学习,技术知识储存中的多样性,从根本上支撑着大量的渐进和根本的创新。因此,长三角区域创新系统一体化模式在技术多样互补性发生与发展机制的有效作用下形成了一个可持续发展模式,从而支撑起长三角区域经济的可持续发展。

其次,长三角区域创新系统具有制度多样互补性。青本昌彦(2001)认为,虽然在市场全球化和信息通信技术的影响下某些制度安排出现了一定的趋同,但仍然可以观察到显著的制度多样性。正是这种制度多样性使得世界经济更具抵御意外冲击的耐久能力和对变动环境做出创新性适应的能力。正如德国经济学家李斯特(1841)明确指出并深入分析了国家专有因素(national specific factors)对于一国经济发展和经济政策选择的巨大影响一样,一个地区的区域专有因素(regime-specific factors)对于一个地区经济的发展也会产生巨大的影响,因此,尽管江浙沪两省一市具有接近性(地理、社会、文化等),但是在历史演变长河中,江浙沪两省一市形成了各自具有鲜明特色的区域专有因素。比如余日昌(2007)在江浙沪创新文化比较中指出,"求大"是当代浙江创新文化中最突出的个性,它源于"满足带来的繁荣";"求强"是当代上海创新文化中最突出的个性,它源于"责任带来的强化";"求变"是当代江苏创新文化中最突出的个性,它源于"开放带来的变化"。正是这三种不同的创新文化个性,支撑了江浙沪三地不同的区域创新系统制度,即江苏的发展已基本通过开放引资型的"资本驱动"向"创新驱动"升级,浙江尚未摆脱"资源驱动"的阶段,上海已经步入了以自主研发为核心的"创新驱动"阶段。因此,长三角区域创新系统具有制度多样互补性。由于制度和创新关系具有不确定性,因此制度多样性和制度多样性的再生是促进不同学习和创新模式开放的一个重要因素。虽然任何一个系统都不可能应付任何可能的动荡和冲击,但是制度多样性程度较低的系统比那些制度多样性程度较高的系统更容易受到伤害,因为青本昌彦(2001)指出,真正使我们富有创新力的是制度多样性所提供的相互学习、试验和机遇。

总之,长三角区域创新系统所形成的一体化模式从技术和制度两个层面创造了一种长三角乃至全国的技术创新的必然发生与发展机制,正是这种机制的作用创造了长三角区域创新系统一体化发展道路的多样化特色。

(二)构建了基于互动互补学习的区域创新内在机制

区域创新理论认为,学习与创新的关系密不可分,两者之间的关系如图 3-5 所示。

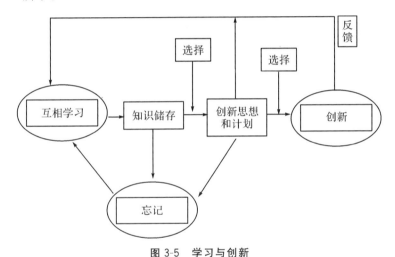

图 3-5　学习与创新

资料来源:Gregerson 和 Johnson,1997。

学习是创新的前提,创新是学习的结果,是把新知识或重新综合的旧知识引入经济活动中。知识是最重要的资源,学习是最重要的过程,通过在区域创新系统中的互动学习,能获得、创造、传播知识,促进知识在产业中的应用,实现互动创新模式。所谓互动学习(interactive learning),是指参与区域创新的各主体(企业、大学和 R&D 机构,各种政府或民间组织等)之间的相互学习和相互促进,它强调各主体间的相互作用。互动学习具有组织性(organizational)、集体性(collective)和地方性(localized)的特征。

Gregerson 和 Johnson(1997)认为,互动学习是区域创新系统的理论基础,是学习最重要的类型,是主要的创新之源。而知识的多样性又是互动学习的基础,知识多样性和空间邻近性决定了创新绩效。在一个地区或国家创新系统中,影响知识和创新的主要因素是知识基础设施(knowledge infrastructure)、生产结构(production structure)、制度设置(institutional set-up)、消费者需求结构(consumer demand structure)、政策(policies)等,具体如图3-6所示。

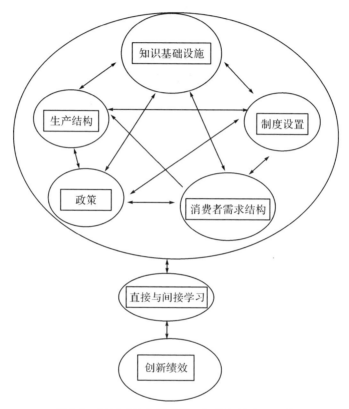

图3-6　创新系统中影响学习与创新的主要因素

资料来源:Gregerson 和 Johnson,1997。

我们认为,随着长三角区域经济一体化进程的不断深化,影响长三角区域创新系统的主要因素,一方面体现为一体化的趋势,另一方面更体现为江浙沪各自的特色——越来越地方性(localized)。因此,长三角区域内江浙沪两省一市通过互动性的生产中学习(learning by producing)和搜寻中学习(learning by searching)过程,形成了基于互动学习的区域创新主要机制。

(三)形成了江浙沪由单一箭头方向的创新模式向三角互动"对偶互补"的创新模式演变的发展机制

在一体化的进程中,长三角必将形成一个长三角区域创新系统,从而提升长三角的创新能力。但是,问题是长三角区域创新系统与原有的江浙沪各自的区域创新系统的关系是替代还是强化? 也就是说,在长三角区域创新系统内的江浙沪三地的区域创新系统间的关系是"中心—边缘"还是三地互动? 本书认为,在长三角区域创新系统中原江浙沪各自的区域创新系统的角色和地位,将分两步走:开始阶段,江苏、浙江两省从上海扩散而来的技术路径中,扮演着区际分工中的"被动角色";接下来,通过产业转移、技术扩散、消化吸收,原来三地单一箭头方向的创新模式,逐步转换成三地间的三角互动"对偶互补"的创新模式。这不仅表明江浙在长三角区际分工体系中开始产生重要和积极的作用,更主要的是表明江浙沪三地在长三角区域创新系统中形成"合理分工＋适度竞争＋高度融合"的演进态势,从而进一步显示长三角经济社会的可持续发展,真正实现发展模式的转型,率先实现创新。

第一阶段:单一箭头方向的创新模式。

如图 3-7 所示,江浙沪两省一市相关性的初级形态,其发生机理,主要途径是以上海为中心,向浙江和江苏扩散和辐射。这说明长三角区域创新的源头在上海,而江苏和浙江主要体现出"吸收"而非"扩散"的功能。可以认为,在此阶段,上海扮演着区际分工体系中的"主动角色",而江浙扮演着"被动角色"。以人均国民收入增长率为例,从 1952 年到 1978 年的 26 年间,上海的年均增长率是 6.0％,而江苏和浙江只有 3.8％和 3.6％。假设浙江的国内生产总值(GDP)为 100,1978 年上海、江苏、浙江三地 GDP 的比率为 223:202:100,上海有较大的优势。如表 3-13 所示,上海的第二产业在其产业结构中具有较高的地位,在长三角地区也拥有绝对的优势。

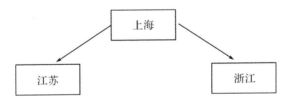

图 3-7　单一箭头方向的创新模式

表 3-13　1978 年江浙沪产业结构的比较　　　　单位:％

地区	第一产业	第二产业	第三产业
上海	3.8	77.4	19.8
江苏	27.6	52.6	19.8
浙江	38.4	43.7	17.9

资料来源:国家统计局国民经济综合统计司.新中国五十五年统计资料汇编.北京:中国统计出版社,2005:371,405,439.

第二阶段:三角互动"对偶互补"的创新模式。

随着长三角区域经济一体化的不断深化,江浙的发展日益壮大,原来江浙沪单一箭头方向的创新模式,开始转换成三地三角互动"对偶互补"的创新模式,如图 3-8 所示。

图3-8 江浙沪三地"对偶互补"创新模式

与图 3-7 所表示的区域创新扩散路径及影响力的单一创新模式不同,图 3-8 将原来的单一箭头方向拧成了三角形,是由于江浙沪三地互动互补性逐渐加强。需要说明的是,在江浙沪三地"对偶互补"模式中,上海仍处于核心地位,上海与江苏、浙江之间的线条和箭头,表示了上海和江苏、上海和浙江两地间在技术、资本、人才等各要素以及制度方面的交流和互动逐渐趋向常规化,体现了上述两地产业结构在区际分工体系中的互补性和协调性,具有强相关性、强协同度,进一步体现了江浙两省主动吸收上海的扩散。而浙江与江苏的线条和箭头,表示了浙江和江苏对等的互相影响力,一方面在人才、技术等方面的联系互动在逐步加强,另一方面,由于体制的差异和技术发展层次的落差,大规模的流动尚未形成。

因此,在此阶段,江浙沪三地形成以上海为核心的三角互动"对偶互补"的创新模式,原来的"主被动"关系演变成为"互动"关系,从区际分工体系来说,江浙沪原有的垂直分工体系逐步演变为水平分工体系。比如,从上海和浙江的区域经济关系来分析,上海和浙江之间的资源流动是双向的,上海和浙江的区域经济关系不是单纯的"中心—边缘""吸纳—扩散"①的关系而是资源优势互补、产业分工协作的领域渗透型的区域关系(陈建军,2003)。

---

① 中心—边缘(或核心—外围)模型(core-periphery model)是 20 世纪 60 年代弗里德曼在对委内瑞拉的研究中提出来的,在他的模型中,中心和边缘地区是经济上完全不同质的两个地区,表现为空间上的二元结构,所谓边缘无功负荷或外围地区,是指中心地区异质的带有某种殖民地背景的经济发展落后地区,这些地区具有依附性,缺乏经济自主性,而有利于经济发展的思想、技术、基本观点都来自中心地区。

（四）从创新外溢的视角来分析，形成了双重创新外溢互补性："点式外溢"和"模式外溢"①

外溢（spillover）的经济学含义以外部性（externalities）理论为基础，通常是指经济主体间一方对另一方或其他诸方提供某种收益且没有通过市场进行补偿或支付。从创新的角度而言，创新的拥有方有可能在经济行为中无意地在某种程度上"外溢"了某种信息，而作为"创新外溢"的接受方则可以通过积极主动地学习，消化吸收较多的"外溢"。

国外 9 位代表性学者对 R&D 的外溢比例（即 R&D 的社会收益率与私人收益率之差占其社会收益率的比重）所做的研究结果表明，R&D 平均为 64%（见表 3-14）。但是，从区域创新的角度来讲，创新是一个经济—社会—技术过程，是真正熊彼特意义之创新。在此前提下，区域创新外溢应从狭义的"技术创新外溢"上升到"经济—社会—技术"模式层次的"模式外溢"。威廉·鲍莫尔（2002）与 Wolff（1997）的研究结果比较一致，认为 R&D 的外溢比例为 79%。鲍莫尔在其专著中断定，"所有这些中更为令人惊讶的含义是，创新的直接外溢与间接外溢估计可以构成目前 GDP 的一半以上，并且，我们甚至可以说这是一个非常保守的数据"。他同时指出，"估计的数据是否精确并不十分重要，重要的是外溢比例显然大得令人惊讶"。

表 3-14　一些研究所估计的 R&D 的外溢比例

序号	作者（年份）	研究中估计的收益率/%		
		个人	社会	外溢比例
1	Nadiri(1993)	20～30	50	40～60
2	Mansfield(1977)	25	56	55
3	Terleckyj(1974)	29	48～78	40～63
4	Sveikauskas(1981)	7～25	50	50～86
5	Goto 和 Suzuki(1989)	26	80	67.5
6	Bernstein 和 Nadiri(1989)	10～27	11～111	70
7	Scherer(1982、1984)	29～43	60～147	65
8	Bernstein 和 Nadiri(1991)	15～28	20～110	67

---

① "模式外溢"的概念，由李晓钟在其《长三角区域一体化创新模式与政策研究》（浙江大学博士后出站报告，2005）中提出。

续　表

序号	作者(年份)	研究中估计的收益率/%		
		个人	社会	外溢比例
9	Wolff(1997)	10~12.5	53	79
	平均	23.1	64.6	64

资料来源:转引自李晓钟、张小蒂,2006。

按照现有的 RIS 理论,仅从技术创新的角度来分析,创新外溢主要是发生在既定 RIS 中的主体(企业、大学、公共机构等)之间,是属于同一个创新系统内不同微观主体间的外溢——"点式外溢",其外溢的东西主要限于知识或技术内容,是表现为某种创新行为的一个结果,是"事后"现象。

但是,从区域创新的角度来讲,创新是一个经济—社会—技术的过程,是真正熊彼特意义之创新。在此前提下,区域创新外溢应从狭义的"技术创新外溢"上升到"经济—社会—技术"模式层次的"模式外溢"。

长三角区域创新系统则具有非均质特征,它由江浙沪三种各具特色的创新系统模式构成,并且这三种创新系统模式之间以一定的产业为基础,存在着一定的分工结构。这就意味着,除了"点式外溢",从更高层次看,长三角区域创新系统内的三种创新系统模式之间也会发生一定程度的外溢——"模式外溢",其内容除了"事后"现象的知识或技术外,更重要的是"事前"外溢——来自于不同创新系统模式间的外溢,这种外溢是长三角区域创新系统一体化模式的一个主要特征,也是长三角区域创新系统一体化形成的一个主要动力。因此,在长三角区域一体化进程不断深化的大背景下,长三角区域创新系统一体化不应是牺牲次区域的个性特点来追求"一体化"的共性,而是应在各自发挥特色的基础上,通过"模式外溢"追求"一体化"的"协同效应"的增进。所以,长三角区域创新系统具有"点式"和"模式"双重创新外溢特例,具有更高的效率。

3.4　一体化模式构建途径

上述分析表明,多样性是形成跨省份的区域创新系统一体化模式的基本前提,互动学习是形成跨省份的区域创新系统一体化模式最重要的过程,三地"对偶互补"是跨省份的区域创新系统一体化的终极模式,通过"双重外溢"的渠道增进协同效应是跨省份的区域创新系统一体化模式的出发点和归宿点。因此,结合现有区域创新理论,并在充分考虑其不足的基础上,我们认为长三角区域创新系统"多元均衡极化"一体化模式,具有非均质性和开放互动性的特征。为此,伴随长三角区域经济一体化进程,可构建长三角区域创新系统"多元均衡极化"一体化模式的基本途径有两种。

3.4.1 市场主导的原发型

长三角区域经济一体化过程,其实质是用市场机制将分散、人为割裂的经济单元重新组织起来,主要以市场的力量形成创新资源的流动、共享、重组,通过"分工+竞争+融合"的三个维度实行长三角区域创新系统的"多元均衡极化"一体化模式。亚当·斯密的绝对优势理论、李嘉图的比较优势理论、赫克歇尔-俄林的资源禀赋理论以及后来的人力技能理论和偏好相似理论等分工理论虽然从不同的角度分析了国际和区域分工的原因与原则,但其本质都是要求资金、技术、人才、信息等创新资源按照一定的利益原则自由地在地区间、产业间流动,从而实行创新资源的优化配置。竞争意味着从投入—产业的微观技术体系上,强化市场机制在区域创新中配置资源的基础性作用,通过竞争驱动创新行为,使成本—收益中的均衡效率达到最优,这种市场充分竞争的标志是指创新资源自由流动、企业自由流动、产品和服务自由流动。融合则意味着创新主体之间在市场竞争的基础上形成区域产业分工系统,在这种产业分工系统中,竞争是区域系统演化的动力,但是,一味竞争无法有效形成整体区域发展中的合力,从而无法形成整体效益。因此,在分工和竞争的基础上形成的创新系统,彼此分享创新的"外部规模经济",从而实现区域创新资源的高效配置。在市场驱动和系统力量的自发作用下,实现了长三角区域创新系统一体化。这种一体化模式的形成以市场配置资源的自由发生机制和系统自组织配置机制为基础,产生于市场竞争和分工协作的基础之上,是一种自然型和原发型的构建途径。在现实中,集群创新系统可以说是这方面的一个典型。集群创新系统,是狭窄的地理区域内,以产业集群为基础并结合规制安排而组成的创新网络与机构,通过正式和非正式的方式,促进知识在集群内部创造、储存、转移和应用的各种活动和相互关系(魏江,2003)。这种创新系统以产业集群为基础,在各创新主体之间的分工与竞争协作的基础上,实现分享外部规模经济,以不断提高产业集群内部的创新产出。

3.4.2 政府主导的后发型

在长三角区域经济一体化过程中,充分发挥市场机制在形成长三角区域创新系统"多元均衡极化"一体化模式过程中的作用,但是,在以创新为主的经济活动中,市场作用的局限性,即创新系统中存在非市场力量所能左右的系统失灵:基础设施失灵、转型失灵、锁定失灵和制度失灵等。比如,基础设施失灵,由于创新所需的知识基础建设中,有些并不具有营利性,如图书馆、博物馆、低素质人才培训等,这些工作如果单纯依靠市场来调节的话,并不能有效动员社会力量。又比如,转型失灵,市场的引导下,会产生过度竞争,甚至恶性竞争,产业高度同构,要有效地进行产业转型,如果单纯依靠市场因素调控,不仅迟缓,而且不一定见效。这样,便恰恰为政府的行为提供了空间,也明确了政府通过制定创新政策来推进长三角区域创新系统"多元均衡极化"一体化模式的形成和发展的首要问题。就实行和推进长三角区域创新系统一体化而言,通过设计激励相容的制度安排实现区域公共品配制一体化、市场规则一体化、产业分工与协作一体化、交通等基础设施一体化、知识基础设施一体化,各种创新资料共享,既可以推动商品与要素在区域内无障碍流动,又可提高区域内各经济主体间互相协同的经济效率。通过政府一体化的政策和制度安排,促进区域创新资源的有效整合,提高区域内市场运作效率和分工协作网络效率,从而进一步提升区域创新的整体效率,形成一个后发型的长三角区域创新系统。

3.5 本章小结

本章在考察江浙沪各自区域发展模式特点的基础上,运用创新系统的分析方法,研究分析了跨省份的区域创新系统模式,并以长三角为例,探索了其区域创新系统模式和构建路径。我们认为,江浙沪各具特色的区域创新系统模式,即江苏具有典型的外源式技术创新为主导的区域创新系统模式,浙江具有典型的内源式制度创新为主导的区域创新系统模式,上海具有典型的综合式服务创新为主导的区域创新系统模式。在此基础上,着重考察了长三角区域创新系统模式。研究表明,长三角区域创新系统的形成与发展是在江浙沪各具特色的创新系统模式基础上形成一个"多元均衡极化"一体化模式,其具有多样性、互动性、对偶性及双重外溢性等互补性的特殊作用机理,正是这种基于互补性的特殊作用,产生省际创新协同行为,形成与发展了协同效应。这说明,长三角区域创新系统是一个开放的、非均质的和互补的创新系统,其构建通过两种基本途径:市场主导的原发型和政府主导的后发型。

第4章　省际创新协同效应研究的基础理论

在一个区域创新系统中能否创生协同效应,关键在于是否形成创新协同作用。研究表明,自熊彼特首次提出创新概念以来,创新已成为国家和区域经济发展及竞争力提升最具根本性的动力。以往认识到创新只来源于研究型非营利机构、营利性企业和个人。省际创新协同使人们发现创新的第四种来源,即空间上邻近的行为主体通过交互式学习而产生的协同创新。与前三种单一性主体不同,省际创新协同是一种复合型的、集合型的主体创新,它具有更为复杂的生成机理。现有的文献研究大多从微观层面——企业角度对创新协同进行研究,而较少从中观层面——区域角度来研究创新协同问题。近年来国内外的相关研究为本研究奠定了良好的基础,提供了很多比较有益的思路。本研究主要关注中观层面区域间的创新协同问题。因此,本章运用协同学理论和方法分析区域创新的新现象,着重探索省际创新协同的基本理论,分析省际创新协同的动因,考察影响省际创新协同的三重维度及其运行机制,从而构建区域创新系统中的协同效应理论分析框架。

4.1　省际创新协同的内涵

美国竞争力委员会(The Council on Competitiveness)发表了题为"创新美国:在竞争与变化的世界中繁荣"(Innovate America:Thriving in A World of Challenge and Change,2004 年 12 月)的报告,提出了"国家创新倡议"(National Innovation Initiative,简称 NII),研究指出,创新关系是指围绕创新而产生对立或共生关系的两个或多个范畴。回顾创新历程,不难发现,过去往往被看成是对立的关系正迅速向协同甚至是向共生的关系转化:如"用户导向"与"生产导向"共同推动创新;知识产权的独占性与共享性共同影响着创新;制造业与服务业之间的界限日益融合;小企业对创新经济的贡献堪与大企业媲美;公共部门和私营机构均是创新系统的重要组成部分;历史上,创新往往局限于某一特定学科、特定领域研究人员个人的努力,如今,创新更多地产生自学科间的交叉、互动和融合;国家安全与科学开放之间寻找一个平衡点,成为创新经济发展的关键点;民族主义与全球化矛盾的妥善解决,是增强国家创新能力的双赢选择。我们认识到,这些创新的新特征反映到区域层面,显示出区域创新的新变化,区域创新本身是一个区域内或区域间的创新要素的新组合与协同过程,是一个经济—社会—技术的过程,且具有积累性质,是一个复杂的创新生态系统(见图 4-1)。由此可见,区域创新,包括技术创新与制度创新,是各创新行为主体间在区域整体层面上互动作用的过程和发展模式。这种过程和模式发展到一定阶段要求各创新行为主体自主地进行合作、互动和整合,于是就形成省际创新协同行为。那么,到底什么是省际创新协同呢? 为此,我们从区域层面上,结合创新的"新组合"思想,借鉴微观视角的创新协同的概念,深入分析省际创新协同的内涵。

图 4-1 NII 的创新生态系统

4.1.1 省际创新协同的概念

创新协同(innovation synergy)就是应用协同学的思想来研究创新的问题。创新活动是一个十分复杂的过程,而创新协同是指各创新资源要素在非线性相互作用下形成单独资源要素所无法产生的整体协同效应（synergy effect）的过程。从资源要素来源的视角来分析,创新协同有区域内、区域间两种即区域内创新协同和区域间创新协同。所谓区域内创新协同,就是区域内各创新要素间的互动与优化组合;而区域间创新协同就是区域间各个不同创新行为主体之间及创新要素之间的交互作用（interaction）与优化配置组合。虽然,区域间的创新协同建立在充分的区域内的创新协同基础上,不可能存在缺乏内在因素实现区域间的创新协同的过程,但是,本书将在区域内部环境不变的假定条件下,着重考察与分析区域间创新协同的过程和规律,主要是研究各省间的创新协同内在逻辑。这样的假定,并不是忽略区域内部因素的重要性,而是希望界定尽可能清晰的边界。因此,就本书来说,我们在使用区域创新概念时,通常是指区域间的创新协同,为了研究的方便和数据的可得性,本书的区域间创新协同即省际创新协同。比如,就长三角来讲,假定江浙沪内部的环境条件不变,着重研究江浙沪之间的创新协同。

从区域视角来讲,与创新协同相关的影响因子有两大类:第一类是对某个区域创新复杂性起决定性作用的核心资源,主要有两个,一是创新主体性资源,其相互关系具体体现为区域间的企业、大学科研机构、政府、中介机构等主体之间的互动协调;二是创新要素性资源,主要包括区域创新活动中的人才、资金和知识,其相互关系体现在区域间的这些资源在市场机制的作用下自由流动,从而实现创新资源的优化组合。第二类是对某个区域创新复杂性有一定程度影响的辅助资源,主要有区域发展战略、区域文化、区域制度、区域组织、区域环境等。两大类影响因子之间存在着复杂的相互作用、协同演化的关系。

因此,我们将省际创新协同界定为:以区域发展战略为导向,以获取协同剩余为动力,以提高协同度为核心,通过各省间的核心资源(主体性、要素性)和辅助资源(战略、文化、制度、组织、环境)的分工、竞争和融合等作用,实现区域整体协同效应的过程。

我们认为,省际创新协同的结果集中表现为"协同效应（synergic effect）"的形成。由此可见,协同效应特指区域间不同创新主体通过创新协同过程所取得的效益和功能。

为了进一步理解省际创新协同的内涵,需要明晰两个概念——协同度和协同剩余。

(1)协同度

我国学者彭纪生(2000)在其《中国技术协同创新论》的著作中,全面地论述了协同度和协同效应的概念,我们在借鉴、学习的基础上,从中观——区域创新层面,进一步诠释了协同度和协同剩余的内涵。

根据省际创新协同的定义,它的外在表现是获取区域创新系统的整体协同效应,即"1+1>2",为此,我们将协同效应的本质所反映的区域间的创新要素(资源),子创新系统与子创新系统,创新系统与所处的环境之间整合的紧密、有序和完整的程度总称为协同度,它衡量的是一个创新系统内要素资源间、子创新系统间以及子创新系统与环境间相结合的紧密程度、相互作用的强度和有序的程度,即和谐一致性的程度。如果区域创新要素间、子创新系统间以及子创新系统与环境间的相互联系、互动方式众多,形式复杂,整合一体化程度高,互动性强,则表明其创新系统协同度高;反之,如果区域创新要素间、子创新系统间以及子创新系统与环境间的相互联系方式少,形式简单,整合一体化程度低,互动性弱,则协同度低。一般来讲,协同度越高,则系统的整体协同效应越大;反之,协同度越低,则系统整体协同效应越小(陈光,2005)。

协同效应是协同度的函数。协同度用 X 表示,协同效应用 Y 表示,两者的关系如下所示:

$$Y = f(X) \qquad (4-1)$$

协同效应(Y)与协同度(X)的关系是复杂的非线性关系,具有很强的正相关性,X 越高,Y 越大。

如果我们用 X_i 表示不同的协同度,而用 S 表示各区域协同前单独功效的线性之和,则可以将协同度划分为弱协同度(X_1)、中协同度(X_2)和强协同度(X_3),从低到高的三个层次为

$$Y_1 = f(X_1) \geqslant S \qquad (4-2)$$
$$Y_2 = f(X_2) > S \qquad (4-3)$$
$$Y_3 = f(X_3) >> S \qquad (4-4)$$

弱协同度(X_1)是指省际创新协同普通性的组合。所谓"普通性"的组合,可理解为各区域在较好地配置创新资源的基础上,能够按照各自的优势,专业化分工协作,相互间的关系较为协调,从而各区域间的创新协同作用所产生的整体效能略强于各区域子创新系统单独力量之和。一般的创新型区域的协同状况可以归属于此类。

中协同度(X_2)是指省际创新协同较为复杂性的组合。所谓"复杂性"的组合,可理解为各区域创新活跃而富有特色,创新行为主体以各自的优势主动与其他区域的创新资源进行整合,科学合理地实现区域间的整体分工、布局,相互间关系融洽,所形成的创新系统整体功能明显大于各区域子

创新系统单独之和。一般来说,具有一定竞争优势的创新型区域的协同状
况归属于此类。

　　强协同度(X_3)对应省际创新协同融合性的组合。所谓"融合性"的组
合,可理解为各区域间出现"你中有我,我中有你"的现象,区域创新的核心
资源在各区域间分工协作,优化组合,优势互补,动态地实现最佳结合方
式;在区域整体观念层面上,战略、技术、市场、文化、制度等各要素,相互融
合,互为补充,动态演变,最大限度地发挥创新行为主体的主动性和创造
性,创新系统的协同效应实现最大化。现实中,只有少数世界级创新型区
域的协同状况可以达到此境界。

　　(2)协同剩余

　　协同效应是一个创新系统中发生省际创新协同行为而产生的结果,是
通过协同度的提升而实现的超过创新系统非协同组合效能的增量,即 $1+$
$1+\Delta V>2$。其中,这个 ΔV 就是协同剩余。这说明协同度是自变量,协同
效应是应变量,协同效应是协同度的函数。协同效应的概念模型可以用数
学方法说明(陈光,2005)。如果系统中的要素为 $X=\{X_1,X_2,\cdots,X_n\}$,系
统的整体功能为 $F(X)$,协同效应的结果为 $F(X)>F(X_1)+F(X_2)+\cdots$
$+F(X_n)$,也就是通常表达的"$1+1>2$"效应。这里所造成的差值 $\Delta V=F$
$(X)-\{F(X_1)+F(X_2)+\cdots+F(X_n)\}$为"协同剩余"。因此,协同效应形
成的关键在于产生协同剩余。

　　假设有几个创新协同的区域,各区域间为了实现创新资源的高效率,
以一定的关系进行优化配置,其中各区域经历协同与不协同的选择,各区
域按目标要求进行优化配置。省际创新协同的目标是实现协同效应,追求
区域整体竞争优势的最大化,即要获取协同剩余的最大值。我们以区域的
创新资源协同为例,构建出一般模型:

$$\max F(X(\sigma),\sigma) \tag{4-5}$$

$$\text{s. t. } \sigma_i \leqslant C_i(i=1,2,\cdots,n) \tag{4-6}$$

$$G(\sigma) \geqslant 0 \tag{4-7}$$

$$X_i \geqslant S(i=1,2,3)$$

其中,F 表示省际创新协同的总体目标函数,C_i 表示第 i 个区域中创新资
源可获得的最大量,σ_i 表示系统中所属的第 i 个区域创新资源的量,$\sigma=$
$(\sigma_1,\sigma_2,\cdots,\sigma_n)$,$X_i$ 表示区域间的协同度,$X_i=X_1,X_2,X_3$。

　　上述模型中,如果区域创新系统中各创新行为主体间不存在相互协作
的关系,则不能称其为协同。从创新角度来讲,区域间必定存在密切的相
互联系和相互作用,就是说区域创新资源在区域间实现合理分工、共享和

自由流动。协同学原理表明,式(4-5)是一个非线性规划方程。根据运筹学原理,较难求解此方程,然而,在实际情况中,可针对不同的协同状况,在总结归纳经验公式基础上能够得到其最优解 $X^*(\sigma^*)$,即存在某一协同度,使区域整体利益(协同剩余)获得最大值。

4.1.2 省际创新协同的本质

最近几十年来,对区域创新的研究百家争鸣,文献浩繁,形成了以演化学派、制度学派、马克思主义学派等为主要代表的区域创新理论的新进展。虽然这些学派对区域创新理论的发展有较大的贡献,但是,这些研究均以内生增长和发展理论、创新系统理论、网络理论等为理论基础。同时,对于区域创新理论取得了比较一致的观点。[①]

首先,区域创新是一个"经济—社会—技术"的过程,是一个由客户、厂商、各种中介组织参与并相互学习技能和交流知识的复杂过程,并受到社会环境的制约。

第二,区域创新以创新网络为平台,重视各种经营团体和政府治理结构在促进创新上的作用,具有区域性、社会性的特征。

第三,决定区域创新的区位因素发生了较大变化。以自然资源为基础的经济中所重视的资源禀赋、地理位置、丰富而廉价的劳动力资源等因素退而居次,而知识、技术、人才、信息基础设施等成为更加重要的因素。此外,非实物因素如社会资本、社会网络等在区域创新中的作用突显,这些非物质、非贸易的区位因素,构成了区域创新环境的主要内容,而创新环境的质量和优势则决定了区域创新的基础条件即区域吸引和留住各种流动性资源的黏性。

第四,基于对学习是最重要的创新过程的认识,有利于学习的地理邻近性和动态的空间集聚经济,对区域创新具有十分重要的意义。

第五,区域创新过程具有路径依赖及锁定特征,体现累积性质。

正是基于上述对区域创新的深刻认识,我们认为,从广泛的含义上理解,区域创新是发生于区域内的各种创新资源实现"新组合"的过程,可归结为两个视角,即资源和过程,这两者密不可分。若离开了创新过程,创新资源的新组合则无法实现;若没有创新资源的新组合,创新过程的展开则是一场空。因此,本书讨论创新协同概念时,既考虑过程,也考虑资源的组合。

---

① 李青、李文军,郭金龙等.区域创新视角下的产业发展:理论与案例研究.北京:商务印书馆,2004。该著作全面阐述了此观点,本书对其加以归纳和总结。

按照协同学的观点,协同是系统内部各要素或各子系统按照复杂的非线性方式相互作用、协调配合,产生主宰系统发展的序参量,支配系统向有序、稳定的方向发展,进而使系统整体功能放大或倍增,即实现"2+2=5"的协同效应。因此,本书提出的创新协同与其他研究者的区别不仅仅在于其过程的复杂性和资源的禀赋性,本质的差异是资源整合优化组合方式和创新实现方式的不同。我们非常赞同熊彼特提出的创新实质为"生产要素的重新组合"的过程,但是,问题的实质在于区域中各创新资源要素之间应该按照怎样的融合或组合方式,才能获取持续创新能力。创新协同,就是要实现创新过程中创新资源要素的自组织。因此,本书提出的创新协同的概念继承了熊彼特关于生产要素重新组合的思想,更强调要素的非线性和系统演化的自组织特性,是对熊彼特"生产要素的重新组合"思想的发展。**省际创新协同的本质是区域内外的各种创新资源要素实现自组织的过程,是在空间层面上实现创新自增强机制**。它体现为三个层面的主要内涵:一是创新过程中各资源要素一般的重新组合,二是创新过程中各资源要素非线性的重新组合,三是创新过程中各资源要素自组织的重新组合。因此,省际创新协同是更高层次的"生产要素的重新组合",是区域间科技交流与合作的最高级形态。省际创新协同通常可以实现多项功能的整合,促进不同区域间的优势互补、合作共赢,进而形成协同效应。具体来说:

(1)目标利益驱动功能。通过省际创新协同的战略目标,在利益共享的基础上形成利益共同体,共同推进区域内创新活动的开展。

(2)集聚资源、形成合力的竞合功能。通过集聚区域内外的科技创新资源,构造省际创新协同的社会系统和运行空间,形成区域规模经济和规模集群式创新效应。

(3)优势互补功能。在区域分工和比较优势的基础上,通过建构省际创新协同的技术系统,形成布局结构合理的产业结构和技术结构。

(4)优化组织机制功能。通过省际创新协同的精神动力和组织意识,在政府统筹规划和创新系统的市场调节的基础上,形成各创新主体之间的亲密无间合作,提高科技进步贡献率。

4.2　省际创新协同的机理及其动力源

4.2.1　省际创新协同的机理

为进一步理解省际创新协同的内涵,我们在与以往传统意义上的区域创新模式比较中,从理论上分析和揭示省际创新协同新模式具有的明显的特殊机理。

(1)省际创新协同过程是一个基于竞争和合作机制的资源要素匹配过程。与一般的合作与竞争机制不同的是,省际创新协同是一个复杂的过程,各创新要素或区域间的子创新系统从不协同状态走向协同状态。它通过激活区域的资源要素,共享区域间资源,优化区域间的资源配置,目的在于追求资源要素的匹配性,从而获取区域创新资源的最大利用率。省际创新协同追求的终极目标是实现"1+1>2"的协同效应,其本质要求是实现区域创新系统中要素的优势互补,聚合放大和功效倍增,其发生作用的机理就在于各资源要素特定属性之间的协同作用,即要素属性之间的匹配性或互补性产生协调、同步的强相互关系,产生主宰系统发展的序参量,从而支配系统向有序方向发展,使系统的整体功能最强,产生协同效应。

(2)省际创新协同过程中区域资源要素间的关系是一种非线性关系。与单纯资源要素的属性不同,组合关系中的要素属性之间具有非常重要的复杂的非线性相互作用关系。这种资源要素属性之间的非线性的组合关系是协同效应形成的本质所在。正是这种强相互关系和相互作用,使要素间形成特定的排列组合关系,进而形成了最佳组合的结构,这种结构最终实现了区域创新系统整体性的协同效应。这充分反映了协同效应能够产生的内在根据是,省际创新协同过程中,创新资源要素将形成以复杂的非线性为特征的最优排列组合结构。以往,人们通过对现实世界里创新过程的高度抽象,将区域创新理解为一个简单的线性过程;而省际创新协同理论却通过对现实世界中区域创新过程的不断逼近,将区域创新过程中复杂的非线性特征揭示出来。与线性关系的简单性相比,非线性意味着区域间的要素相互关系的复杂性。非线性现象的数学表达的是非线性系统运动的过程,有多种解。省际创新协同过程中,各种要素自身和要素之间的非线性关系,要建立统一的数学模型的难度较大,但是,运用博弈论的方法,借用协同学的思想实证考察要素之间的关系是值得尝试的。

(3)省际创新协同过程是区域间各要素实现交互性和同步性的过程。省际创新协同的目的是实现区域创新的协同效应,而实现省际创新协同效应单靠一个要素难以实现,而是需要各种创新要素相互配合,相互促进,形成最优排列组合,促进系统整体发展。省际创新协同的同步性体现在创新协同过程中要素的配合在时空上是同步的。时间上的同步性要求创新协同要素要紧密衔接,遵循共同的时间参考值;空间上的同步性要求创新协同要素之间协调配合,克服子系统或要素之间的不协同,使系统在空间上形成协调一致的整体运动,从无序走向有序。

4.2.2　省际创新协同的动力源

我们着重从经济学原理的角度来看,理解和把握省际创新协同的动力源。

（1）获得协同剩余

省际创新协同过程,具有有助于整个系统稳定和有序的特性,强调在既有资源条件下通过要素的强相互作用,创造出单要素或局部所没有的整体功能的放大或倍增,从而使系统结构得到优化,产生促进整体系统有序化进程的"协同剩余"。如果系统中的要素为 $X=\{X_1,X_2,\cdots,X_n\}$,系统的整体功能为 $F(X)$,协同效应的结果为 $F(X)>F(X_1)+F(X_2)+\cdots+F(X_n)$,也就是通常表达的"$1+1>2$"效应。这里所造成的差值 $\Delta V=F(X)-[F(X_1)+F(X_2)+\cdots+F(X_n)]$ 为"协同剩余"。由于这种协同作用,从而也造成了系统产生功能倍增或涌现的效应。在长三角地区,江浙沪间存在着创新资源的禀赋现象,有的地区处于创新资源相对缺乏状态,有的地区存在创新资源相对过剩的状态。资源的相对过剩也是结构性的不合理表现。省际创新协同是这一问题的有效解决途径之一。首先,通过区域间创新协同,建立区域间的企业与企业信息交流平台、企业与政府间的交流渠道、地方政府间的共性技术平台等,与别的地区的主体合作创新,实现区域创新资源充分利用,产生"外部规模经济"。其次,通过区域内的创新协同,促使区域内的各创新主体间优化整合方式和组合方式,进一步激发创新资源的整体优势,从而产生"协同经济"。

（2）共担创新成本,获得规模经济优势,提高区域创新效率

经济学原理表明,省际创新协同形成与发展的关键是,省际创新协同模式相较于传统创新模式,能以同样的成本获取更大的收益或以更低的成本获取同样的收益。然而,创新是有代价的,创新成本大致包括四类:一是过程成本,包括技术搜寻成本、研发成本、试生产成本等;二是组织成本,主要包括实施区域创新而投入的人力、机构和组织管理的费用;三是风险成本,主要是指由于创新的不确定性引起所投入的研发项目的失败而导致的成本;四是政治成本,主要是指创新者冒着政治风险而实现制度创新进而影响仕途等导致的成本。省际创新协同可以有效地降低创新成本,提高区域创新效率。其主要体现为:第一,在系统中,各创新主体间的互动和接近,信息资源共享,搭建共同的公共技术平台,有效减少重复建设、重复研发,实现专业化分工,减少过程成本,提高创新资源利用效率;第二,在系统

中各创新组织实施主体间的协调和合作,增加彼此间的信任,从而相对降低创新的组织成本;第三,在系统中,通过省际创新协同,不仅降低了创新的不确定性,而且分摊了创新成本,因此,可以避免或减少创新的风险成本;第四,由于创新者之间彼此互动和协同,使得制度创新的认可度大大增加,从而降低政治成本。

(3)提高创新速度,缩短了创新周期

省际创新协同倍增主要强调区域创新系统实现整体性协同后,由于系统内部各子系统之间同向合作、相互配合、良性互动,降低或消除了在非协同状态下出现的一系列负面效果,从而减少或避免内耗和重复研发,充分利用了创新资源,提高了相关要素和相关系统在创新协同中的耦合度而产生互补效应,进而使系统整体效应放大,产生整体大于部分之和的效应,实现协同学意义上的协同效应。这样,区域创新系统中创新协同的作用增加了创新资源的流动性,优化了配置组合,进而不仅增进了区域创新效率,而且提高了创新速度,缩短了创新周期。

4.3 省际创新协同的三重维度

省际创新协同的维度是指创新协同过程中各子系统或各创新要素协同成为一个有序的、新的结构功能系统的基础和条件,也是系统内各个协同子系统(要素)内在关系的体现。具体来讲,可分为三重维度:创新协同的Ⅰ型维度、创新协同的Ⅱ型维度和创新协同的Ⅲ型维度。三者间相互依存,相互促进,缺一不可,共同形成省际创新协同的三重维度。

4.3.1 Ⅰ型维度

所谓创新协同的Ⅰ型维度,是指由创新本身的特性决定的,是形成区域创新系统各子系统之间或各创新要素协同作用的必要条件,具体表现为如下几方面。

(1)创新的系统模式特性决定区域间形成创新协同的行为方式

创新模式演进由"技术推动"(technology push)、"需求拉动"(demand pull)、"交互(耦合)作用"(interactive model)、"整合"(一体化,integration model)、"系统整合与网络"(system integration and network)的发展趋势组成。今天来看,创新并非一个个线性或是机械的过程,而是一个复杂的、动态的生态系统,在这个系统之中,经济和社会各方面发生着连续的、多重的互动。形成创新生态系统的良性互动所必要的关键要素是:人才

(talent)、投资(investment)、创新基础设施与组织机制(infrastructure)。将创新的整个过程作为一个生态系统加以对待和研究,恰恰是全面"优化创新"的关键所在。根据协同学的基本原理,系统从无序向有序的自组织演化的关键在于形成协同行为。

(2)创新的不确定性以及市场需求的复杂性促使区域间采用创新协同的模式

创新是一个充满不确定性的过程,不确定性存在于创新过程的每一个环节,影响着创新过程中的每一项决策。美国经济学家纳尔逊(Nelson,1982)明确提出,"技术进步过程中隐含的不确定性是非常明显的"。这种不确定性主要来自四个方面:技术方面的不确定性、市场方面的不确定性、创新收益分配方面的不确定性和制度环境方面的不确定性。它由此带来的一个最大困难是创新的高风险性,而创新协同将有效地化解或降低这种风险。

(3)创新专业化分工与技术融合及同质化产生新的区域间创新协同方式

虽然创新专业化分工是目前的发展趋势,但从创新的角度讲,当今技术发展趋势主要表现为技术的融合和同质化。过去几十年出现的全新技术很少,但是不同技术领域交叉融合的创新却越来越多。创新协同将使区域获得互补性的科学知识和技术,形成技术协同效应和技术组合优势,实现区域间研究开发的范围经济。伴随着技术越来越同质化(homogeneity),技术的竞争将更加激烈,一个区域需要拥有各种资源。任何一个区域的发展都面临着精深和广博的两难选择。省际创新协同的方式有助于区域融合内外资源,突破技术和制度的障碍,有效降低因技术导致的风险。此外,正是技术的同质性,使得技术创新的各个环节互通性和兼容性增强,从而很容易形成完整的研发链,这也有利于省际创新协同。

(4)创新外溢(innovation spillover)迫使区域间有效运行创新协同机制

创新知识具有公共产品属性,很难被创新者独占,因此技术创新存在外溢效应。创新者无法获得创新的全部收益,通常会挫伤创新者的持续创新动力和能力。而创新协同能够有效地将这种外部效应内在化,进而增加研究开发投资,起到"双赢"的实效。此外,现代创新理论认为,创新知识并不具有纯粹的公共产品属性,至多算是一种潜在的公共产品(latent public good)(Nelson,1987)。这样,基于互补性的省际创新协同活动,其创新外溢效应更有助于产生新的创意。

4.3.2　Ⅱ型维度

所谓创新协同的Ⅱ型维度,是指区域创新系统中形成创新协同的环境条件,是形成区域创新系统各子系统之间或各创新要素协同作用的充分条件,其核心的要求是接近性(proximity),也称为邻近性。它的含义是指区域创新系统中不同主体间具有共性的"类"或"群"特征。具体体现为如下几方面。

(1)地理接近性是一个区域创新系统中形成省际创新协同作用的基础

地理接近性(geographical proximity)是指区域创新主体间在地域或空间上的地理距离在某一数值内,或是创新行为主体同处于某一地理范围内(co-located)。行为主体间地理接近性有许多优势,包括:一是方便共同出现在同一场合,无论是安排的或偶然的,也就易于促成双方的联结;二是由于地理位置较近,可以十分方便地找到人讨论,增加沟通的频率,也易于建立自发性的对话;三是方便进行面对面沟通,使得沟通的效率、品质与深度都大为提高;四是易于建立共通的语言、文化、规约与习惯。因此,一旦各创新主体间接近就会经常交换信息、知识,或进一步建立合作的关系,使得创新表现较优。

许多学者主要探究美国与欧洲地区的经验研究,结果表明,从事创新研发的企业或创新主体间的地理接近性对创新表现有正面影响(Jaffe,1989;Feldman,1994;Audretsch and Feldman,1996;Jaffe et al.,1993;Verspagen and Schoenmakers,2000);也有一些研究以特定地区作为案例,进一步归纳其成功的关键是区位要素,并作为空间规划或政策制定的重要参考(Porter,1990、1998;Saxenian,1994)。

笔者认为,在这一系列源自欧美各地区的区域创新理论与经验研究中,都产生了如图4-2的推论,即创新行为者间的地理接近性导致该地区创新行为者间易于互动,正是创新行为者间的互动与交流促使该地区创新行为者的创新绩效较佳。

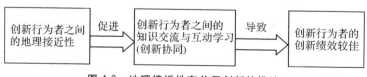

图 4-2　地理接近性有益于创新的推论

(2)社会接近性是区域创新系统中形成省际创新协同的"润滑油"

相对于地理接近性来讲,社会接近性的界定较难,容易产生歧义。美国著名社会学家格兰诺维特(Granovetter)在阐述社会嵌入性的内涵时认为,行为与制度是紧密相连的,人们的经济行为是深嵌于社会的共同文化和制度环境的。社会嵌入性反映的经济行为和后果受主体的相互关系及整个系统结构的影响。社会接近性包括制度接近性、文化接近性和组织接近性等方面。社会接近性是区域创新系统内创新主体实现知识、信息的交换和转移的"润滑油",它提供了基于共同文化和认知结构的相洽性。[①]

钱颖一(2000)总结了"硅谷文化"是创业公司"栖息地"(habitat)的观点。这一栖息地至少包括七个方面的因素:第一,硅谷形成有利于快速创新的开放型的生产结构;第二,硅谷人才流动频繁,跳槽的情况常有发生;第三,法律环境较为宽松,使跳槽变得容易;第四,"硅谷人"容许失败;第五,"硅谷人"的生活和工作观是"活着为了工作"(live to work);第六,在硅谷工作的外国移民特别多;第七,纳斯达克(NASDAQ)股票市场为硅谷公司上市创造了有利条件。Marjolein(2001)等的研究结果表明,知识转移双方的知识"势差"[②]创造了知识流动的客观条件,但知识"势差"并不是越大越好,知识的高效转移依赖于双方是否有适度的知识"势差","势差"过小会造成可以转移的知识流通量过少,而"势差"过大,落后一方则无法有效地学习,从而无法实现知识的有效交换。

社会接近性有益于创新的推论见图 4-3。

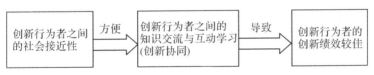

图 4-3　社会接近性有益于创新的推论

(3)行业接近性是一个区域创新系统中形成省际创新协同的温床

行业接近性是指创新主体处于相同或相近的生产领域的特征,一方面体现为利用相似的工艺生产相同的产品,呈现一种横向的竞争关系;另一方面表现为位于同一产业链的不同环节,形成了一种相互合作的纵向关系。从产业链和价值链来讲,具有共同要素和共同市场的区域创新系统的企业,居于同一商业生态系统(business ecosystem,BES)之中,每个企业都有属于自己的生态位(niche)。出于生存的考虑,区域创新系统中创新行为者在竞合的相互关系中的不断演变,是由企业之间相互作用导致的互适应进化,其本质上是区域创新系统中企业间的创新协同行为。

[①]　所谓相洽性,是指知识转移双方各自既有的文化背景、认知结构、技术领域以及知识存量等方面所具有的相容或匹配程度。

[②]　所谓知识"势差",是指知识转移双方知识存量的差距。

行业接近性有益于创新的推论见图 4-4。

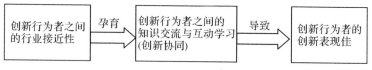

图 4-4 行业接近性有益于创新的推论

地理接近性与社会接近性和行业接近性是相互联系的。一般来讲,仅有一种接近性是不能形成具有良性互动的创新系统的,区域创新系统同时具有地理接近性、社会接近性和行业接近性三种形式,并且表现出耦合的特征,因而具有更优异的知识、信息交流和互动学习特性。

4.3.3 Ⅲ型维度

省际创新协同的Ⅲ型维度是指省际创新协同的可持续发展性,主要取决于区域协同度的高低和由于创新协同作用所导致的协同剩余(净利益)的分配程度。因此,省际创新协同的持续性维度应包括协同度的维度和协同剩余分配的维度两个方面。

(1)协同度的维度

省际创新协同的外在表现是获取区域整体的协同效应,即"1+1>2"。协同效应所反映的是区域间的创新要素、子系统与子系统及系统与环境之间整合的紧密程度和有序程度,我们将这种紧密程度和有序程度统称为协同度。协同度的高低关系到省际创新协同的可持续程度,各子区域创新系统或区域创新要素之间整合紧密度和有序度越高,说明它们之间的协同度越高,进而使整个系统产生的紧密化和有序化程度也高。紧密化和有序化程度越高,则省际创新协同越具可持续性。反之,则不利于省际创新协同的可持续性。

比如,区域的知识协同,按其协同程度来划分,可以分为知识转移与知识创造。知识转移是指区域知识的协同仅表现为知识在双方之间的流动,其协同效应主要体现在对知识的共享上。它是一种最低层次的协同,协同度低,协同的可持续性也较差。而知识创造是指区域知识的协同在对现有知识有效整合的基础上,通过学习创造出新的知识。其协同效应主要体现在对新知识的创造上,它是一种最高层次的协同。显然,知识创造的协同度比知识转移要高,其协同的持续性较好,区域核心竞争力较强,易获得区域竞争优势。

尤其值得注意的是,由于知识产品的种种特殊属性,导致信息障碍的特殊性,致使交易费用畸高,表现为协同度低下,进而影响省际创新协同的可持续性。此外,各创新行为主体因追求经济利益有可能人为地扭曲信息,导致系统的协同度低下。

(2)协同剩余分配的维度

较合理的协同剩余分配对省际创新协同的可持续发展具有决定性的作用。要实现省际创新协同的持续发展,各省际创新协同要素之间的分配必须对称。省际创新协同的协同剩余分配条件取决于各创新协同要素在实现创新协同效应中所发挥的作用大小,也就是要正确地把握创新协同要素的贡献大小和获利多少之间的权衡轻重问题。如果贡献大,则获利相应多,反之亦然。因此,较合理的协同剩余分配驱使各创新协同要素之间产生比较高的协同度,从而实现创新协同的持续发展。

4.4 省际创新协同的理论诠释

我们可以运用不同的理论来诠释省际创新协同形成与发展的原因。这些理论大致可归纳为三大类:资源禀赋理论、交易成本理论和合作博弈论。

4.4.1 资源禀赋理论及其拓展①

20世纪上半叶,瑞典经济学家赫克歇尔(Heckscher)和俄林(Ohlin)在对李嘉图的比较优势原理进行拓展的基础上,提出了要素禀赋理论(theory of factor endowment,简称 H-O 理论)。H-O 理论给予以下信息:①各国通过将其最具有比较优势产品的出口和将本国处于比较劣势产品的进口来达到在本国最具有比较利益的产品上实行专业化生产;②即使本国产品相对于他国产品均处于比较劣势地位,也可以从劣势中找到相对优势产品出口,双方仍能获得贸易利润;③它主要从静态的角度,对不同类型国家间贸易和同类型国家不同行业间贸易方面的现象,有着较强的说服力和解释力,从而促进了国际贸易理论的大发展。因此,H-O 理论成为现代国际贸易的核心理论,长期以来它都被视为正统权威的国际贸易理论。由于俄林认为,国内贸易和国际贸易都是"域际贸易",因此,资源禀赋理论又成为区域分工理论中的奠基理论。

---

① 本小节内容主要是从本书作者发表在 2003 年第 7 期第 9—13 页《国际贸易问题》上的论文"知识要素与 H-O 贸易理论的拓展"的一部分内容整理而来。

（一）H-O 理论的主要缺陷——知识资源的忽视

历史与现实告诉我们，改变资源禀赋及比较优势的一个十分重要的因素是知识。H-O 模型的最主要缺陷在于，忽视了技术进步和知识积累对于一个国家（区域）的资源禀赋和比较优势（或比较劣势）的变动性的作用，缺乏对知识资源的高度重视，从而使该模型处于高度抽象之中，也就是说置于静态状况之下或置于理想化的幻想之中，远远脱离了当今时代。

H-O 理论产生的年代正值资本主义工业化革命的高潮，传统的资源密集型产业、劳动密集型产业逐渐被大量的资本密集型产业所取代，资本密集型产业成了当时社会的支柱产业。当时生产标准化产品，贸易多以商品交换为主。当时，单项资源优势具有十分重要的地位，如自然资源丰富、土地广阔、劳动力廉价、资本雄厚等。在这样一种时代背景下，H-O 贸易理论开始形成与发展并逐渐成熟，这既同当时的工业化时代背景有着密切的联系，又受传统经济理论的束缚。

以亚当·斯密为代表的古典经济学派认为，高的储蓄率导致生产资料的积累而使经济增长。而以诺贝尔经济学奖获得者罗伯特·索洛（Robert M. Solow）为代表的新古典经济增长模型则认为，应该用技术与传统投入（如有形资本、劳动和人力资本等）两种基本元素及其之间的相互作用来解释经济增长，其中技术创新导致了 80％ 的经济增长。但并没有说明技术的来源和确定含义，而只是将技术归于"公共物品"的范畴。

进一步，保罗·罗默（Paul M. Romer）在一文中[①]指出，可以这样解释新古典经济增长理论关于技术的困惑，即将世事分为两种基本的不同类型的生产投入，分别为"创意[②]"与"事物"，其中前者是可以不断累积的非竞争性商品，而后者是具有质量（能量）的竞争性商品，且可以用"创意"重组"事物"。例如，人们可以依照某种配方将不卫生的青橄榄转变为美味而有益健康的橄榄油。经济增长即来源于新"配方"的发现和事物由低价值组合向高价值组合的转型。由此得出了与新古典经济增长模型完全不同的结果，即强调"创意"是商品而非"公共物品"，可以像其他商品一样进行生产和分配，从而解决了新古典经济增长理论在公共物品上的"死结"问题，将技术很自然地置于经济增长模型之中。

---

① 保罗·罗默. 为什么首先发生于美国？现代经济增长的理论、历史和起源. 黄少军，译. 经济译文，1996(5)：10.

② 注：译文中用的是"思想"，本书作者认为"创意"更贴切，故此处改为"创意"。

　　另一个不足是 H-O 理论忽视比较优势的动态变化。其主要体现在两方面：一是综观世界经济史表明，各国自然资源在动态的变化过程中，基于自然资源禀赋的比较优势将发生变化，更何况，在知识经济时代，自然资源作为单项资源，其重要性不过分突出了；二是资源要素的组合性和整合性可以形成新的比较优势或增强原有的比较优势，尤其是知识这种特殊的资源，其渗透性极强，从而发生比较优势的动态变化。依照罗默的"用创意重组事物"的理念，"无论是劳动密集型产品，或资本密集型产品，还是高技术密集型产品，或知识密集型产品，均包含着劳动、资本和知识三种生产要素，但这三种生产要素在产品中的构成比例不同，质量也会不同"，且存在低价值组合向高价值组合的转型（见表 4-1）。这充分说明，一个产品的比较优势改变或增强，可通过增加产品中资本或知识数量和质量或提高劳动力的素质及文化教育水平等实现。同样的道理，对于一个企业、一个产业、一个国家也是如此。

表 4-1　不同要素密集型产品中劳动、资本、知识的组合关系

产品类型	特点	组合关系
劳动密集型	简单劳动，少资本，一般知识	$L/Y > KY > NKY$
资本密集型	简单劳动，多资本，复杂知识，复杂劳动，多资本，一般知识	$L/Y < KY > NKY$
高技术密集型	复杂劳动，多资本，高新技术	$L/Y < KY \leqslant NKY$
知识密集型	复杂劳动，少资本，高深知识	$LY > < KY < NK/Y$

　　注：$Y = L + K + NK$，Y 表示"总量"，L 表示"劳动"，K 表示"资本"，NK 表示"知识"。资料来源于刘景竹(1994)。

　　有关研究表明，在全球化的今天，跨国公司是能够在全球范围内促进资源优化组合的有效载体之一。跨国公司通过 FDI，有效借助东道国的区位优势和自然资源优势，不失时机地把自己的资本优势和技术、管理等知识优势输出，从而使双方比较优势均获得提高，并且亦有助于东道国原有比较优势的巩固和升级(刘景竹，1994)。比如日本自 20 世纪 60 年代中期以来，凭借自己的资本、技术等优势有效地结合了东南亚地区各国的廉价劳动力和自然资源，从而使自身的国际竞争优势得到实质性提升。上述分析研究表明，比较优势的可组合性和动态变化性是 FDI 得以迅速发展的关键因素之一。不同要素密集型产品中劳动、资本、知识的组合关系如表 4-1 所示。

　　对于产业来说，生产要素的组合性和动态性尤为突出。有人说，没有

淘汰的产业,只有落后的技术。通过"创意"的重组,一个产业由低价值组合向高价值组合转变。例如:典型的劳动密集型(如纺织)和资本密集型产业(如钢铁),两者均被视为夕阳产业或传统产业,处于比较劣势的地位,失去了国际竞争优势。但通过技术开发,创造出具有高技术、高知识含量的产品,所含的技术、知识要素的比例发生变化,将其产业的属性改变了。20世纪80年代,日本纺织企业为了重新提升其国际竞争优势,通过新技术研发,开发出了技术含量高的纺织品,从而改变了整个纺织产业的属性;同样,日本钢铁企业亦经研发生产出各类特种钢,使传统产业向高技术密集型方向发展。在当代以IT技术、生物技术、新能源、纳米技术等为主要代表的高新技术的推动下,许多传统产业重新兴旺发达。

就一个国家(区域)而言,也是如此。20世纪90年代初,管理大师彼得·德鲁克指出,"世界上没有贫困的国家,只有无知的国家","知识的生产率将日益成为一个国家、一个行业、一家公司竞争的决定因素"[1]。要改变自身的比较优势地位,一个国家(区域)主要通过两条途径来实现。其一,依靠自身积累进行自主创新。鼓励少消费,多储蓄,多积累资金;多积累知识,加强基础研究,注重应用研究开发,重视教育,提高全民族文化素质,实现自主创新。其二,借助国外优势,相机引进国外的先进技术并消化、吸收、创新。主动积极地引进国外优质资本、先进适用技术以及真正创新的人才。第二次世界大战后的日本是典型的例子,其经济实力不断提升、产业结构不断转型升级、自主知识产权不断增加,较好地实现了劳动密集型向资本密集型以及高技术密集型的动态比较优势演进,主要原因在于日本不光注重资本积累和引进先进技术,更主要的是重视教育,提升人力资本素质,注重自主研发。可见,一个国家(区域)的比较优势动态变化是其自身内在动态地、主动地求变的结果,而不完全受初始阶段自然资源禀赋的制约。

(二)H-O理论的补修——引入知识资源

众所周知,经济学是对客观生活中经济行为规律的高度抽象和概括,应与时俱进。

保罗·罗默的新经济增长理论不但说明了技术、知识在经济发展过程中的重要性,并且预示了人类社会经过长达300年的工业经济时代,正步入以信息化为特征的知识经济时代。这个时代存在着很多与工业经济时

代不同的特点,许多新兴产业应运而生(刘景竹,1994)。21 世纪的支柱产业代表已发生变化,主要是以信息科学技术、生命科学技术、新能源与可再生能源科学技术、新材料科学技术、空间科学技术、海洋科学技术、有益于环境的高新技术和管理科学(软科学)技术为中心技术的八大类相互关联的高技术产业群。刘景竹(1994)认为,在国际贸易中,除制成品贸易外,中间产品贸易、零部件贸易、以知识产权和专利权转让及信息交流为主的无形贸易将日趋增加。知识经济时代的产品具有精致、轻小、短薄等主要特征。由此可见,在知识经济时代,决定竞争的关键优势不再是传统的资源优势和劳动力优势。现代商品价值中(或成本中)自然资源或原材料的比重会越来越小,而物化的知识含量的比重将越来越大。正是因为现代产品中科技、知识的含量越来越大,其附加价值就越来越大,所以,一个企业、一个区域和一个国家正是通过不断研究、开发和应用新科技、新知识来达到追求高额附加值的目的。

假若资本是工业经济时代的核心战略资源,那么,信息和知识就成为知识经济时代的核心战略资源。从广义上来讲,信息和知识包括专利权、版权、软件设计、管理技能、技术、诀窍、情报信息以及以往的经验,等等。假若在工业经济时代里凝结在传统商品中的信息知识资源较少的话,那么,在知识经济时代里凝结在现代商品中的信息知识资源就会较多。因此,在未来的知识经济社会里,要实现商品价值(附加值)的不断增进,其途径主要是通过对商品的知识的增加而不是通过体力劳动的增加来实现的。上述分析表明,整个社会经济都将建立在一种不仅可以再生,而且可以自生的重要资源——知识之上(刘景竹,1994)。因此,以自然资源禀赋为基础的 H-O 贸易理论对现实世界的解释力已受到限制,更不用说指导实践了。为了使其仍有生命力,我们必须对 H-O 贸易理论进行拓展,即要重新构建一个以可自生和再生资源——知识为基础的新 H-O 贸易学说。

知识不同于宇宙中的其他资源,它冲破守恒定律,具有越用越多的特点,更重要的是,知识可以渗透到其他资源中,起到增强和优化原有资源的作用。从这个意义讲,物化其中的信息和知识的多少将改变各国(地)比较优势的消长。正是知识的这些特点,一方面决定了知识的生产函数具有收益递增的性质;另一方面,使市场尤其是知识要素市场表现为不完全竞争性。

H-O 理论的一个重要不足之处就是忽视了知识的作用。为了弥补这个不足,笔者将 H-O 理论模型增加一个知识(NK)生产要素,形成了以

$3×2×2$为基本框架结构的新资源禀赋(新 H-O 贸易)学说。也就是说,有劳动(L)、资本(K)和知识(NK)三种生产要素,两种商品和两个国家(区域)。而这三种生产要素间的组合性和整合性将决定两个国家(区域)在不同时期的比较优势和分工类型(见表 4-2)。表中说明,H-O 理论模型只是描述了其中的行业间分工与行业间贸易的现象。

表 4-2　资源禀赋的新模型

序号	相同要素	不同要素	比较优势类型	分工类型
1	L,K,NK		没有优势	不存在分工
2	NK	L,K	赫克歇尔-俄林类优势或区位优势	行业间分工
3		L,K,NK	赫克歇尔-俄林类优势	行业间分工
			高技术优势,内部化优势,区位优势	行业内分工
			知识优势,内部化优势,区位优势	内部贸易
				无形贸易
4	L,K	NK	高技术优势,内部化优势 知识优势,内部化优势	行业内分工
				内部贸易
				发达国家间分工

资料来源:陈丹宇,2003。

　　研究表明,知识可以区分科学知识和技术知识两种,两者都属于非竞争性产品,但科学知识又是非排他性产品,技术知识又属于排他性产品,因而,科学知识成为公共产品,而技术知识则成为私人产品。这样,政府对于科学知识生产的投资和对于技术知识产权的保护就构成了一种完备的知识生产、传播和积累的市场机制。这种市场机制把科学知识归为公共产品,使其尽快地广泛传播;而技术知识则归为私人产品,通过立法尽力保护,使投资于生产技术知识的企业有机会得到经济利益回报。由于各种原因,各国(地)建立这种市场机制未必是完备的,因此,在具有相似要素禀赋的国家(区域)间,一般都存在着知识上的差距,且有扩大的可能性。

　　由于高技术、知识密集型产品的质量、性能、规格、牌号、设计、装潢等方面极其不同,甚至每种产品在其中每一个方面都有细微差别,因而形成由无数产品组成的差别化系列产品。各国(地)由于财力、物力、人力的约束和知识的差距,它们不可能在具有比较优势的产业生产所有的差别化产品,而必须有所取舍,着眼于某些差别化产品的专业化生产,以获取规模经济利益。因此,每一个产业尤其是知识产业内部的系列产品常产自不同的国家(区域),进而形成产业内分工。而消费多样化造成的市场需求多样化(表现为市场不饱和、有进一步扩大的可能性、层次多样化等多方面),致使各国(地)对同种产品产生相互需求,行业内贸易便应运而生(陈丹宇,2003)。

虽然由于知识的生产需要大量的初始投资,但一旦成功其复制成本近似为零,知识的外溢性极强,因而,一方面,应通过立法确保知识产权,以保护知识创新者的积极性;另一方面,在同一产业内部,知识生产的规模报酬递增使企业生产规模扩大而生产成本、价格下降,生产相同产品而生产规模不变的本国和外国企业因此被淘汰,本国与外国的这一产业产品生产将最终各自专于某些类型发展(即差异化产品),以形成产业内分工,这就使得国际分工更加精细化,再相互交换以满足彼此的多样化需求,从而产生行业内贸易。此外,具有强大的比较优势的信息、知识密集型产品的附加价值将远远高于其他类型的产品,这种高附加值的现代商品将成为发达国家追求和寻求保护的目标,因此,为了实现其自身经济利益的回报,就形成了以技术贸易为主的巨大的无形贸易。

由于发达国家间的知识产业结构相似,它们之间的分工大多是产业内、产品内分工。而它们的收入水平相当,消费结构相似,对对方的产品形成了大量的相互需求。这样,便产生了大量的发达国家间贸易。

作为新技术、新知识的首创者和发源地的跨国公司也是促进生产要素优化组合的载体之一。在市场不完全性(尤其是生产要素市场)的前提下,跨国公司为了实现其知识创新的报酬充分报偿,将公司间的分工部分地转变为公司内的分工,在公司内部形成了一个市场分工体系,这促进了公司内部贸易的大发展。

(三)对省际创新协同的解释

基于知识的资源禀赋理论告诉我们,知识资源决定一个国家(区域)的可持续发展,知识创新能力是一个国家(区域)获取持续竞争优势的决定性因素,增强知识创新能力的有效途径之一是实现创新劳动分工。正如亚当·斯密、马克思及阿林·杨格三位古典政治经济学大师早已认识到的,通过分工和专业化能够大幅度提高知识积累的效率,提高人力资本利用率,促进技术创新,提高生产率,扩大生产的可能性边界,从而推进整个人类社会的发展。而知识创新具有不确定性、复杂性和外溢性等特点,这决定了一个国家(区域)不可能也没有必要完全独自进行创新,现实告诉我们,基于分工的创新资源可以通过多种途径和载体来整合,从而实现创新资源效率的提高,因此,省际创新协同是一个区域提升区域创新能力明智而必然的选择,区域间进行创新协同不仅仅因创新劳动分工而提高本区域的创新能力,更主要的是在整合各自的创新资源基础上,获取单一专业化无法获得的整体协同效应。

4.4.2 交易成本理论

无论自由市场经济主导型的美国创新资源配置机制,还是政府管理主导型的日本创新资源配置机制,在实际中均取得了一定意义上的成功。但是,随着技术创新的难度和复杂性的不断加大,许多企业从传统的内部研究开发转向寻求外部的技术资源,有关数据显示,1996 年美国企业利用外部资源进行研究开发的费用已占到总研发费用的 12%~35%,而日本的这一数据已达到 40%~60%。最新的研究成果显示,在 1992—2001 年的 10 年间,美国、日本和欧洲跨国公司中,高度依赖外部技术资源的企业的比重,已经从平均不到 20%迅速上升到了 80%以上。[①] 在经济全球化和科技全球化的大背景下,一个国家(区域)能否有效利用外部技术创新资源,成为影响一个国家(区域)产业竞争力和经济增长的重要因素。因此,一个区域应充分利用区内、区外两种资源,在更广的范围内优化组合配置资源,集成优势创新资源,增强区域产业的竞争力和持续发展能力。本书认为,在经济学上,省际创新协同是一种介于自由市场与科层组织之间的资源配置机制,是一种自由市场中区域间寻求交易成本降低而形成的中间组织状态。本小节将利用交易成本经济学理论分析省际创新协同这种中间组织的经济本质,从而解释省际创新协同将成为一种未来主流创新资源配置机制。

(一)交易成本理论的发展

交易成本理论是近些年来迅速发展并日益成熟的新制度经济学的一个重要分支。有分工就有交易,有交易就存在交易成本,也就是交易双方必须支付交易成本,而且分工的细化会导致交易及其成本呈几何级数增长(Becker and Murphy,1992;杨小凯,1997)。关于交易成本(transaction

---

① 江小涓等.全球化中的科技资源重组与中国产业技术竞争力提升.北京:中国社会科学出版社,2004:21.

cost)的概念,科斯(Coase,1937)在其"企业的性质"一文中首次提出来后,经济学界才提出了一般意义的交易费用的概念,一般认为交易活动包括度量和界定产权,寻找交易对象、获得有关交易活动的信息,签订契约、监督交易实施,而这些活动都是需要费用的,这些费用构成了交易成本。它的产生基于人的有限理性、机会主义及资产专用性等三个原因。科斯指出,企业与市场是两种不同但又可以相互替代的交易制度。市场的交易是由价格机制来协调的,而企业将原属于市场的交易"内部化"了,按行政等级层次(经济学简称其为"科层")传递的"指令"取代了价格机制,成为协调机制。因此,在科斯看来,交易成本的节约是企业产生、存在以及替代价格机制的根本原因。

虽然交易成本理论具有较强的现实解释力,但是也存在一定的局限性,遭到了众多学者的批评,在此背景下,以威廉姆森为主的交易成本经济学家开始对交易成本理论进行拓展。Williamson(1985)认为,该理论更多地集中考察了市场与科层组织的两种极端形式,而忽视了其他中间的及混合的治理结构。Thorelli(1986)指出,早期交易成本理论将资源配置两分为组织—市场是欠确切的。在现实中,存在着大量"第三类交易"范式,即介于纯组织和纯市场之间的交易方式,这些方式既实现了组织间的交易又最大限度地避免了组织间交易所引发的交易成本,Thorelli(1986)将这些"第三类交易"定义为网络化交易。Powell(1990)提出了三种组织形式——市场、层级组织和网络,Ring 和 Van de Ven(1992)在 Powell(1990)的基础上进一步指出,企业是选择市场、层级组织还是采取合作联盟的治理结构,这是由企业间的相互信任程度决定的。

(二)资源配置机制:市场还是内部组织?

威廉姆森(2001)在考察了交易性质的资产专用性、交易不确定性和交易频率的三个维度的基础上,提出了一个启发性模型(a heuristic model)。他认为,市场与内部组织之间主要有三方面的区别:①市场相对于内部组织更有效地推动高强度的激励和限制官僚主义的扭曲;②市场有时候能有效地积累需求,从而实现规模经济和范围经济;③内部组织中的契约双方因拥有共同利益和经济联系,可以运用各种不同的治理手段。

在一定的假设条件下,决定由市场购买还是内部自产的关键因素是生产成本控制和进行及时调适(intertemporal adaptation)的难易程度。

尽管市场的高强度激励(high-powered incentives)机制有助于交易双方对生产成本进行更严格的控制,但是,随着双方建立起双边依赖的关系,它们将影响调适的方便性,这种影响随着资产专用性深化而发生根本性的转换。

对于一个固定的产出水平,令 $B(K)$ 为内部组织治理的官僚成本,$M(K)$ 为对应的市场治理成本,其中 K 是资产专用性指数。由于市场高强度激励和官僚主义影响,当 $K=0$ 时,$B(K)>M(K)$。由于市场在调适性方面相对内部组织无能,可以进一步假定,在每个 K 值上,都有 $M'>B'$。因此,令 $\Delta G=B(K)-M(K)$,就得到如图 4-5 所示的关系。

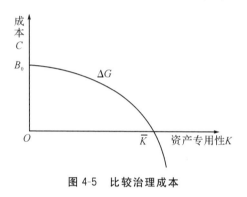

图 4-5 比较治理成本

ΔG 曲线表明,当资产专用性较小,即 $K<\overline{K}$ 时,$\Delta G>0$,表明市场治理结构具有优势,随着资产专用性 K 的不断增大,市场治理结构的原有优势将逐渐丧失;当资产专用性 $K=\overline{K}$ 转换值时,$\Delta G=0$,$B(\overline{K})=M(\overline{K})$,选择市场还是内部组织都无差异;当资产专用性 $K>\overline{K}$ 时,$\Delta G<0$,内部组织将受到青睐,因为高强度的市场激励妨碍了市场对干扰的适应性调整。

现在假设考虑规模经济和范围经济。令 ΔC 为企业自行生产产品所需的静态生产成本与在市场上购买同样产品的静态成本之差。ΔC 是资产专用性(K)的函数,且假定 ΔC 总是正数,但将是 K 的递减函数。

图 4.6 中显示了 ΔC 的关系。图中的曲线表明,在给定最优或特定的资产专用性水平的情况下,目标不是要单独地最小化 ΔC 或 ΔG,而是最小化生产成本与治理成本的总和,即 $\Delta C+\Delta G$。

更一般地讲,如果用 K^* 表示最优的资产专用性水平,则图 4-6 就揭示了:

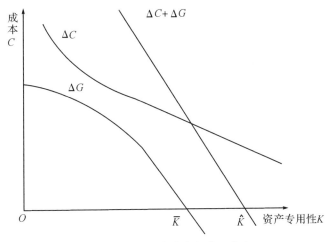

图 4-6　比较生产成本和治理成本

（1）若最优资产专用性水平较低（$K^* \leqslant \hat{K}$），则无论从规模经济还是从治理成本上看，都是市场购买更有优势。

（2）若最优资产专用性水平较高（$K^* \geqslant \hat{K}$），则内部组织更有优势。这不仅是由于市场未能实现聚集经济，而且当资产具有高度专用性，因而形成"锁定"（lock-in）效应时，市场治理还会带来各种矛盾。

（3）当最优资产专用性水平中等时，只存在着较小的成本差异。当 K^* 在 $\hat{K}$ 的邻域中时，会出现混合治理结构。

（4）值得注意的是，更一般地说，由于在生产成本方面，与市场相比，企业总是处于劣势（$\Delta C > 0$），所以企业绝不会仅仅为了生产成本的原因而进行一体化。只有当合同方式遇到困难时，企业与市场的比较才会支持纵向一体化，且仅当 K^* 值明显地大于 $\hat{K}$ 时才会出现这种情况。

（5）在其他条件不变的情况下，大企业会比小企业更多地进行一体化。

（6）在其他条件不变的情况下，M 形企业会比 U 形企业更多地进行一体化。

威廉姆森的启发性模型给出了交易在市场和企业两种治理结构之间选择的一般原则。但是，威廉姆森的启发性模型在分析时尚未涉及资源配置的效益方面。

有关研究结果表明，不同的资源配置机制（市场配置和企业内部配置）不仅成本（生产成本、交易成本和组织成本）不同，而且获得的收益也不同。就中观层面——区域经济而言，区域间之所以实施经济一体化，不仅因为可以降低成本(组织成本小于交易成本),还可以获得更大的一体化收益。现有区域创新理论研究表明,区域经济一体化带来更高收益的一个重要原因,是由具有高度资产专用性的核心技术相关联的知识和技能的独特性决定的。"知识是最重要的资源。"许多区域创新研究者都认为,知识特别是隐性知识与区域密不可分,具有地方性特征。知识的搜寻、获得、发展、扩散都不能脱离特定的区域社会经济背景和在特定区域内的个人经历,并取决于区域内创新行为主体间的互动关系,因此,在区域内部配置资源的收益就更高。由此可见,采用何种资源配置机制不仅取决于成本(交易成本或组织成本)的大小,还取决于收益的高低(程虹、孙芬芬,2006)。上述分析表明,对任何一种资源配置机制,收益大于成本是其可行的必要条件,而采用何种资源配置机制则取决于成本与收益的差额即净收益的大小,且具有较大净收益的资源配置机制更有效率。

(三)省际创新协同存在的合理分析

为了分析问题的方便,在不失为一般性的前提下,我们来考察如图 4-7 所示的一种情形。

在图 4-7 中,$C_m > B_m > B_f$,因此从交易成本角度看,通过实现省际创新协同在区域内部配置资源更具有效率;而从收益角度考察,则经由市场配置创新资源更有利可图。但是 $C_m > B_m$ 和 $C_f > B_f$ 表明,无论经由市场配置创新资源还是通过实现省际创新协同在区域内部配置资源都是达不到帕累托最优的。

问题的症结在于 C_m 太高以及 B_f 过低,而两者有着相同的原因即创新资源往往具有中等程度的资产专用性。一方面,由于创新资源具有一定程度的资产专用性,经由市场配置创新资源时存在信息不对称,加上其配置的量小,所以通过外部市场来实现创新资源配置,其交易成本极高;另一方面,由于创新的复杂特殊属性决定了其资产专用性水平不高,一个区域不完全具有生产投入物的专长和优势,因此通过实施省际创新协同在区域内部配置创新资源所获取的收益偏低。

在这种情况下,要使创新资源优化配置且有效率,必须设计一种新的机制。这种新的机制应具有通过实施省际创新协同降低交易成本方面的优势,又具有由市场配置创新资源提高收益方面的优势。因此,我们要设计一种能够兼具以上两方面的优点的新的资源配置机制,这种新机制能有效率地配置创新资源。从图 4-7 可以看出,在一定范围内,$B_m > C_f$,因此若能设法降低 C_m,使其向下朝 C_f 移动,即降低交易成本,使得 $B_m > C_m$,则交易又变得可行了。

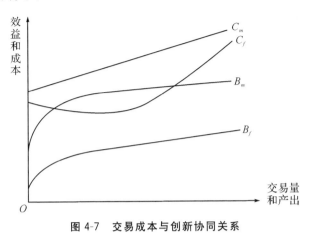

图 4-7　交易成本与创新协同关系

图中, C_m 为经由市场配置资源的成本, 即交易成本; C_f 为实现区域省际创新协同后的组织成本; B_m 为经由市场配置资源的收益; B_f 为实现省际创新协同后的收益。

因此, 从区域创新角度分析, 在区域间建立长期合作信任关系的基础上, 要使区域创新资源更有效地配置, 必须构建一种全新的资源配置机制, 我们将这种全新的创新资源配置机制界定为省际创新协同。本书提出了基本论点: 省际创新协同是一种旨在降低交易成本的资源配置机制, 它介于市场配置和科层组织配置之间, 在一定的条件下, 既降低了科层组织成本, 又缓解了市场失灵的困境。由此可见, 在区域经济一体化的过程中, 伴随着科技一体化, 一个地区在保持其核心资源的同时, 从区域外部配置、整合创新资源已经成为一种常态。而省际创新协同顺应了这一潮流, 它重新界定了区域的外部边界, 打破了传统的组织障碍, 是一种未来主流的创新资源配置方式。

4.4.3　合作博弈论

随着基于创新的区域经济理论的兴起, 创新作为区域经济竞争优势的主要来源, 受到广泛的关注和重视, 建设区域创新系统是提高区域创新能力的根本措施, 创新系统中不同的创新主体(企业、大学和科研机构、政府等)所拥有的创新资源(如知识、信息和新思想等)在区域内的转移和共享已经成为一个区域获取竞争优势的重要手段。在区域经济发展过程中为了优化社会经济创新资源的合理配置, 实现创新资源共享、区域功能互补、区际联动发展、区间利益共享, 就必须推动社会经济创新资源的区际良性循环,形成一种区际分工与协作的区域经济发展格局。

由于知识的互补性,知识转移和共享可以带来协同效应,区域内创新主体都可以从中获益。然而,一个区域内以技术、知识、信息和新思想等为代表的创新资源转移和共享仍然面临着激励和创新资源自身两方面的障碍和困境。一方面创新资源拥有者缺乏转移和共享的动力,缺乏有效的激励机制,存在过度竞争的区域文化等。这主要是因为创新资源(如知识、信息和新思想等)具有公共物品的性质,其复制和传播成本很低(几乎为零),这样创新资源一旦转移和共享,对它的拥有权就无法独占了,而这种拥有权往往是创新资源主体获取超额利润的根本源泉;同时,它具有非竞争性特点。另一方面,创新资源尤其是隐性创新资源难以准确表述,受共享者吸收能力大小、共享双方间关系紧张等的限制。更何况,由于创新资源(如知识、信息和新思想等)是分散存在于每个具体的创新主体中的,较难甚至不可能由一个集权的计划者将其聚集起来。所以,我们如何通过激励机制、制度安排、组织手段等,使区域内的各创新主体愿意转移和共享其创新资源,是区域经济获取竞争优势的核心问题和主要挑战。

本小节针对创新资源的特点,通过建立基于知识互补性假设区域内的创新主体间的创新协同效用函数,运用合作博弈模式之一——无限期重复囚徒困境博弈模型,研究省际创新协同的主要障碍及化解障碍的基本途径,并有效诠释了省际创新协同的内涵。

(一)构建模型

假设区域内两个创新主体 1、2 之间实行创新资源共享,用 r_1 表示创新主体 1 付出的资源,用 r_2 表示创新主体 2 付出的资源(也即创新主体 1 从创新主体 2 那里获取的资源),$0 \leqslant r_i \leqslant 1, i = 1, 2$,创新主体 1 的效用函数为 $U_1(r_1, r_2)$。我们假设 U_1 关于 r_1 递减,关于 r_2 递增,而且严格凹。此外,由于知识的互补性,U_1 关于 r_1,r_2 的二阶交叉偏导数大于零。为此,我们定义 U_1 如下:

$$U_1(r_1, r_2) = 1 - e^{r_1 - \sqrt{r_2}} \tag{4-8}$$

不难得出,U_1 满足:

$$\frac{\partial U_1}{\partial r_1} < 0, \frac{\partial U_1}{\partial r_2} < 0 \tag{4-9}$$

$$\frac{\partial^2 U_1}{\partial r_1^2} < 0, \frac{\partial^2 U_1}{\partial r_2^2} < 0 \tag{4-10}$$

$$\frac{\partial^2 U_1}{\partial r_1 \partial r_2} > 0 \tag{4-11}$$

进一步,假设 U_1 和 U_2 是对称的,即创新主体 1 和创新主体 2 具有相同的效用函数 U,则关于是否进行创新资源共享,创新主体 1 和创新主体 2 之间进行如下博弈(见图 4-8)。

创新主体1

	共享	不共享
共享	R,R	S,T
不共享	T,S	P,P

(创新主体 2)

图 4-8　创新资源共享博弈

其中,R 是共享的回报,P 是不共享的收益,T 是单方面不共享的诱惑,S 是单方面共享的收益。由式(4-8)可得:

$$R = U(r,r) = 1 - e^{r-\sqrt{r}} > 0$$
$$T = U(0,r) = 1 - e^{0-\sqrt{r}} > 0$$
$$S = U(r,0) = 1 - e^{r-0} < 0$$
$$P = U(0,0) = 1 - e^0 = 0$$

不难得到:$S < P < R < T$ 且 $2R > S + T$,这是典型的"囚徒困境"博弈问题,唯一的纳什均衡为(不共享,不共享),这反映了个体理性和集体理性之间的矛盾和冲突。也就是说,尽管由于知识的互补性,共享各区域创新资源对各区域中的每个创新主体都是有利的,但在一次性博弈中,各区域的创新主体间共享创新资源的博弈仍然陷入"囚徒困境"。解决这一问题的办法是引入重复博弈(repeated games)。博弈论表明,影响重复博弈均衡结果的主要因素是博弈重复的次数和信息的完备性(completeness)。博弈重复的次数来自创新行为主体在短期利益和长期利益之间的权衡;而信息的完备性则决定了创新行为主体以良好的声誉换取长远的利益。因此,在一个区域创新系统中,各区域的创新主体会衡量自己共享和不共享当前行动对其他区域的创新主体将来选择共享或不共享行动的影响,即每个创新主体在衡量当前收益的同时会兼顾将来收益,以实现现在与将来的激励相容。因此,在重复博弈中,双方都有可能共享创新资源。

(二)无限期重复囚徒困境博弈

作为合作博弈的模式之一——重复博弈,它重点探究的是参与人之间长期的策略互动关系。在一个区域创新系统中,只要创新行为主体还是这个系统中的主体,创新行为主体间的创新资源共享博弈就要不断地重复进行,而不会仅进行一次。重复博弈理论表明,一个区域创新系统内的创新主体资源共享博弈是无穷期的重复博弈。博弈论中著名的无名氏定理（folk theorem）表明，在无限重复博弈中，如果参与人有足够的耐心，那么，任何满足个人理性的可行的支付向量都可以通过一个特定的子博弈精炼均衡得到（张维迎，1997），而且进一步表明，这种均衡有多种结果，这种博弈的均衡及其稳健性取决于参与者所采取的策略机制。在众多的策略机制中，比较著名的有"触发战略"（trigger strategies）机制和"针锋相对"（tit-for-tat）机制。

(1)"触发战略"机制

"触发战略"机制是指：①参与人在开始时选择抵赖；②在接下来的博弈中，选择抵赖直到有一方选择了坦白，然后将触发永远选择坦白（张维迎，1997）。对于创新主体来讲，具体的实施步骤如下：①创新主体 1 开始时选择共享创新资源；②如果创新主体 2 在上一阶段选择共享创新资源，则创新主体 1 在当前阶段继续选择共享创新资源；③如果创新主体 2 在上一阶段选择不共享创新资源，则创新主体 1 在当前以及今后阶段均选择不共享创新资源。

在此策略机制下，如果创新主体选择共享创新资源，则创新主体的期望效用为：

$$U_e = \sum_{t=0}^{\infty} \delta^t R = R + \delta^1 R + \delta^2 R + \cdots = \frac{R}{1-\delta} \tag{4-12}$$

反之，如果创新主体选择不共享创新资源，则创新主体的期望效用为：

$$U_{ne} = T + \sum_{t=1}^{\infty} \delta^t P = T + \delta^1 P + \delta^2 P + \delta^3 P + \cdots = T + \frac{\delta P}{1-\delta} \tag{4-13}$$

其中，δ 是贴现因子，在此特指协同一致的程度，反映了创新主体双方对未来进行创新资源共享而获得预期收益的认可程度，δ 值越大，说明未来收益对创新主体来讲就越重要。同时，δ 也表示创新行为主体对双方再次共享创新资源的可能性程度，双方再次共享资源可能性程度越大，δ 的值就越大。

当共享的收益大于不共享的收益，即 $U_e > U_{ne}$ 时，创新主体将选择共享创新资源，由式(4-12)和(4-13)得：

$$\frac{R}{1-\delta} > \frac{\delta P}{1-\delta} + T \Rightarrow \delta \geqslant \frac{T-R}{T-P} \tag{4-14}$$

因此，如果重复博弈中关于未来收益的贴现因子足够大（协同程度足够大），那么就可以通过重复博弈来形成和实现有效的创新资源共享均衡。更确切地说，创新主体的长期期望收益越大，创新主体之间预期的共享创新资源时间越长,这样,区域创新系统则具有较强的吸引力,创新资源共享就越容易实现。

将式(4-14)进一步变换后,得:

$$R \geqslant \delta P + (1-\delta)T \tag{4-15}$$

这说明,在"触发战略"机制中,共享创新资源的实现是通过对未来不共享创新资源的制裁威胁来实现的。当且仅当对未来不共享创新资源的收益损失不重要时,则该威胁是不可置信的,从而共享创新资源难以维持。

(2)"针锋相对"机制

"针锋相对"机制是指:①参与人开始选择抵赖;②在 T 阶段选择对手在 $T-1$ 阶段的选择(张维迎,1997)。具体的实施步骤如下:①创新主体 1 开始时选择共享创新资源;②如果创新主体 2 在上一阶段选择共享创新资源,则创新主体 1 在当前阶段选择共享创新资源,在创新外溢效应的作用下,进一步形成放大的良性循环;③如果创新主体 2 在上一阶段选择不分享创新资源,则创新主体 1 在当前阶段亦选择不分享创新资源,在过度竞争机制作用下,形成缩小的恶性循环;④重复②步骤和③步骤。

上述分析表明,"针锋相对"策略机制的演进路线不确定,所以,一般采用试验的方法对它进行研究。阿克斯洛德(Axelrod)的实验结果表明,在无限重复囚徒困境博弈的所有策略中,最优的策略是"针锋相对"机制。因为该策略机制具有刚柔并济(即一方面有宽容性,另一方面有报复性)的特点,所以运用该策略机制的效果往往比较好(吴建祖等,2004)。但是,在实际的创新资源共享博弈中,实施该策略机制还是面临着不少障碍。体现如下:第一,由于创新资源特殊属性致使很难做到"刚柔并济"。因知识产权易逝性,一次的失信可能会给对方造成巨大的损失,从而很难再次合作。第二,创新资源尤其是隐性资源在表达和接受上的困难,加上彼此间共享对方资源的数量很难准确度量,就更难以确认双方间共享创新资源的质量了。第三,在实际中,各区域创新主体在较短的时间内很难做到让对手明白自己所采取策略的规则和结构。由此可见,在实际的创新资源共享博弈中,运用"触发战略"机制比"针锋相对"机制更现实和可行。

(三)对省际创新协同的解释

本小节的研究结果表明,只要关于未来收益的贴现因子足够大(协同程度足够大),就可以通过重复博弈来实现和维持有效的创新资源共享均衡。对未来收益的预期、维持长期关系的可能、协同剩余的合理回报、对不共享创新资源的惩罚的可信度等是影响协同程度提升的主要因素。区域创新系统中通过创新协同可以从以下三个方面化解区域内创新主体间创新资源共享的主要障碍,提高创新资源共享的效率。第一,要在省际创新协同的作用下,实现区域创新资源转移和共享,增加创新资源长期预期收益回报,以提升省际创新协同度来维持区域创新系统的相对稳定性,进一步创造行为主体间合作的机会,致使重复囚徒博弈中的贴现因子提高,促进有效博弈均衡的形成。第二,完善省际创新协同运行机制,实施必要的考核和激励机制,对进行创新协同的创新主体进行奖励,提高其创新资源共享的预期收益,减少双方均不分享创新资源和单方面不分享创新资源的预期收益,有利于有效博弈均衡的形成和维持。第三,构建协同剩余的分享机制,使区域内共享创新资源的双方均获利,形成激励兼容机制。因此,从合作博弈视角诠释了省际创新协同。

总之,用资源禀赋理论、交易成本理论和合作博弈理论三个理论对省际创新协同的分析,论证了区域创新系统中通过创新协同行为的作用进而创生协同效应。也就是说,是否产生"1+1>2"的协同效应是由区域创新系统的模式决定的。

4.5 本章小结

本章尝试从区域——中观层面拓展了区域创新系统中创生协同效应的内在行为——省际创新协同的内涵,在此基础上,重点考察了省际创新协同的动因、机理、影响因素及其经济学理论诠释,从而构建了区域创新系统中的协同效应理论分析框架。

研究表明,在区域创新系统中,由省际创新协同行为作用而生成协同效应。其内在机理是区域间各不同创新行为主体以追求协同剩余为动力,通过提升各创新资源要素的协调一致程度(协同度),实现优化配置,达到资源要素配置的整体效率。因此,揭示协同剩余、测算协同度等就成为本研究的核心内容。通过分析影响省际创新协同的创新本性、邻近性及可持续性等三重维度表明,并不是所有的创新系统都会产生协同作用。

由此可见,本书主要从区域创新系统模式视角,对协同剩余的形成与增进机理、验证协同程度、提高协同度及其制度安排等方面进行深入研究,这既是本书的分析研究逻辑,也构成了本书的研究框架。

虽然我们对区域创新系统中创生协同效应的省际创新协同行为的研究是探索性的,但是我们认为对省际创新协同行为的研究具有理论创新性,这为进一步研究区域创新系统中省际创新协同效应提供了理论基础。

第5章 省际创新协同的动因及其 实现机理研究

一个区域创新系统中,通过省际创新协同的作用,科技创新资源和生产要素得以自由流动,优化空间配置,形成区域整体的协同效应。第 4 章的研究表明,协同效应是协同度的函数,是发生省际创新协同行为而产生的结果,是通过协同度的提高得到的超过系统非协同组合效能的增量,即 $1+1+\Delta V>2$。其中,这个 ΔV 就是协同剩余。如果系统中的要素为 $X=\{X_1, X_2, \cdots, X_n\}$,系统的整体功能为 $F(X)$,协同效应的结果为 $F(X)>F(X_1)+F(X_2)+\cdots+F(X_n)$,也就是通常表达的"$1+1>2$"的效应。这里所造成的差值 $\Delta V=F(X)-[F(X_1)+F(X_2)+\cdots+F(X_n)]$ 为"协同剩余"。那么,如何揭示协同剩余并剖析其形成与增进机理是提高协同效应的关键。因此,本章将在借鉴资本的国际流动理论中著名的麦克杜格尔模型的基础上,应用系统论的理论和方法,通过创造性构建一个揭示协同剩余的几何模型,以长三角为分析对象,探索省际创新协同的动因,并剖析这种协同剩余形成与增进机理,寻找妨碍其形成与增进的问题症结所在。

5.1 揭示协同剩余的理论分析

虽然在国际经济学界,增长极理论和"中心—边缘""极化—扩散"理论具有很大的影响力,但是,改革开放以来,长江三角洲各地经济发展进程表明,转型时期不能机械、简单地应用这些理论来解释、分析和判断长江三角洲的区域经济关系及其对各地经济发展的影响(陈建军、姚先国,2003a)。道理很简单,作为上海周边地区的浙江、江苏的经济发展水平和上海相关的冲突性并不很大,是属于大体"互补型"的发展区域。长江三角洲的上海、浙江和江苏的区域经济关系,尤其是区域创新资源关系上,其实质是一个资源互补、互相影响、相互渗透、协同发展的关系,即一体化的过程。

长三角区域外部环境的可接近性和内生要素资源的互补性决定了这种资源互补对偶型的区域经济关系,是长三角区域日趋融合的态势。

第一是地理距离上的可接近性,长江三角洲的各地在地域上互为邻域、空间距离接近,使得各地之间的要素和商品流动的边际成本走低,区域之间的贸易量、要素流动量的大小和区域间的距离成反比,和区域之间的经济能量成正比。从创新角度分析,创新外溢的空间局限性(Keller,2002)表明,创新外溢与空间距离成反比例,长三角各地在地域上的接近性,有利于创新外溢。另外,决定创新关键的隐性知识的传授量和区域间的远近成反比。

第二是传统社会文化距离的可接近性,上海和其周边的江浙地区,不仅在经济距离上同属一个区域,即同处长江三角洲地区,而且传统社会文化距离也具有高度的同一性,同属于吴越文化,即同属一个长江三角洲的文化圈。由此而导致无所不在的高密集度的社会网络的形成与发展,集成强大的社会资本,基于这种社会资本而构筑的要素流动网络,成了转型经济时期长江三角洲地区要素市场一体化、要素自由互动交流的主要渠道。尤其是高级隐性知识的流动更依赖于社会资本。

第三是经济发展能级上的可接近性,长江三角洲地区人均收入水平的日趋接近,需求结构的相似,也为各地之间要素自由流动提供了有利的环境。

第四是经济发展内生资源上的互补性,这是推动长江三角洲区域经济一体化最重要的因素。

事实上,作为长三角中心城市的上海,已成为跨国公司在中国设立地区性总部或研发中心的首选城市,是我国最发达的科技、教育中心之一,也是我国金融、咨询等服务业最发达,开放度和国际化程度很深的地区之一,并逐渐成为国际性大都市,但与纽约、东京、伦敦、巴黎和北美五大都市圈的中心城市相比相差很远。上海的创新能力一直居于全国前列,处于有利的竞争地位。具体来说,上海各方面的创新能力较均衡,在知识获取、企业创新和创新环境方面都位于全国前列,尤其是上海拥有别地难以媲美的创新环境,包括金融等现代服务业对企业创新活动的支持等,虽然上海在企业的创新能力和知识获取上均有较好的表现,但是为了突出其重点,我们把上海的创新模式称为以现代服务业为主导的创新群,即**现代服务业主导型的创新模式(综合式)**。

江苏经济发展主要是依靠外资或合资企业的优势。江苏吸引、利用外资的规模自2003年以来连续12年超过广东,2015年被广东超越,2016年又重回全国各省区市的首位,其作为长三角区域经济的一个增长极,由涉外经济尤其是FDI推动为主的特色明显,因而外商直接投资推动对区域创新起了主导作用,具有外资带来的先进技术及由此产生的外溢,同时也是我国高校最多、在校生规模最大的省份。① 江苏科研实力雄厚,但是其核心技术主要掌握在别人手里,经济绩效有待进一步提高。江苏的区域创新能力在上升,2017 年前综合指标连续八年列全国第一位②,其中知识创造能力、知识获取能力、企业创新能力、创新环境和创新绩效五个分指标的排名分别为第二位、第二位、第一位、第二位和第二位。创新的金融环境在全国处于领先水平,创新的开放度是全国最高的地区之一,也是全国创新型省份的领头羊,这些表明,江苏的创新能力上升与 FDI 的推动有很大关系。因此,我们把江苏的创新模式概括为 **FDI 主导型的创新模式(开放而非封闭式)**。

与江苏 FDI 为主导的增长极相比,浙江作为长三角区域经济的一个增长极,属于典型的、以民营经济为主导的"内源型"发展模式,其快速发展得益于体制上的先发优势和浙江民营企业家具有的艰苦创业的精神,其创新则以民营经济推动为主,民营经济兴则浙江兴,民营经济强则浙江强,民营经济在浙江经济的各个领域均发挥着重要作用。一是民间投资表现活跃。2017 年,民间投资 18152 亿元,比 2003 年增长近 8 倍,年均增长 16.9%;占固定资产投资总额的比重由 2003 年的 48.7% 提高到 58.3%,超过国有及国有控股、其他经济类型企业投资,是拉动投资增长的主要力量。二是民营经济成为税收收入的重要来源。2017 年浙江税收收入的 55.6% 来自民营经济;其中,54.1% 来自个体私营经济,比 2002 年提高 24.1 个百分点。三是民营经济成为外贸出口的主力。2017 年民营经济出口 14956 亿元,占全省出口的 76.9%,比 2002 年提高 46.8 个百分点,在对外经济方面起着至关重要的作用。浙江民营企业的综合实力居全国前列,在 2018 年公布的中国民营企业 500 强中,浙江有 93 家企业上榜,连续 20 年居全国第一。③ 市场机制灵活,企业家资源丰富,科技需求旺盛,也具有一定科技创新优势,但是科技投入不足。浙江处在全国创新能力第五的位置上。浙江的创新中有几个特点:一是在企业的创新能力中,多种所有制企业的 R&D 经费支出占比不相上下,小型企业的 R&D 经费支出已占一半,显示出中小企业在浙江创新能力中的重要地位。二是自主创新的能力较强且

---

① 2018 年年底,江苏全省有 167 所高校,在校学生数超过 200 万人。
② 江苏区域创新能力实现"八连冠". 中国科技奖励,2017(1):10.
③ 体制机制显优势　民营经济亮名片——改革开放 40 年系列报告之三,http://tjj. zj. gov.cn/art/2018/11/6/art_1562012_24370612.html.

创新的环境较好。为此,我们将浙江的创新模式概括为**民营经济主导型的创新模式(产权非均质式)**。

通过分析比较可得出,长三角的上海、浙江、江苏之间,创新资源禀赋不同,在建立长三角区域创新系统过程中,可以通过省际创新协同,实现创新资源的共享和互补,拓宽创新资源的配置空间,推进要素资源市场一体化进程,实现创新资源在区际的自由流动,从而使创新资源配置获得帕累托改进,这将进一步增进省际创新协同所引致的市场效率和系统效率,提升省际创新协同效应,获取更多的协同剩余。

进一步分析表明,长三角经济一体化进程中,两省一市各自拥有较完善的区域创新系统,显示出各自不同的特色,形成三个互相促进、互相依赖、互补型的创新模式,这种"模式"与"模式"之间也会产生外溢,是一个更高层次的外溢,正是这三个创新模式的互补性和依赖性,从而形成了长三角进一步提升区域创新能力并获取竞争优势的共生环(见图 5-1)。

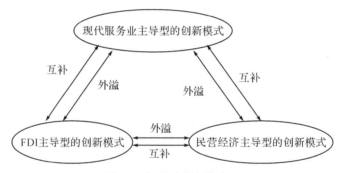

图 5-1　江浙沪创新共生环

这样,产生了长三角区域创新模式的非同质化现象。所谓非同质化,是指长三角区域创新模式是由其系统内的沪苏浙三地各自不同的创新模式融合而成的,上海是以现代服务业为主导的创新模式,江苏是以 FDI 为主导的创新模式,浙江是以民营经济为主导的创新模式,这三个创新模式之间是互补而非替代的,共同构成了长三角区域创新模式,其效率在于互补、互动中的外溢,即三个创新模式之间的外溢,是一种模式外溢、模块化的外溢,外溢单位并非一个微观创新主体,而是一个模块。这种模块化的区域创新系统效率与以往不同,一是模块化本身的效率,二是外溢效率。因此,由这种共生环形成的协同剩余有其特殊的机理。

那么,我们如何来揭示它呢?

5.2　揭示协同剩余的几何模型

为了揭示其内在联系,我们在借鉴了国际投资理论中美国著名的经济学家麦克杜格尔(MacDougall)于 1960 年提出的"麦氏模型"的基础上,构建了省际创新协同中揭示协同剩余的模型。

5.2.1　麦氏模型及其启示

本书学习和运用麦氏模型,该模型是由美国经济学家麦克杜格尔于1960 年在一篇有关国际投资的论文中提出来的。它的主要内容介绍详见附录。

研究该模型的几点启示如下:一是尽管该模型对货币化资本的国际运动做了高度简化,对国际投资现实的解释能力是有限的,但作为一种高度抽象的理论分析,该模型还是较成功运用了简明的形式表明资本国际移动的动因之一及某些经济效应;**二是该模型揭示生产要素跨国"组合"效应**;三是该模型的隐性假设条件是各国经济制度的相似性,各国间经济资源流动充分而无摩擦成本。因此,应用该模型来研究一国内区际经营资源流动而造成的经济效应是可行的。

5.2.2　揭示的几何模型

由上述分析可知,麦氏模型分析的是两国之间资本流动引致的跨国生产资源"新组合"效应。而我们主要研究的是省际创新协同产生协同剩余的实证分析,是研究一国内各区域之间创新资源的流动、优化组合和共享,进而实现省际创新协同效应的增进。上海、浙江与江苏,两省一市构成上海—浙江、浙江—江苏、江苏—上海对等的三对关系,在不失一般性的前提下,为便于分析,突出分析问题的重点,我们以上海—浙江为例着重研究在创新协同行为作用下的经济效应关系,并由此剖析省际创新协同的动因——追求协同剩余的机理。

上海的资源优势主要是金融、咨询、信息等基于 R&D 的现代服务业,具体体现为金融市场发达、高素质的人力资源富有、基础设施和法律等硬、软环境优势等,这些投资环境和发展条件是江浙难以拥有并赶超的。但是,上海缺乏企业家资源。

浙江的资源优势是在于具有相对丰富的企业家资源,其主要表现为浙江中小企业尤其是规模很小的个体私营企业很多,整体企业规模不大,年销售额上百亿元的企业只有少数几家。张小蒂、李晓钟(2008)的研究成果表明,2006 年浙江私营企业家丰裕度为 8.16,是全国平均水平(3.97)的2.06 倍;江苏(7.93)是全国平均水平的 2.00 倍。[①] 因此企业的技术供给能力较弱,从宏观层面看,浙江的技术较落后。

江苏的资源优势是吸引外资见长,开放度较高,技术资源丰富,主要表现为每年吸引的 FDI 为长三角之首,占全国吸引 FDI 的 20% 左右。但是江苏也存在以企业家资源为主的经营资源缺乏的状况。

从以上简单分析可以看出,长三角区域经济关系的主要特征是资源禀赋不同,从而可以产生互补效应。因此,长三角区域经济一体化必将互为对方提高劳动生产率拓展广阔的空间。从区域创新系统角度分析,即通过省际创新协同行为,进一步促进区域创新资源空间优化与有效配置,获取创新的协同剩余,从而实现长三角区域创新系统的协同效应。

为了进一步阐述其内在的机理,我们借鉴了麦氏模型,创造性地构建了以上海—浙江间的创新资源自由流动为例,实现省际创新协同而产生的协同剩余的几何模型。

以分析上海—浙江的情况为例,假定:

(1)浙江经营资源——企业家资源丰富而金融资源缺乏且十分昂贵;上海金融资源富裕,而企业家资源缺乏;

(2)经营资源受边际产出递减规律支配,也就是说在其他资源投入量不变的情况下继续追加这种经营资源,则这种追加的经营资源的单位产出率将递减;

(3)每个区域充分使用经营资源,即经营资源的边际收益率等于经营资源的边际产出率。

在图 5-2 中,EJ 和 FD 分别为上海、浙江两地的经营资源边际产出曲线。浙江、上海两地之间经营资源未流动前的情况如表 5-1 所示。

如果上海、浙江的区域创新系统均为封闭型系统,即经营资源不能跨区自由流动,那么企业家经营资源相对稀缺的上海,其经营资源边际产出(边际收益率)高于企业家经营资源较富裕的浙江,即 $SH>ZT$。但是,如果上海、浙江的区域创新系统均为开放型经济系统,即这种企业家经营资源能自由跨省份流动,则由于上海的企业家经营资源收益率较高,吸引部分企业家经营资源从浙江到上海,直到沪浙两地的经营资源收益水平在 O 点达到均衡,这种经营资源的跨省份流动才停止。这时,从浙江流入上海的

---

① 本书用各省区市每千人中的私营企业数来衡量企业家丰度。

表 5-1   上海、浙江两地之间经营资源未流动前的情况

经营资源	上海	浙江
拥有企业家经营资源量	SA	ZA
区内总产出	（梯形）SECA	（梯形）ZFDA
企业家经营资源收入	（矩形）SHCA	（矩形）ZTDA
其他资源收入	（三角形）HEC	（三角形）TFD
企业家经营资源边际产出	SH	ZT

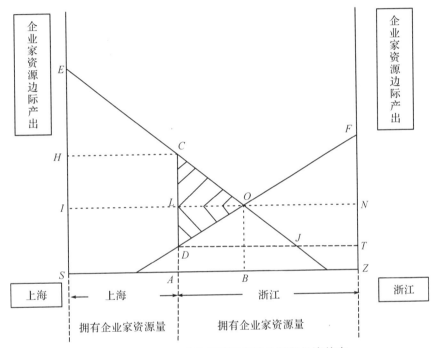

图 5-2   企业家经营资源区际移动的某些经济效应

企业家经营资源的数量共有 AB。其影响情况如表 5-2 所示。

上海、浙江两地之间的经营资源（上海为金融资源、浙江为企业家资源）跨区际自由流动对双方的经济资源利用效率、经济发展水平等都会产生一定的影响。对于浙江而言，一方面由于浙江企业家经营资源的流出，其他资源的收益率有所下降，却极大地提高了其企业家经营资源的收益水平，从而引致技术创新市场效率的进一步增进，其国内生产总值有了明显的增加；另一方面，由于上海的金融资源的流入，与浙江丰裕的、边际产出率较低的企业家资源相结合后，可以改善浙江创新资源组合比例，从而提高浙江的全要素生产率，进一步增进民营经济主导型的区域创新效率，在

表 5-2　浙江、上海两地之间经营资源流动的情况

经营资源	上海	浙江
拥有企业家经营资源量	SB	ZB
区内总产出	（梯形）$SEOB$	（梯形）$ZFOB$
企业家经营资源收入	（矩形）$SIOB$	（矩形）$ZNOB$
企业家经营资源 AB 的收入	（矩形）$ALOB$	（矩形）$ALOB$
其他资源收入	（三角形）IEO	（三角形）IEO
新增的收入	（三角形）LCO	（三角形）LDO
企业家经营资源边际产出	SH	ZT

图 5-2 中表现为新增收入 **LDO（协同剩余）**。相应地，对于上海来讲，由于浙江企业家资源的流入，与上海丰裕的、边际产出率较低的金融资源相结合后，可以改善上海创新资源组合比例，从而提高上海的全要素生产率，进一步增进区域创新效率，在图 5-2 中表现为新增收入 **LCO（协同剩余）**。对两个地区来讲，可以净新增的**总协同剩余**（社会福利）为 **OCD**，即图 5-2 中的阴影部分。

同样的方法，江苏、浙江两地之间的经营资源（江苏为 FDI 资源、浙江为企业家资源）的跨区际自由流动对双方的影响也会产生相同的结果。

总之，若将上述几何模型由两两推而广之，则不难得出，在各地自愿的前提下，资本、企业家资源和专业人力资本资源等经营资源的区际互动，可导致各地经营资源的收益率平均化，从而提高整个长三角创新资源利用的经济效率，促进长三角总福利水平提升。

更值得注意的是，创新资源特别是企业家、专业技术人员等，由于其在区域创新中起到联系、组织、带动、更新其他要素的核心作用，因此，他们往往不受经济学传统的要素边际收益递减规律的影响，相反，其作用的发挥却能体现要素边际收益的递增（李晓钟、张小蒂，2005）。

那么，在区域创新系统中因省际创新协同作用而产生协同剩余的内在机理是什么？

5.3　协同剩余形成与增进的机理

从几何模型来分析，我们发现，要增进协同剩余，即要扩大 OCD（图 5-2 中的阴影部分）面积，应存在三方面的决定性影响因素：①两地资源

流动要多,即资源禀赋和区域分工互补性强;②两地资源边际产出曲线的斜率要陡,也就是各地对资源利用效率的不同,反映出区域竞争状态;③两地无任何利益磨损,反映出两地间融合状态。因此,**概括起来,我们认为,协同剩余形成与增进可通过区域的"分工＋竞争＋融合"三个维度来实现。**其内在的机理剖析如下。

5.3.1　省际分工与协同剩余

所谓省际分工(亦称区域分工、劳动地域分工或地理分工),是指社会分工在经济地理空间上的表现形式。在一国经济范围内,形成合理的省际分工,会提高资源的空间配置效率,进而促进各省的经济增长和发展,提升竞争力。省际分工就其实质来说,在经济利益的驱动下,各地区根据自己的比较优势进行劳动地域分工,当劳动地域分工达到一定规模时就会形成本地区专业化部门,从而表现出地域专业化的特色和地域集中度的优势。在一个国家的区域分工体系中,各省间在分工基础上的合作与竞争的关系,会显示一定的内在规律性:省际分工可以产生整体协作放大效应;也可以通过区位因素在空间经济活动中所产生的乘数效应,带动周边省份的发展,有利于生产要素的实际自由流动。

从创新型省份来讲,省际分工主要表现为某一省份的创新资源的空间分布,从而形成各省科技创新资源专业化的特色和集中度的优势。

波特的区域竞争优势理论认为,区域是由一系列能创造竞争优势的创新资源所组成的集合,但并非所有的资源都可以成为区域竞争能力优势的源泉,而隐藏在资源背后的区域配置、开发和保护资源的能力,即区域创新能力是区域竞争优势的深层来源——现代知识尤其是隐性知识、知识存量和知识结构(R&D 结构)。

从区域 R&D 结构的特色①和优势②分析看,上海市是既有优势,又有特色的区域,上海市的创新资源雄厚,基础研究在长三角比重大。而江苏和浙江两省是有优势,但是均无特色的省份;这两个省份的总体科技实力较强,科技创新资源丰富,但是,在全国的基础研究方面尤其是浙江并没有

---

①　所谓特色是指,借鉴区域经济学或经济地理学关于区域专业化的概念,通常用区位商来表示,其计算公式如下:$Q = (x_{ij} / \sum_j x_{ij}) / (\sum_j x_{ij} / \sum_i \sum_j x_{ij}) \times 100$。假设某类科技活动的区位商为 100,如果 j 省区位商高于 100,则具有专业化(特色),值越大则专业化程度越高。

②　所谓优势是指,借鉴产业经济学关于集中度的概念,以特定产业内某企业在全国的市场占有率来衡量,其计算公式如下:$K_j = (x_{ij} / \sum_i x_{ij}) \times 100$。

表现出非常明显的特色。

由于在全球新经济的背景下,知识更新的快速性及各省自身创新资源的稀缺性,各省独立自主创新不仅难度加大,而且往往有很大的局限性,因此,各省越来越多地采用与别的省份合作,以协同的方式进行创新。这种省际创新协同得以有效实现的前提条件是信息要充分。这样,基于知识的省际分工,不仅是地方经济增长的源泉,更是地方发展的原动力。

由省际创新协同作用所创造的协同剩余的来源,或者是协同收益的提高,或者是交易成本的降低。而对基于科技创新资源分工的省际创新协同来说,其协同剩余增进体现在以下几个方面。

(1)基于分工的科技创新资源互补,降低了重复研发投入。由于各省份间在比较优势的指导下具有不同的知识基(knowledge base),形成科技创新资源禀赋,各省份间可以充分利用彼此的科技创新资源和能力。如研发技术知识和生产性知识的互补,产生协同效应,可能带来各自竞争优势的创造和提升。特别是隐性知识的共享,对地方发展起着关键性的作用,而隐性知识只有在近距离的相互接触和交流中才能获得,通过"干中学"和"用中学"方式来完成共享。这样,省际科技创新协同,可避免科技创新资源的重复投入,使成本更低,创造出对各自都有利的效率和收益。

(2)不断创新区域知识,创造新的发展机会。由于知识创新的复杂性和不确定性,一个省份对自身知识创新的需求的创造面临着各种困难,有时是很难做到的。在区域创新专业化的基础上,省际科技、省际创新协同提供了各自无法独立完成知识创新的机会。通过省际科技、省际创新协同,创造了新的知识技能,增加了各地方的知识存量和发展的新机会,获得了创新协同剩余。这是各省级层面科技创新协同重要的驱动力,也增加了自身的竞争实力。

但是,省际分工并不一定会形成与增进协同剩余。因为,一方面,随着省际分工的深化,交易成本上升,以至于交易效率很低,这样自然要影响协同剩余的增进;另一方面,省际分工是专业化的结果,它往往是事后,可能是盲目的,在信息不对称条件下,因种种信息障碍,会形成冲突型的省际分工体系,导致各省间的误分工,即在给定研发资源前提下,科技工作者创新资源误配置,其特征是低水平的研发重复和有价值的研发投入不足等,这妨碍了协同剩余的形成,更不用说是增进了,甚至会产生负效应。

5.3.2　省际竞争与协同剩余

省际竞争是一种特殊的竞争形式,是指一个国家内一个或多个利益主体代表通过地方经济活动与其他地方为获取并非任何地方都能获得的、影响地方共同利益的对象而展开的角逐过程。这一过程有效实现的前提是要有充分信息。省际竞争具有竞争主体的非单一性,竞争的不完全性、动态性与跨区域性等特点。按省际竞争程度不同可分为过度竞争和适度竞争。一般来说,在信息不对称情况下,过度竞争表现出恶性状态,而适度竞争则表现出良性状态。我们认为,省际竞争集中体现为地方政府竞争。谢晓波(2006)的研究表明,地方政府竞争有正负效应。我们认为,从某个角度来看,其正负效应所代表的是地方政府竞争的过度和适度两种竞争状态。

对于区域创新来说,地方政府竞争的正效应是指各地方政府着力发展本地区的科技创新发展环境(包括知识基础设施、产业配套和制度环境等),有利于降低交易费用,提高交易效率,从而实现其利益集合的最大化。这种地方政府竞争体现为良性。

地方政府竞争的负效应的主要表现为研发重复建设、"招商引资和引智"大战、地方保护主义等方面,从而导致内耗加剧和科技创新难以持续发展,其实质上是因政府事前信息不对称而导致的逆向选择行为。研发重复建设造成资源配置效率下降,产业结构失衡、规模不经济等危害;"招商引资和引智"的过度竞争造成内企与外企不平等、中方利益受到损害、利用外资的质量和水平不高等弊端,提高了市场经济活动的交易成本,有损于各地自身的长远利益;地方保护主义阻碍稀缺资源的自由流动、不共享创新资源、损害当地消费者的利益,不利于当地企业的长远发展,进而降低了地方竞争力。这种地方政府竞争往往是恶性的。这不仅体现为低质量的无序竞争,更是遏制了科技创新的动力。

从地方科技创新视角来分析,地方政府竞争的正负效应都会产生。因此,通过某种制度化安排,发挥或强化正效应,抑制或弱化负效应,趋利避害,才能有效增进省际创新协同剩余,从而放大协同效应。这种协同剩余也称为竞争性收益。尤其是在激励相容的制度安排下,会获取动态的协同效应。事实上,在长三角区域内,自 1992 年,建立长江三角洲十四城市协作办(委)主任联席会议制度①以来,两省一市间通过各种层面的政府间、学者间的论坛,传递各种各样的信息,虽然各地方政府间的竞争仍然相当剧烈,但是,基本形成了较好的良性互动态势,江浙沪两两间也创造了良性竞争的局面。

5.3.3　省际融合与协同剩余

"省际融合",就是冲破地方行政区划壁垒,跨越地区界线进行区域合作,特别是区域间营商环境、制度融合,以实现共赢,这是当今世界经济发展的潮流。经济学家认为,任何一个地区的经济行为都不是孤立的,市场经济的一个重要原则是,资源只有跨越国界,跨越省界、市界,在更大的范围内实现配置,才能产生最优回报。这就是经济的"融合效应",尤其是制度的融合效应更显著。

经济主体在进行省际创新协同时,会产生两种类型的成本,其一是人与自然发生关系的生产活动层次。由于科技创新资源的稀缺性,经济学在这个层次上主要研究的是如何通过科技创新资源的优化配置获得更多的科技产出的问题。为了科技创新,人类必须耗费一定的资源,由此产生科技创新的"生产成本"。其二是人与人发生关系的交易活动层次。由于人的机会主义行为倾向、不确定性以及与其伴生的风险在科技创新中无处不在,又由于人并不完全理性,所以科技创新主体就必须为科技创新活动支付信息成本和谈判履约成本,必须承担由经济人行为而带来的不确定风险以及因不完全契约引起纠纷所可能带来的损失等交易成本。交易成本与生产成本共同构成一个地方科技创新的总成本。省际融合一体化可降低交易成本,进而影响省际创新协同剩余。产权经济学表明,交易成本可分为外生交易成本和内生交易成本。外生交易成本是指在交易过程中直接或间接发生的成本,它不是由于决策者的利益冲突导致经济扭曲的结果,如交通运输成本,贸易壁垒等。内生交易成本则是指由潜在交易者的机会主义行为引起的成本。创建省际融合一体化的环境,使得在市场经济条件下,形成与发展地区与地区之间各种科技创新资源能够无障碍流动的环境。这主要包括金融、贸易、投资、基础设施建设、社会管理、公共政策和生态保护等方面的融合一体化。融合一体化过程中政府主要是创造环境和竞争条件,特别是市场游戏规则的制订,使融合一体化具有健全的体制和

---

① 1992年,长江三角洲十四城市协作办(委)主任联席会议制度建立;1997年,长江三角洲城市经济协调会议制度建立;2003年,长江三角洲区域创新体系联席会议制度建立;等等。

机制的保障。这就意味着融合一体化过程中,方便快捷的交通、通信网络体系的建设,地方贸易保护壁垒的消除,可以降低地方科技创新的经济主体进行科技创新的外生交易成本,而制度的规范,信息的公开、透明,可以有效地降低科技创新过程中的内生交易成本。因此,省际融合通过有效地降低交易成本,实现动态协同剩余的增进。同时,省际融合还可以有效地抑制地区间的过度竞争,从而形成地区间良性的竞争,促进各省科技创新资源共享和优化组合,进一步提高效率。这样,省际融合一方面降低成本,另一方面提高收益,因而可以实现协同剩余的净增。但是,在信息不对称条件下,省际融合会产生省际融合的成本,如激励弱化、影响力成本等,尤其是政府的种种信息困境引致的信息成本,这种融合成本实质上是因事后信息不对称而导致的道德风险。这样省际融合出现虚置状态,阻塞了创新活力的源泉,表现为地方创新系统僵化和创新效率低下,等等。随着长三角一体化的不断深化,江浙沪间的融合度也在不断提高。

综上所述,协同剩余通过省际的"分工＋竞争＋融合"三个维度来形成与增进的假设前提是充分信息。其机理是,在充分信息前提下,通过市场机制的作用,各省间形成了"充分信息→研发合理分工→适度竞争→融合互补→协同度高"的实现途径,强化了互补效应,遏制了冲突效应,从而形成与增进了这种"净增益"。但是,在存在信息障碍的情况下,各省间会显现出"信息障碍→研发误分工→过度竞争→融合虚置→协同度低"的实现路径,弱化互补效应,强化了冲突效应,从而妨碍这种"净增益"的形成。因此,我们可以得出,其问题的症结在于信息障碍程度的差异。即信息扭曲程度越低(信息充分),协同度越高,从而增进协同剩余形成;信息扭曲程度越高,协同度越低,从而妨碍协同剩余形成。

5.4　本章小结

本章在借鉴资本的国际流动理论中著名的麦克杜格尔模型的基础上,应用系统论的理论和方法,构建了一个揭示协同剩余的几何模型,并剖析了协同剩余形成与增进的机理,从中寻找到了妨碍其形成与增进的症结所在。研究发现,区域创新系统中,通过省际创新协同的作用,实现创新资源的跨区流动,促进创新资源的优化组合,进一步提高创新资源利用效率,进而形成社会净增值,即协同剩余。在充分信息情况下,它的形成与增进通过区域间的"合理分工＋适度竞争＋融合互补"三个维度来实现,即**通过"充分信息→研发分工合理→竞争适度→融合互补→协同度较高"的途径**

实现。但是,因信息障碍导致区域间显现出"误分工＋竞争过度＋融合虚置"态势,弱化互补效应,强化冲突效应,即**通过"信息障碍→研发误分工→竞争过度→融合虚置→协同度较低"**的途径,妨碍了协同剩余的形成。故论证了省际创新协同的实质是各创新行为主体在信息不对称条件下通过有效的制度安排来强化互补效应,弱化冲突效应,形成净增益的行为过程,其问题的症结在于信息障碍程度的差异。为此,我们将在第7章中专门研究省际创新协同中的信息障碍特殊性问题,并就此提出制度上的安排;在第3章中已通过测算协同度的大小验证了信息障碍程度的差异,这为进一步化解信息障碍的机制设计和途径探索提供了理论依据。

第6章　省际创新协同中的协同度实证分析

第4章的研究表明,协同效应是协同度的函数,是发生省际创新协同行为而产生的结果,是通过协同度的提高得到的超过系统非协同组合效能的增量,即"1+1>2"。从系统科学的角度来看,区域创新系统是一个复杂系统,其复杂性主要体现在其构成要素的多元性、相互关联的动态性与多样性。单纯的定性分析不足以从总体上把握较系统的行为和功能特性。本章以区域创新系统的整体协同程度为研究对象,以长三角为例,运用定量分析方法研究其协同度。在学习借鉴前人有关协同度或协调度基础上,特别是在孟庆松、韩文秀(1999、2000)研究复合系统整体协调发展时提出的整体协调度模型的基础上,创造性地构建了区域创新系统中各子系统协同一致性程度——协同度测算模型,并应用此模型对长三角区域创新系统和江浙沪各自创新系统的协同度进行实证分析,以验证省际创新协同过程中信息障碍程度的差异,并考察这种差异的性质和成因。

6.1　引言

综观国内外有关协同度测算的研究文献,概括起来主要从微观(即企业角度)和宏观两个层面来研究。

其一,微观角度研究现状及启示。

官建成、张华胜、高柏杨(1999)以研发与营销界面因素为基础,采用聚区间数的灰色聚类方法,以北京若干企业为案例,实证分析企业界面管理集成度(协同度)。郑刚(2004)在学习借鉴别人有关协同度研究的基础上,将整体协调度模型创造性地引入创新管理领域,并进行了合理的改进,首次提出了企业创新过程中各创新要素的全面协同度测度模型(model of degree of total synergy,简称 DTS 模型),并进行案例的实证研究。这为区域创新系统协同度的测算研究提供了方法论的参考。

国外学者 Ensign(2001)在界定了匹配(fit)是指企业战略与内部组织、外部环境间的合作一致(alignment)的概念基础上,从组织设计角度研究了企业战略、环境、组织间的匹配性问题及其测度问题,并总结提出了包括战略、组织、环境三个常用维度,业务战略和企业战略两个战略层次以及内部、外部和整合匹配三种匹配范围的一个六格矩阵模式,来衡量匹配的不同程度。

综述现有微观视角的文献,主要通过定性或半定量的方法构建了协同或匹配程度的测试模型,这些研究从方法论上为本研究提供了一定的借鉴和启示,但是,这些定性的研究,容易受主观的个人偏好程度的影响,因此,有待进一步拓展。

其二,宏观系统视角研究现状及启示。

我国学者彭纪生(2000)基于"技术协同创新"概念,运用运筹学理论和方法,构建了求解最优协同效应的一般数学模型:

$$\max F(x(\sigma), \sigma) \tag{6-1}$$

$$\text{s. t. } \sigma_i \leqslant c_i (i = 1, 2, \cdots, n) \tag{6-2}$$

$$G(\sigma) \geqslant 0 \tag{6-3}$$

$$\max f_i(x_i)(i = 1, 2, \cdots, n) \tag{6-4}$$

$$\text{s. t. } g_i(x_i) \leqslant \sigma_i (i = 1, 2, \cdots, n) \tag{6-5}$$

$$h_i(x_i) \geqslant 0 (i = 1, 2, \cdots, n) \tag{6-6}$$

其中,F 代表协同创新的总体目标函数;c_i 代表第 i 个要素可获取的最大资源量;σ_i 代表系统中所属的 i 个要素资源量,$\sigma = (\sigma_1, \sigma_2, \cdots, \sigma_n)$;$x_i$ 代表第 i 个要素的素质状态,$x = (x_1, x_2, \cdots, x_n)$;$f_i$ 为第 i 个要素的目标函数。此外,彭纪生(2000)还提出了基于计算机支持协同的工作系统(CSCW),即 computer supported cooperative work 的技术协同创新框架,这为技术协同创新提供了一个强有力的技术支撑。该模型是宏观的系统分析,没有从中观层面进行研究,且没有进一步进行定量分析。

孟庆松、韩文秀(1999、2000)则以协同学的基本原理为参照,构建了复合系统的整体协调度模型,并以"教育—经济—科技"复合系统为例对其协调度进行了实证研究。这些研究均以环境、教育、经济、科技等宏观系统为研究对象,但其关于协调度模型的研究对于中观层面的区域创新系统的协同度研究很有借鉴意义。

此外,较少的学者从产业系统层面对协同度模型进行研究。在分析了中国国有医药制造产业组织系统和中国国有电子通信设备制造业系统的内在机理基础上,创造性地提出了产业组织系统协同度模型,并以此为基础进行协同度的全域测度(徐浩鸣、徐建中、康姝丽,2003)。黄鲁成、张红彩、李晓英(2006)则以经济系统和科技系统两个子系统为基础,构建了系统协同度测度模型,实证了我国电子及通信设备制造业的系统协同度。张运华等(2018)从企业内部创新和产学研合作创新两个系统,构建了复合系统协同发展模型,剖析了两者的协同程度。

目前国内外从中观层面——区域层面来研究区域创新系统的协同度尚不多见,且已有的研究大多是以定性分析为主。目前,关于区域创新系统的协同度定量测算模型和方法,尚未得到公认的较为科学合理的认可,也缺少深入的实证研究。本书研究力图解决这一问题。

6.2　复合系统协同度测算模型的构建

对于一个现实的复合系统,衡量其各个组成部分之间的协同发展程度,从整体上描述复杂系统的协同状况,是非常有意义的。笔者在孟庆松、韩文秀(1999、2000)[①]有关协调度研究的基础上,以协同学的序参量原理为基础,创造性地引入区域创新领域,并进行了较为合理的改进,首次构建了次国家层面的区域创新系统的协同度测算模型。

6.2.1　基本概念的界定

在本书中,协同是指区域创新系统(如长三角区域创新系统)中各子创新系统(如江苏、浙江、上海)之间在整个系统演化过程中彼此的和谐一致性。而协同度是对这种和谐一致性程度的度量。

考虑复合创新系统 $S = \{S_1, S_2, \cdots, S_k\}$,其中 S_j 为复合成 S 的第 j 个子创新系统,$j = 1, 2, \cdots, k$,且 $S_j = (S_{j1}, S_{j2}, \cdots, S_{j_k})$,即 S_j 由若干"子系统"或若干基本元素组成。本书中的 S 特指由江浙沪组成的复合(长三角)区域创新系统,S_j 是指江浙沪的子区域创新系统。

S_j 的相互作用及其相互关系形成 S 的复合机制。对于这种复合机制的复合方式,我们可以用数学表达式表述为:

$$S = f(S_1, S_2, \cdots, S_k) \tag{6-7}$$

定义 1:称 $S = f(S_1, S_2, \cdots, S_k)$ 中的 f 为复合区域创新系统 S 的复合因子。

值得注意的是,若 f 可以用精确的数学方程式表达的话,则复合因子 f 相当于"算子"的含义。对于复合区域创新系统 S 而言,f 一般为非线性算子。

---

① 本章的模型借鉴了孟庆松、韩文秀(1999、2000)的研究内容。

定义 2：称满足 $E^g(S) = E\{F[f(S_1, S_2, \cdots, S_k)]\} = E[g(S_1, S_2, \cdots, S_k)] > \sum_{j=1}^{k} E^f(s_j)$ 中的 F 为复合系统 S 的协同作用因子，用 P 表示复合区域创新系统 S 的协同作用集合，我们把 P 称为复合区域创新系统的创新协同机制。

需要说明几点：

（1）定义 2 中的不等式正是表达了协同学所反映的协同效应（1+1>2）的状态。也就是说在系统协同作用的驱动下，区域创新系统形成的正向效能要大于在非协同状态下单个相关要素或单个相关系统的效能之和。

（2）满足定义 2 中的不等式的 F 不止一个。也就是说对于给定的复合区域创新系统 S，使其从现状走向创新协同的作用的 F 一般至少一个。系统的创新协同作用一般包含能够使复合区域创新系统的状态、结构、功能得以改善的外部作用，因此定义 2 规定了"创新协同机制"的集合体。创新协同机制 P 作为协同作用 F 的集合，表明了创新协同作用 F 的形成规则与作用程度。

（3）在所有创新协同机制中，一般来讲，由于不同的创新协同作用，其效果也不相同，所以我们规定了下述定义。

定义 3：假设 $\exists F^o \in \Gamma$，在一定的评价准则下，使得 $g = F^o f, F \in \Gamma$，$E\{F^o[f(S_1, S_2, \cdots, S_k)]\} = E[g^o(S_1, S_2, \cdots, S_k)] = \mathrm{opt} E^g(S)$ 成立，则称 F^o 为最优创新协同作用。式中，$g^o = F^o f$。

对定义 3 的说明是：使等式成立的 opt 表示的是系统创新协同的含义。

6.2.2 测算模型的构建

本书以协同学的序参量原理和役使原理为基础，在借鉴孟庆松、韩文秀（1999、2000）等人创建的模型基础上，研究建立区域创新系统的整体协同度模型。

本书在区域创新系统的整体协同度模型构建时，结合区域创新系统形成与发展的决定因素，坚持遵循科学性与实用性原则。所谓科学性是指：①系统的模型要选择在复合区域创新系统的发展演变过程中起决定性作用的因素为模型参变量，注意选择合理的参变量，应选择那些在区域创新系统中具有明确实际意义的参变量；②模型设计合理，应按照创新系统的运行规律来构建整体模型。所谓实用性是指：应选取适当规模的模型，对于复合区域创新系统而言，由于复合区域创新系统的复杂性与特殊性，致使该创新系统有多种分解方法，但是为了便于模型的应用，我们往往不宜过细地将创新系统进行划分,模型中不宜有过多的参变量,不宜形成过于复杂的模型结构,所以,我们在设计模型时,应权衡科学性与实用性原则。

考虑子区域创新系统 S_j ,$j \in [1,k]$,设其系统演化过程中的序参量变量为 $e_j = (e_{j1}, e_{j2}, \cdots, e_{jm})$,其中 $n \geqslant 1$,$\beta_{ji} \leqslant e_{ji} \leqslant \alpha_{ji}$,$i \in [1,n]$。这里 α,β 为系统稳定临界点上序参量 e_{ji} 的上限和下限。不失一般性,假定序参量 $e_{j1}, e_{j2}, \cdots, e_{jl_1}$ 的值取得越大,那么子区域创新系统的有序程度就越高;反之,若其值取得越小,则子区域创新系统的有序程度就越低。假定序参量 $e_{jl_1+1}, e_{jl_1+2}, \cdots, e_{jn}$ 的值取得越小,那么子区域创新系统的有序程度就越低;同样,若其值取得越大,则子区域创新系统的有序程度就越高。值得注意的是,e_{ji} 的值最好都集中在某一特定点周围,但是,在实际的区域创新系统中,仍然会有若干 e_{ji} 的值会取得过大或过小,这种情况都不好,因此,对于这类 e_{ji},我们总可以将其取值区间 $[\beta_{ji}, \alpha_{ji}]$ 不断调整,使其有序度定义满足定义 4。

定义 4:定义式(6-8)为子区域创新系统 S_j 序参量分量 e_{ji} 的系统有序度。

$$\mu_j(e_{ji}) = \begin{cases} \dfrac{e_{ji} - \beta_{ji}}{\alpha_{ji} - \beta_{ji}}, i \in [1, l_1] \\[3mm] \dfrac{\alpha_{ji} - e_{ji}}{\alpha_{ji} - \beta_{ji}}, i \in [l_1 + 1, n] \end{cases} \tag{6-8}$$

由定义 4 可知,$\mu_j(e_{ji}) \in [0,1]$,其值越大,e_{ji} 对子区域创新系统有序的"作用"越大。

模型合理使用的关键是 α,β 上下限值的确定和指标体系中各指标的选取。可以结合系统的实际情况和数据的可获得性综合予以考虑。

从总体上看,序参量变量 e_j 可通过 $\mu_j(e_{ji})$ 的集成和整合来实现对子区域创新系统 S_j 有序程度的"总作用"。从理论上讲,区域创新系统的总体效能不光由各序参量数值的大小来决定,更重要的还由它们之间的组合方式来决定。"集成和整合"法则取决于这些不同的创新系统结构具有不同的"作用"组合方式。在不失一般的前提下,本研究采用相对容易计算的几何平均法或线性加权法进行集成和整合,即

$$\mu_j(e_j) = \sqrt[n]{\prod_{i=1}^{n} \mu_j(e_{ji})} \tag{6-9}$$

或　　　　$$\mu_j(e_j) = \sum_{i=1}^{n} w_i \mu_i(e_{ji}), w_i \geqslant 0, \sum_{i=1}^{n} w_i = 1 \tag{6-10}$$

定义 5:称上述定义的 $\mu_j(e_j)$ 为子区域创新系统 S_j 序参量变量 e_j 的系统有序度。

定义 5 表明，$\mu_j(e_j) \in [0,1]$，若 $\mu_j(e_j)$ 的值越大，则说明 e_j 对子区域创新系统 S_j 有序的"作用"地位就越高，表明 S_j 子区域创新系统有序程度状态就越好，反之则越低。在线性加权法中，在确定权系数 w_j 的取值时，既考虑到系统的现实运行状态，又能够反映在一定时期内系统的发展趋势，因此，这表明某一个 e_{ji} 在保持子区域创新系统有序运行中所起的作用或所处的地位。

定义 6：区域创新系统整体协同度（degree of whole synergy，简称 DWS）。

假设给定的初始时刻 t_0，各子区域创新系统序参量的系统有序度为 $\mu_j^0(e_j)$，$j = 1, 2, \cdots, K$，对在复合区域创新系统演变过程中的时刻 t_1 而言，若此时各子区域创新系统序参量的系统有序度为 $\mu_j^1(e_j)$，$j = 1, 2, \cdots, K$，则定义 $t_0 \sim t_1$ 时间段的复合区域创新系统整体协同度为：

$$\mathrm{DWS} = \theta \sqrt[K]{\prod_{j=1}^{K} \left[\left| \mu_j^1(e_j) - \mu_j^0(e_j) \right| \right]} \tag{6-11}$$

式（6-11）中，

$$\theta = \frac{\min_j [\mu_j^1(e_j) - \mu_j^0(e_j) \neq 0]}{\left| \min_j [\mu_j^1(e_j) - \mu_j^0(e_j) \neq 0] \right|}, j = 1, 2, \ldots, K \tag{6-12}$$

需要说明几点：

（1）式（6-11）中 $\mu_j^1(e_j) - \mu_j^0(e_j)$ 为子区域创新系统运行从 t_0 到 t_1 时段序参量的系统有序度的变化幅度，它描述了子区域创新系统 S_j 从 t_0 到 t_1 时段中"在多大程度上变得更加有序"。由定义 5 和定义 6 可知：

$$[\mu_j^1(e_j) - \mu_j^0(e_j)] \in [-1, 1]$$

（2）$\mathrm{DWS} \in [-1, 1]$，若其值取得越大，则表明复合区域创新系统的整体协同的程度越高，反之则其协同度就越低。

（3）参数 θ 的含义是：当且仅当下式成立时，复合区域创新系统才有正的协同度。

$$\mu_j^1(e_j) - \mu_j^0(e_j) > 0, \forall j \in [1, k]$$

（4）若上式成立，则说明在所考察的时间区间 $[t_0, t_1]$ 中，复合区域创新系统是协同演进的；若上式不成立，则表明在复合创新系统中至少有一个子创新系统尚未沿有序方向发展。特别地，如果复合区域创新系统整体协同度 $\mathrm{DWS} \in [-1, 0]$，那么至少存在一个子区域创新系统是向无序方向转化和发展的，因此，我们可以断定，从 t_0 到 t_1 时段里，复合区域创新系统处于非创新协同演进状态。

(5)定义 6 将复合区域创新系统中所有子区域创新系统的情况综合考虑了。也就是说一个子区域创新系统的有序度大幅度提高,而另一些子区域创新系统的有序度仅较小幅度提高或下降,则表明整个复合区域创新系统仍不能处于较好的协同状态或根本不协同,其体现为 DWS∈[−1,0]。

(6)利用定义 6,通过对现实的复合区域创新系统相对于基期的考察,可以检验其协同度的特征与变化趋势。由于定义 6 抛开了系统演化发展过程中的诸多细节,从子区域创新系统的序参量系统有序度的变化中把握整体复合区域创新系统的协同状况,因此,DWS 可以作为一种对复合区域创新系统是否处于创新协同状态的度量准则或评价准则。

根据分析的角度和深度不同,对于不同的复合区域创新系统,其序参量的选择也应不同。对于本研究来讲,长三角区域创新系统中包括了上海的区域创新系统、江苏的区域创新系统和浙江的区域创新系统三个子系统,其中每一个子系统中又包括了知识创造、知识获取、企业创新、创新环境和创新绩效五个评价指标。这五个评价指标是长三角区域创新系统(包括江浙沪三地的子创新系统)从无序演化到有序影响最大的序参量,我们将其视为慢弛豫参量。因此,我们首先计算各子区域创新系统的有序度,然后进行线性加权,求出苏浙、江苏和浙沪的区域创新系统的协同度和长三角区域创新系统的整体协同度。

6.3　复合系统协同度测算指标体系的设计

为有效地进行实证研究,依据上述模型的特性,考虑区域创新过程的系统特点以及抓住复合系统整体性协同的关键变量(序参量),加之数据的可获得性。我们主要采用中国科技发展战略研究小组所推出的《中国区域创新能力报告》中的指标体系,建立可操作性的指标体系(见表 6-1)。

该报告着力于将创新能力进行量化描述,着力于从区域创新系统的理论来认识各地创新的优势,并从系统性出发充分认识中国创新的区域多样性。该报告利用相对、绝对的能力数据,并结合动态数据,较为全面地反映了一个地区的创新能力。

长三角区域创新系统是由上海的区域创新系统、江苏的区域创新系统和浙江的区域创新系统三个子创新系统构成的,而每一个子创新系统里,又包含了知识创造、知识获取、企业创新、创新环境和创新绩效五个方面的关键变量。

依据《中国区域创新能力报告》的数据,确定权系数,运用上述构建的系统整体协同度测算模型,就可以计算各子系统的有序度、各子系统间的协同度和长三角区域创新系统整体的协同度。需要说明的是,计量权系数时,我们采用 GDP 的指标计算,如上海创新系统的权系数等于上海 GDP 除以长三角的总 GDP。

表 6-1 创新系统整体协同度指标体系

子系统	权重	序参量	二级指标
某区域创新系统	某 i 地区 $\lambda_i = \dfrac{GDP_i}{\sum\limits_{i=1}^{3} GDP_i}$ $i =$ 浙江、上海、江苏	知识创造 e_{i1}	研究开发投入
			专利
			科研论文
			投入产出效率指标
		知识获取 e_{i2}	技术合作
			技术转移
			外国直接投资
		企业创新 e_{i3}	大中型企业研究开发投入
			设计能力
			制造和生产能力
			创新产出:新产品产值
		创新环境 e_{i4}	创新基础设施
			市场需求
			劳动者素质
			金融环境
			创业水平
		创新绩效 e_{i5}	宏观经济
			产业结构
			产业国际竞争力
			居民收入水平
			就业

6.4 整体协同度的测算

利用上述复合创新系统整体协同度测算模型和指标体系,本研究着重以长三角区域创新系统为例,对其区域创新过程中各子创新系统、子创新系统间及整体系统演化过程中系统协同度进行了实证分析。根据长三角区域创新系统的演化模式和特征,分别确定长三角区域创新系统及其子创新系统的考参量和取值范围,依照中国科技发展战略研究小组自 2001 年以来每年出版的《中国区域创新能力报告》的相关数据,应用模型(6-8)、(6-9)、(6-10)计算系统序参量有序度和系统有序度;应用模型(6-11)、(6-12)计算出苏浙、浙沪和苏沪间的区域创新系统协同度,也一并计算以某年为基础的长三角区域创新系统整体协同度。

表 6-2、表 6-3 和表 6-4 分别列出了 2001—2017 年间上海、江苏和浙江的创新系统序参量。

表 6-2　上海区域创新系统序参量 $e_1 = (e_{11}, e_{12}, e_{13}, e_{14}, e_{15})$

年份	e_{11} 知识创造	e_{12} 知识获取	e_{13} 企业创新	e_{14} 创新环境	e_{15} 创新绩效
上限(α分)	100.00	100.00	100.00	100.00	100.00
下限(β分)	0.00	0.00	0.00	0.00	0.00
2001	40.15	50.93	64.91	54.63	73.66
2002	46.44	53.19	67.75	50.90	50.55
2003	40.37	54.04	64.07	52.32	64.34
2004	45.42	52.74	68.65	51.91	61.45
2005	46.96	59.51	61.19	50.07	65.90
2006	55.12	53.99	55.54	49.70	72.06
2007	50.13	61.05	60.47	33.33	56.40
2008	48.07	63.78	57.09	42.74	56.28
2009	49.63	65.15	58.08	34.41	60.51
2010	47.60	63.82	44.93	37.37	44.68
2011	49.38	65.91	53.03	34.95	53.44
2012	41.01	62.32	41.19	27.49	48.05
2013	42.70	62.26	49.61	37.68	48.08
2014	40.86	60.94	42.81	38.46	55.03
2015	38.48	60.83	46.70	36.46	49.66
2016	47.04	62.08	46.09	37.52	47.03
2017	42.21	54.06	42.83	38.73	49.90

表 6-3　江苏区域创新系统序参量 $e_2 = (e_{21}, e_{22}, e_{23}, e_{24}, e_{25})$

年份	e_{21} 知识创造	e_{22} 知识获取	e_{23} 企业创新	e_{24} 创新环境	e_{25} 创新绩效
上限(α分)	100.00	100.00	100.00	100.00	100.00
下限(β分)	0.00	0.00	0.00	0.00	0.00
2001	28.66	43.76	54.03	44.59	39.81
2002	28.49	51.68	61.62	40.44	28.83
2003	24.54	42.90	57.30	43.01	37.09
2004	26.39	51.97	62.98	49.12	43.70
2005	25.47	57.41	59.70	45.90	47.90
2006	28.45	50.07	56.97	43.76	52.70
2007	37.11	49.53	55.54	46.78	54.89
2008	34.62	48.15	57.39	44.76	54.27
2009	39.00	52.94	70.16	48.25	61.16
2010	40.94	50.59	62.85	50.85	50.58
2011	45.08	54.29	67.61	51.86	53.58
2012	48.09	55.03	63.37	43.28	58.55
2013	47.77	60.53	72.23	48.66	55.53
2014	49.34	55.59	70.80	52.12	61.94
2015	46.10	53.89	72.89	51.29	59.83
2016	47.54	51.93	66.26	50.58	65.35
2017	47.28	42.99	62.43	46.88	62.14

表 6-4　浙江区域创新系统序参量 $e_3 = (e_{31}, e_{32}, e_{33}, e_{34}, e_{35})$

年份	e_{31} 知识创造	e_{32} 知识获取	e_{33} 企业创新	e_{34} 创新环境	e_{35} 创新绩效
上限(α分)	100.00	100.00	100.00	100.00	100.00
下限(β分)	0.00	0.00	0.00	0.00	0.00
2001	20.25	20.14	38.01	35.93	35.44
2002	19.00	36.21	50.88	39.14	30.31
2003	24.07	36.46	42.27	38.89	40.15

年份	e_{31} 知识创造	e_{32} 知识获取	e_{33} 企业创新	e_{34} 创新环境	e_{35} 创新绩效
2004	23.52	37.32	45.55	45.82	46.18
2005	23.21	50.50	54.36	44.21	47.95
2006	29.34	31.54	46.47	40.52	45.17
2007	34.97	32.88	53.91	38.27	44.57
2008	31.68	28.52	56.64	38.56	41.33
2009	33.91	30.57	58.44	40.04	51.62
2010	31.89	30.91	56.53	41.22	36.87
2011	33.48	32.69	55.78	41.58	42.81
2012	33.20	31.50	49.97	30.74	43.00
2013	32.51	31.68	59.63	37.76	42.12
2014	33.01	31.11	56.24	36.72	43.01
2015	29.04	28.86	63.85	36.26	41.71
2016	34.48	26.95	49.94	32.22	40.92
2017	34.63	22.86	50.07	34.97	38.90

从表 6-5 中可见,上海的 $\mu_1(e_1)$ 总体水平较高,2009 年以前每年均高于 0.50,并且处于较为平稳的状态。只是 2001 年较高(0.558),是一个特殊状态。从 2002 年开始,上海区域创新系统逐步向有序化推进,但是,2009 年后,可能受国际金融危机的影响以及国内环境、资源的约束,除 2011 年以外,上海区域创新系统的有序度下降,低于 0.500。2012 年下降到了最低点 0.426 之后,开始渐渐回升,说明上海依靠外资研发中心来驱动发展的模式要深入反思,需要加强自身力量,坚定走中国特色的自主创新道路。上海的区域创新系统总体上还是有序的,但是,值得注意的是有序化演进的速度不快,近几年几乎处于停滞状态,并且处在下降态势中,值得高度重视。说明上海的区域创新系统正处于十分痛苦的转型期,或者说上海正在寻找新的突破口,使区域创新系统的有序化进程更上一层楼。表中的计算结果及其经济学内涵与上海当前的经济科技发展水平相吻合。

表6-5 上海区域创新系统的有序度

年份	$[\mu_1(e_{11}),\mu_1(e_{12}),\mu_1(e_{13}),\mu_1(e_{14}),\mu_1(e_{15})]$	$\mu_1(e_1)$
2001	$(0.40,0.51,0.65,0.55,0.74)$	0.558
2002	$(0.46,0.53,0.68,0.51,0.51)$	0.533
2003	$(0.40,0.54,0.65,0.52,0.64)$	0.542
2004	$(0.45,0.53,0.69,0.52,0.62)$	0.556
2005	$(0.47,0.60,0.61,0.50,0.66)$	0.563
2006	$(0.55,0.54,0.56,0.50,0.72)$	0.569
2007	$(0.50,0.61,0.61,0.33,0.56)$	0.510
2008	$(0.48,0.64,0.61,0.43,0.56)$	0.538
2009	$(0.50,0.65,0.58,0.34,0.61)$	0.523
2010	$(0.48,0.64,0.45,0.37,0.45)$	0.470
2011	$(0.49,0.66,0.53,0.35,0.53)$	0.502
2012	$(0.41,0.62,0.41,0.28,0.48)$	0.426
2013	$(0.43,0.62,0.50,0.38,0.48)$	0.476
2014	$(0.41,0.61,0.43,0.39,0.55)$	0.471
2015	$(0.39,0.61,0.47,0.37,0.50)$	0.460
2016	$(0.47,0.62,0.46,0.38,0.47)$	0.474
2017	$(0.42,0.54,0.43,0.39,0.50)$	0.453

注:采用几何平均法计算有序度。

同理,可计算江苏区域创新系统的有序度。由表6-6的计算结果可知,相对于上海来说,2009年以前,江苏的$\mu_2(e_2)$总体水平一般,均低于0.500。2002年小幅回落,从2003年开始逐步提高,但是增长幅度不大,这说明江苏区域创新系统的有序化进程尚"有潜力可挖"。2002年和2003年有序化状态几乎一样,2003年到2004年提高了0.044,2005年和2006年又相对稳定。2008年受国际金融危机的影响,FDI减少,区域创新能力下降,需要在内外"双轮"驱动中寻找一个新的增长点,这充分说明江苏区域创新系统"有序化"进程面临着一定的困难,虽然处于平稳的状态,但是要分析其区域创新系统内部的情况,寻找进一步提升"有序化"程度的动力源,使江苏区域创新系统有序程度加强。2009年及以后,均高于0.500,江苏的区域创新系统有序度超过上海,表现出色,充分显示其不断上升的态势,为率先实现创新驱动发展起了决定性作用。表中的计算结果及其经济学内涵与江苏当前的经济科技发展水平相吻合。

表 6-6　江苏区域创新系统的有序度

年份	$[\mu_2(e_{21}),\mu_2(e_{22}),\mu_2(e_{23}),\mu_2(e_{24}),\mu_2(e_{25})]$	$\mu_2(e_2)$
2001	$(0.29,0.44,0.54,0.45,0.40)$	0.416
2002	$(0.29,0.52,0.62,0.40,0.29)$	0.405
2003	$(0.25,0.43,0.57,0.43,0.37)$	0.406
2004	$(0.26,0.52,0.63,0.49,0.44)$	0.450
2005	$(0.26,0.57,0.60,0.46,0.48)$	0.456
2006	$(0.29,0.50,0.57,0.44,0.53)$	0.454
2007	$(0.37,0.50,0.56,0.47,0.55)$	0.485
2008	$(0.35,0.48,0.57,0.45,0.54)$	0.471
2009	$(0.39,0.53,0.70,0.48,0.61)$	0.531
2010	$(0.41,0.51,0.63,0.51,0.51)$	0.509
2011	$(0.45,0.54,0.68,0.52,0.54)$	0.541
2012	$(0.48,0.55,0.63,0.43,0.59)$	0.531
2013	$(0.48,0.61,0.72,0.49,0.56)$	0.566
2014	$(0.49,0.56,0.71,0.52,0.60)$	0.571
2015	$(0.46,0.54,0.73,0.51,0.60)$	0.561
2016	$(0.48,0.52,0.66,0.51,0.65)$	0.559
2017	$(0.47,0.43,0.62,0.47,0.62)$	0.516

注:采用几何平均法计算有序度。

同样,浙江区域创新系统有序度的计算结果则如表 6-7 所示。相对于上海、江苏来讲,浙江的 $\mu_3(e_3)$ 总体处于较低水平。从 2001 年到 2005 年,浙江区域创新系统的有序化进程逐渐加快,但是其系统有序度增加幅度较小。2006 年以后,浙江的区域创新系统有序度涨跌不大,在有升有降交错过程中,不断呈向上发展态势。值得重视的是,2006 年有小幅回落,说明其系统表现出不协调的状态。值得深思的是,浙江受 2008 年国际金融危机的影响几乎没有,充分说明浙江内源式驱动区域创新发展。总体上说明,浙江区域创新系统的系统有序度变化不大,处于较低的水平,没有高于0.450 的,尚有潜力可挖。表中的计算结果及其经济学内涵与浙江当前的经济科技发展水平相吻合。

表 6-7　浙江区域创新系统的有序度

年份	$[\mu_3(e_{31}),\mu_3(e_{32}),\ \mu_3(e_{33}),\mu_3(e_{34}),\mu_3(e_{35})]$	$\mu_3(e_3)$
2001	(0.30,0.30,0.38,0.36,0.35)	0.336
2002	(0.19,0.36,0.51,0.39,0.30)	0.333
2003	(0.24,0.37,0.42,0.39,0.40)	0.357
2004	(0.24,0.37,0.46,0.46,0.46)	0.387
2005	(0.23,0.51,0.54,0.44,0.48)	0.422
2006	(0.29,0.32,0.47,0.41,0.45)	0.381
2007	(0.35,0.33,0.54,0.38,0.45)	0.403
2008	(0.32,0.29,0.57,0.39,0.41)	0.385
2009	(0.34,0.31,0.58,0.40,0.52)	0.418
2010	(0.32,0.31,0.57,0.41,0.37)	0.386
2011	(0.34,0.33,0.56,0.42,0.43)	0.408
2012	(0.33,0.32,0.50,0.31,0.43)	0.371
2013	(0.33,0.32,0.60,0.38,0.42)	0.399
2014	(0.33,0.31,0.56,0.37,0.43)	0.391
2015	(0.29,0.29,0.64,0.36,0.42)	0.382
2016	(0.35,0.27,0.50,0.32,0.41)	0.362
2017	(0.35,0.23,0.50,0.35,0.39)	0.353

注:采用几何平均法计算有序度。

表 6-8　江浙沪区域创新系统的有序度

年份	上海	江苏	浙江
2001	0.558	0.416	0.336
2002	0.533	0.405	0.333
2003	0.542	0.406	0.357
2004	0.556	0.450	0.387
2005	0.563	0.456	0.422
2006	0.569	0.454	0.381
2007	0.510	0.485	0.403
2008	0.538	0.471	0.385
2009	0.523	0.531	0.418

续　表

年份	上海	江苏	浙江
2010	0.470	0.509	0.386
2011	0.502	0.541	0.408
2012	0.426	0.531	0.371
2013	0.476	0.566	0.399
2014	0.471	0.571	0.391
2015	0.460	0.561	0.382
2016	0.474	0.559	0.362
2017	0.453	0.516	0.353

注:采用几何平均法计算有序度。

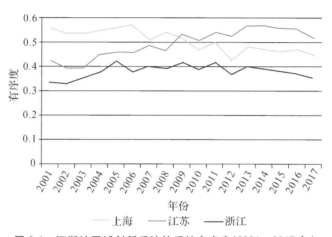

图 6-1　江浙沪区域创新系统的系统有序度(2001—2017 年)

表 6-8 和图 6-1 的计算结果表明,考察期内呈现四个不同阶段,这令人感到兴奋。2001—2002 年江浙沪区域创新系统处于不协调状态;2003 年至 2006 年这四年,长三角区域创新系统处于协调状态;2007 年开始又出现不协调状态,2007—2012 年这六年,受国内外经济形势的影响,特别是国际金融危机和国内地方保护主义抬头以及政府强力实施"4 万亿"投资等因素影响,市场化趋势减弱,一方面,江浙沪三个区域创新系统内部处于波动状态,另一方面也体现在长三角整体处于不协同状态;一直到 2013 年,长三角区域创新系统又开始处于低水平协同状态之中,到了 2017 年又开始出现不协同状态。为此,我们选择 2002 年为基期来计算 2003—2006 年长三角区域创新系统整体协同度 DWS,结果如表 6-9 和图 6-2 所示。

表 6-9 以 2002 年为基期的长三角区域创新系统整体协同度(DWS)

年份	基于几何平均法的整体协同度
2003	0.011
2004	0.040
2005	0.062
2006	0.042

表 6-9 的计算结果表明,自 2003 年以来,长三角区域创新系统整体处于协同发展状态(DWS 值为正),但是,其协同度十分低,协同度的均值不到 0.040,而且这种协同关系并不十分稳定,系统协同度的最大值仅为 0.062,最低值也只有 0.011,波动较大。2003—2005 年,长三角区域创新系统整体协同度逐步提高,而 2006 年又小幅回落,说明其协同度有序下降(见图 6-2)。

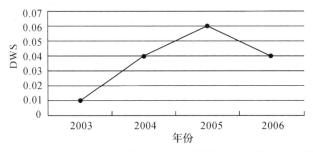

图 6-2 以 2002 年为基期的长三角区域创新系统整体协同度(DWS)

以 2012 年为基期来计算 2013—2016 年长三角区域创新系统的整体协同度 DWS,结果如表 6-10 和图 6-3 所示。

表 6-10 以 2012 年为基期的长三角区域创新系统整体协同度(DWS)

年份	基于几何平均法的整体协同度
2013	0.043
2014	0.036
2015	0.026
2016	0.023

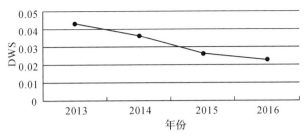

图 6-3　以 2012 年为基期的长三角区域创新系统整体协同度(DWS)

长三角区域创新系统经过 2007—2012 年六年的整体不协同状态后，开始处于协同状态，但是协同度较低，并且是向下的走势。

6.5　测度结果原因的分析

表 6-5 至表 6-8 的结果表明：其一，江浙沪三地各自的区域创新系统均处于有序状态，系统有序度较高，上海最高，江苏次之，浙江最低；其二，2003—2006 年长三角区域创新系统整体处于协同状态，但是协同程度很低；2007—2012 年整体处于不协同状态；2013—2016 年整体处于协同状态。其原因是什么呢？

一般来讲，影响区域创新系统建设的关键因素有：①一个以企业为创新主体的区域创新结构体系；②一个开放的、可利用国内外各种资源的知识获取体系；③一个有区域特色的企业群(产业群)创新体系；④政府在构造创新环境中的重要作用；⑤具备良好的创新环境和基础设施。

由前文分析可知，构建长三角区域创新系统"多元均衡极化"一体化模式的途径有：一是市场主导的原发型；二是政府主导的后发型。所谓市场主导的原发型的区域创新系统，是指通过市场的力量，在市场机制的作用下，形成以企业为创新主体并与大学、科研机构、政府等建立互动的持续稳定的关系。所谓政府主导的后发型的区域创新系统，是指政府通过有效的制度安排，为企业创新提供有利的制度保证和政策环境，从而既促进创新资源在区域内无障碍流动，又可增进区域内各经济主体互相协同的经济效率。对于一个具体区域来讲，这是两种基本的构建途径，实际上在不同的发展阶段，可能会以某种途径为主而以另一种途径为辅的混合方式共同推进区域创新系统的形成和发展。

6.5.1 各地市场化程度较高的创新系统引致其有序度较高

经历了 40 余年的改革开放,浙江、江苏和上海的市场化进程相对指数排序靠前(上海第二,浙江第一,江苏第三)[①],即长三角各地市场化进程相对较快。在较为完善的市场经济环境下,对产权相对清晰的各行为主体(企业、科研、政府等)来说,技术进步可获得较大的激励,因而在市场竞争压力下各行为主体自愿进行技术创新、制度创新、技术引进,获取创新外溢以及创新协同的动力较强,进而信息扭曲程度较低,较好地发挥了市场配置创新资源的基础性的作用。因此,江浙沪各自的区域创新系统形成了一个有序化的创新系统,其系统处于较理想的协调有序的状态之中,表现的协同度相对较高。其内在的逻辑体现为:一方面,省级及以下层次上的区域创新系统协同度高,主要源于市场在配置创新资源时发挥作用较明显,致使政府在做出科技创新规划时所面临的信息障碍较少;另一方面,协同层次"重心"越低,市场作用发挥越大,利益扭曲越低,信息障碍越少,导致其协同度较高。

然而,长三角的浙江、江苏和上海各地根据自身的经济发展状况和特有的区位条件、历史文化形成各具特色的区域创新系统,即浙江形成了内源式制度创新为主导的区域创新系统,江苏形成了外源式技术创新为主导的区域创新系统,上海形成了综合式服务创新为主导的区域创新系统。正是江浙沪各具特色的区域创新系统引致了各地区域创新系统的有序度的差异(见表 6-11)。

表 6-11 长三角区域创新系统特征与系统有序度

地区	区域创新系统特征	系统有序度	信息障碍程度
上海	综合式服务创新为主导	高	低
江苏	外源式技术创新为主导	中	中
浙江	内源式制度创新为主导	低	高

6.5.2 跨省份的创新系统引致其协同度较低

长江三角洲十四城市协作办(委)主任联席会议制度首先建立于 1992 年,而长江三角洲城市经济协调会议制度建立于 1997 年。2003 年是新一

---

① 王小鲁,樊纲,余静文.中国分省份市场化指数报告(2016).北京,社会科学文献出版社,2017:7.

届政府换届年,同年 11 月 2 日,科技部联合江浙沪三地政府在杭州举办了
"长江三角洲区域创新体系建设论坛",共同签署了《沪苏浙共同推进长三
角创新体系建设协议书》,共同建立了在科技部指导下由三地政府主管领
导和科技管理部门领导组成的"长江三角洲区域创新体系建设联席会议"
制度及联席会议办公室。长三角各地政府率先打破行政区域各自为政的
状态,以区域一体化为出发点,共同构筑区域协同的创新环境,致力于长三
角区域创新系统发展平台建设,积极开展省际创新协同的新制度机制设
计,形成了长三角区域的分工与协作关系,有效地促进了创新资源在区域
间的合理流动,降低了地区之间重复建设、恶性竞争行为的发生率,加大了
区域间的融合深度,更有力地推进了区域创新系统的协同发展。

（一）三地政府共同构筑了省际创新协同的环境①

（1）基础设施一体化建设。其标志之一是 2003 年 8 月,由上海发起成
立了由长三角 16 市交通管理部门组成的道路交通管理联席会议,建立了
统一的网络信息平台,以随时进行信息沟通、联动,并形成了统一的制度。
标志之二是国内第一个综合交通区域规划《长江三角洲地区现代化公路水
路交通规划纲要》于 2005 年 3 月 28 日正式出台,初步形成了以上海为中
心,宁波港和苏州港及长江干线南京以下港口为两翼共同组成的上海国际
运输中心集装箱运输系统,形成外贸大宗散货海进江中转运输系统和江海
物资转运系统。标志之三是 2008 年 7 月,沪宁城际铁路正式破土动工,长
三角地区城际铁路实现"公交化"。

（2）知识产权保护一体化联盟。标志一是长三角（主要是上海、南京、
杭州、苏州、无锡、宁波等 16 个城市）知识产权保护战略联盟协议于 2003
年 12 月 21 日在上海正式签署。标志二是 2005 年 9 月 23 日,长三角地区
各知识产权局在上海市共同商讨长三角地区知识产权的合作与交流,启动
了"长江三角洲地区专利网上交易视频系统",并共同签署《长江三角洲地
区专利行政协作执法协议》。

（3）诚信一体化建设。早在 20 世纪末,随着经济一体化的推动,长三
角地区开始关注诚信建设。标志一是长三角 16 个城市于 2004 年 5 月在
浙江湖州市联合发表了《共建信用长三角宣言》,这是我国第一份区域性
地方政府间共同签署的诚信宣言。标志二是 2004 年 7 月,《江浙沪信用
体系建设合作备忘录》签署。标志三是 2005 年 3 月 25 日,江浙沪信用

---

① 本小节内容主要根据《中国区域创新能力报告 2004—2005》中的"长江三角洲区域创新
体系研究报告"相关资料整理和引用。

管理部门集聚宁波,共同拟定了包括四项新的联动方案的《沪苏浙信用体系建设区域合作推进方案》,并明确了"信用长江三角洲"阶段性建设目标。标志四是 2007 年 9 月全国"诚信兴商宣传月"开幕式暨高层论坛在上海举行。

目前,江浙沪三地已建成覆盖当地的企业信用信息动态数据库,可上网查询,还启动了企业信用监管机制,实现了地方政府、企业、个人的联动。

(4)教育人才一体化建设。长三角拥有丰富的人力资源。据樊建民、牛文元(2005)的研究,江浙沪的科教水平在全国的排名分别为第七、第六和第二位。标志一是从教育资源共享的高度出发,江浙沪三地启动了教育合作计划,不断深入教育人才一体化建设。具体来说,建立了组织和工作机制,加强教育信息交流,共同开展教师培训,定期举办教育及学术研讨会,共同探索中小学课程教材和中、高考改革制度,推动各高校间学分互认、高端师资互聘、联合攻关重大科研项目,成立"长江三角洲地区高校毕业生就业工作合作组织"等。标志二是 2003 年,江浙沪共同签署了《长江三角洲人才开发一体化共同宣言》;开通了"21 世纪金才网";三地共建长三角地区统一的网上人事人才互动服务平台,签署了任职资格互认、高层次人才智力共享、异地人才服务、继续教育资源共享、博士后工作合作以及公务员互派等六个方面的合作协议,建立统一的资格互认制度,并在江浙沪三地联手共建"专家资源库"。标志三是 2007 年 6 月,在上海举办"长三角人力资源管理论坛",就逐步形成统一的人事制度框架和人才服务体系等方面进行了广泛的交流。

(5)金融一体化联动。标志一是 2003 年 11 月,上海市举行了"2003 上海银行行长论坛",讨论长三角的金融合作方案。标志二是 2005 年以来,江浙沪的中国银行在私人业务合作方面取得了一定实效,比如建立了"零售业务例会"制度。标志三是在总行的协调组织下,中国建设银行在江浙沪的"三地五行"①已经开展了多方面的合作。

(6)物流通关一体化建设。标志一是为了建设"大通关"平台,2001 年 7 月,上海就率先整合了上海口岸通关物流信息资源。标志二是 2003 年,随着沪、苏、浙、甬、皖、赣六省市检验检疫大通关联席会议的召开,长江三角洲区域检验检疫行政执法一体化工作也随即展开。标志三是 2005 年,上海、南京、杭州、宁波四地海关已启动通关一体化。通过建立虚拟的区域数据平台,实施区域通关一体化作业新模式。

---

① "三地五行"是因为分属江苏的苏州建行和分属浙江的宁波建行属于计划单列市分行。

(7)2007 年之前,长三角各地在市场化趋势下,不断推进长三角区域一体化,但是,2008 年开始受国际金融危机和地方政绩的影响,各地加大政府在配置资源方面的主导力度,从而出现其内部波动状态,而长三角整体处于不协同状态。虽然,长三角各地领导会定期举行论坛和会晤,交流情况,但是,由于现行行政管理体制使政府介入市场活动过于深入,各地都盘算着自家的"一亩三分地",难以打破行政割据的藩篱,致使在总体上 2007—2012 年长三角区域创新系统协同化发展的效果并不显著。

(二)三地政府设计推动省际创新协同的制度安排和实施有效的规制①

(1)设计了长三角科技中介联盟机制。标志一是在 2005 年 6 月 24 日开幕的"2004 东方科技中介论坛"上,上海、江苏、浙江两省一市的科学技术部门共同签署了《长江三角洲科技中介战略联盟协议书》。标志二是在科技部及江浙沪科技行政管理部门的统一指导下,江苏生产力促进中心、浙江科技开发中心和上海科学技术开发交流中心联合发起成立长三角科技中介联盟,打造长三角技术信息服务、技术经纪人合作、技术与资本对接服务三大平台。从 2005 年起,"东方科技中介论坛"计划每年举办一次。标志三是 2007 年 6 月,在浙江杭州召开"长三角科技中介战略联盟工作会议"。

(2)构建长三角区域科技设备共享机制。标志一是中国国内第一个区域性科技设备共享平台基本建成,开通长三角大型科学仪器设备协作共用网。标志二是根据 2004 年 11 月订立的《长三角 16 个市科学仪器大型实验装备共建共享联盟协议》,长三角地区形成了大型科学仪器共享机制,其共享平台整合了大中专院校、科研院所、重点实验室及大型企业研发机构的大型科学仪器设备资源而构建,并于 2005 年 12 月底投入运行。标志三是建立了入库资源总量达 1200 台大型设备、总价值在 22 亿元左右的长三角地区科学研发食品设备数据库,并在南通、无锡、扬州、嘉兴、上海等八个城市首批开通。标志四是长三角这个协作共用网可以方便用户通过用户管理和办事查询等服务系统进行信息查询、业务咨询、网上办事等在线业务,协作共用网同时已开通基本网络应用、网上仪器设施及相关信息共享等功能。

---

① 本部分内容主要根据《中国区域创新能力报告(2006—2007)》中的"长江三角洲区域创新体系研究报告"相关资料整理和引用。

(3)启动了跨地区的创新协同的新模式。标志一是 2005 年 9 月,江苏省科技厅组织江浙沪科技厅(委)开展了"长江三角洲民营科技企业苏北行"活动,共有 130 多家民营企业、150 多名民营企业家参加。标志二是 2007 年 8 月,由上海科技开发交流中心、浙江省科技开发中心和江苏省高新技术创业服务中心等共同举办的"长三角—台湾技术转移合作江苏行"在南京正式启动。标志三是 2007 年 8 月,"长三角—台湾技术经纪与转移研讨会"在上海举行。

(4)形成了长三角区域重大科技攻关的协同机制。标志一是 2004 年,上海市科委和浙江省、江苏省科技厅联合发布了以"联合设立长江三角洲科技合作专项资金"为载体的《关于联合开展长江三角洲重大科技项目攻关的公告》。标志二是以经济社会发展领域(如制造业、服务业、农业、海洋经济以及资源、生态、卫生等)为主的首批长三角重大科技联合攻关项目于 2004 年 11 月 13 日在杭州启动,每个项目资助力度为 80 万~100 万元。标志三是 2005 年,三地科技部门将"科技强警"作为联合攻关主题,上海市科委布局了"长三角地区道口公安查控技术的应用研究"项目,充分利用三地现有监控图像信息资源为区域安全提供强大的技术支撑,并为全面开展长三角地区公安科技合作做好前期准备。标志四是 2006 年,两省一市联合开展以"海洋生态安全预警"为主题的攻关,三地共投入 1000 万元,启动了长三角"海洋生态安全关键技术集成研究及应用示范"项目,构建海洋生态安全技术体系和生态灾害预警服务体系。标志五是 2004 年到 2006 年三年间,两省一市政府每年投入 1000 万元用于支持三地科技联合攻关项目,为长三角地区经济社会又好又快发展提供科技保障。

(5)新时代新理念,以更高要求形成发展新机制。党的十八大以来,习近平总书记顺应时代和实践发展的新要求,提出了新的发展理念。2014年,习近平总书记在部署 2015 年经济工作时指出,要重点实施"一带一路"建设、京津冀协同发展、长江经济带发展三大战略,争取 2016 年有个良好开局。这重新开启了长三角一体化的新征程。一系列规划和战略设想如《长江三角洲城市群发展规划》的发布、"G60 科创走廊"的构建等为长三角区域创新协同发展提供了新的平台和新的载体。

总之,从长三角一体化的角度来构筑区域协同的创新环境,设计新的制度机制和实施有效的制度规则,一方面可促进区域内的知识资源在一定程度上整合,尽力实现创新资源在区域内的自由流动,另一方面可使各地在扩张创新资源的同时拓宽市场空间,有助于在更大空间有效配置区域内资源,并以此在促进各地本身创新的同时实现长三角整体创新效益,进而使得长三角区域创新系统在跨省份层次上初步形成。

但是,从区域创新的角度分析,由于创新本身的不确定性和外部性等方面的问题导致长三角区域创新系统建设中存在以下问题:在信息不对称的情况下,各创新行为主体对因创新而获得的利益预期不明确;政府不懂市场运行规律,上下逐级传递时会损失部分信息;利己行为引致的信息失真以及评价监督成本上升等,使得信息成本较高。更不可忽视的是,我国目前对政府官员的绩效考评体系主要以行政区域为单元,导致区域(地区)间存在内生的竞争冲动和利益分歧等。况且这种主要由政府的力量来推动的长三角区域创新系统建设,易受政府换届的影响,具有天然的不稳定性。因此,这种政府主导型的、跨省份的长三角区域创新系统,一方面存在其协同层次"重心"越高,市场作用发挥就越小,利益扭曲就会越高,信息障碍也会越多的问题,导致其整体协同度较低;另一方面,各省份为追求局部自身利益,引致省份间利益扭曲程度较大,致使跨省份间面临协同的信息障碍较多,从而导致跨省份间的协同度较低,而且在某些阶段甚至会出现不协同的状态。

综上所述,由系统有序度相对较高的江浙沪的创新系统一体化而形成的长三角区域创新系统,在各地政府做出了很大的努力下,在跨省份层次上初步形成。然而,因跨省份层次上的信息障碍程度较高,利益扭曲度较大,市场作用发挥较小,导致其整体协同度较低,在某些阶段甚至会出现不协同的状态。而江浙沪各自因省级及以下层次的信息障碍度较低,利益扭曲度较小,市场作用发挥较大,导致其协同度相对较高。

6.6　本章小结

从长三角区域创新系统的实践中,我们认为,今后在我国跨区域创新系统建设中应特别重视以下两点:一是从根本上讲,跨区域创新系统形成与发展是一种市场行为,其每一个环节都要受到市场经济基本规律的制约,因此我国跨区域创新系统的建设应努力形成符合市场经济规律的运行机制;二是跨区域创新系统的形成与发展需要政府的支持,但政府与市场的职能不能错位。也就是说,在构建具有国际竞争力的长三角区域创新系统的过程中,要注意如下方面:正确处理市场治理与政府治理的关系,两者互补而非替代;注重市场的内生力量,进一步推进市场化改革;通过激励相容制度,依靠市场机制的作用,矫正信息障碍程度,促进长三角区域创新系统中各子系统间协同一致程度的提升。

　　需要说明的是,由于系统协同度测算模型本身的问题和构建指标体系的数据可获得性等方面的原因,我们测算系统整体协同度的方法存在一定的不合理性,因而,其解释经济学现象的能力也有一定的局限性。

第7章 省际创新协同中的障碍及其化解制度安排研究

在现代经济体中,创新正逐渐取代价格成为主要的竞争行为,零星、偶发式的非常态化日益被常态化的创新所替代,创新正逐渐被制度化(Baumol,2002)。创新是区域经济发展的根本动力源;省际创新协同的形成与发展是增进区域创新效率,增强区域自主创新能力,建设创新型区域的捷径。所谓的省际创新协同,是指各省份间的各种创新要素实现自组织的过程,是在空间层面上实现创新自增强机制。它体现为三个层面的主要内涵:一是创新过程中一般的要素重新组合;二是创新过程中非线性的要素重新组合;三是创新过程中自组织的要素重新组合。因此,省际创新协同是更高层次的"生产要素的重新组合",是省际科技创新交流与合作的最高级形态。

作为转型的发展中大国,中国区域创新效率具有不平衡性。虽然,区域创新效率增进方式多种多样,但是,相对于传统来讲,现代科技研究交叉融合性和创新的复杂性、不确定性所引致的协同信息成本畸高,致使协同度提升成为降低信息成本、增进区域创新效率的关键。但是,各省间科技创新资源共享少,缺乏流动,协同度可能较低,它们的共同症结可归根于省际创新协同所面临信息障碍的特殊性。英国卡迪夫大学的 Cooke(2002)在研究"区域合作优势"(the co-operative advantage of region)时发现区域创新中的合作关系比竞争关系更重要,且不同的制度环境会为区域整体利益而整合,有利于形成和保持区域优势,并提出协同经济的概念。Joe Tidd 等(1997)从市场、技术、组织三个方面强调系统整体协同对创新绩效的重要性,使创新的协同研究达到一个新的高度。以许庆端(2005)为代表的我国学者从企业内部的各要素协同促进创新效率提升等方面形成了一些成果。

为此,本章在考察省际创新协同过程中的信息障碍及其特殊性的基础上,着重运用信息经济学的理论与方法,从治理机制的视角对化解障碍的有效机制进行了有益探索。

7.1 省际创新协同中的信息障碍及其特殊性

传统经济学认为,在自由竞争条件下通过价格机制可以实现资源的最优配置,但其隐含假设前提是市场交易无摩擦。在一般产品贸易中,由于买卖双方拥有的产品品质信息的不对称,市场机制在配置资源时会"失灵"(market failure)。在省际创新协同过程中,其障碍程度更明显,除了在一般产品贸易中由主观、人为机会主义行为所致的信息障碍外,更突出表现在一方面,技术、知识含量较高的创新自身引起的交易费用过高所致的障碍;另一方面,政府不重视市场作为科技创新资源配置的重要手段的行政规划所致的障碍。

7.1.1 一般产品贸易中的信息障碍

信息经济学的基本理论表明,因交易双方所拥有的产品品质信息不对称而导致市场失灵时,主要会出现如下情况:一方面,因卖方通常对产品的品质拥有的信息比买方更具优势,而买方在难以甄别产品品质时,往往根据市场上产品的平均品质出价。这样拥有高品质的人就可能退出市场,此时产品的平均品质更低,买方继续压低价格,导致品质次好的产品继续退出市场,直至"较低品质的产品"均留在市场上的均衡状态。这就是著名的阿克尔洛夫所说的"柠檬市场"(lemons model)(Akerlof,1970),是典型的劣币驱逐良币效应。另一方面,由于高品质产品的生产成本要高于低品质产品的生产成本,而生产者的"道德风险"(moral hazard)、机会主义行为极易形成逆向选择(adverse selection)(Akerlof,1970),有可能利用信息不对称,提高产品价格,以"低品质产品"冒充"高品质产品",通过损害消费者而获利。"在市场不是竞争性的情况下,经济不只是可能出现效率方面的问题,信息问题也会导致市场失灵"(Stiglitz,1998)。

在技术交易市场中,技术交易涉及三类不确定性:①初级不确定性,是由自然的随机扰动和技术使用者心理偏好等不可预料的变化所带来的不确定性;②次级不确定性,这是由信息交流障碍而引起的,即一个决策者无从了解别的决策者在同一时间里所做出的决策和计划;③行为的不确定性,即由于契约人的机会主义行为倾向造成的不确定性,导致阿克尔洛夫所说意义上的"柠檬市场"更明显存在。显然,技术贸易中的特殊障碍带来的激励扭曲制约了技术交易的进一步发展。

7.1.2　省际创新协同中信息障碍的特殊性

在省际创新协同中,其信息障碍有特殊性,主要表现在如下方面。

(1)技术、知识含量较高的创新自身引起的交易费用过高所致的障碍

这主要可能是由技术和知识产品存在如下的种种特殊属性所导致的(李晓钟、张小蒂,2005):①成本的特殊性。即技术的研究与发展往往来之不易,具有初始投入大、风险大、耗费时间长和费用高的特点。②效益和价格的不确定性(uncertainty)。即研发产品的买方一般只有在该产品投入生产过程后才能较确切地了解该产品的价值和功能。研发产品的卖方虽然拥有对产品的信息优势,但在交易中一定要对有关细节予以保密,否则就有可能使自己在开发阶段的巨额投资付诸东流。但这样一来买方因无法了解其真正的价值并确信其效果而不愿支付令卖方完全满意的价格,或者卖方难以使买方相信其所报的价格是合理的。这种在交易过程中会遇到的固有的信息不对称问题使得仅具有限理性的买卖双方很难成交。③知识产权的易逝性。研发产品与一般商品在交易上的另一重要差异是后者在市场上交换的是物品的所有权,而前者交换的是使用权。这样一来,当一次交易完成后,不仅存在买方立即违约继续扩散导致卖方利益受损的可能,而且同时也存在卖方立即继续扩散导致买方利益受损的可能性。研发产品一旦泄露,就成了可供社会共享的公共物品。④研发产品市场的局限性。许多特殊技术的应用范围很窄,买方和卖方数量都无法形成一个竞争比较充分的市场。此外,无形知识产品的多样性和难以度量测定的特点也使其很难像一般有形的商品那样向外部提供其明确的信息。

这些特殊性表明,技术、知识产品及其市场具有很强的、潜在的外部性,其扭曲程度高,导致交易成本较高,这就是技术市场"失灵"更显著的根本原因。

(2)不重视市场作为创新资源配置重要手段的行政规划①所致的障碍

"不谋万世者,不足谋一时;不谋全局者,不足谋一域。"无论大小,一个国家(区域)的经济发展,都需要一个科学合理的规划。随着现代社会的不断发展,行政规划成为一个国家现代治理的重要组成部分,其所要完成的

---

① 行政规划是一种政府治理的工具,是一个设计未来行政活动方式的过程与结果的总称。行政规划的科学性和有效性具体考验着政府的智慧和能力。良好的行政规划是促进经济社会可持续发展,实现和谐社会的原动力和助推器。行政规划有经济规划、城市规划等多种类型,与本研究相关的主要是科技(创新)发展规划。

任务就是紧紧围绕既定行政目标,综合运用现代管理先进手段和专业化的行政知识,协调各种社会利益主体与行为关系,对多元利益进行合理衡量以实现多元利益间的总体平衡。科学有效的行政规划是提升政府效能必不可少的途径,其涉及范围十分广泛,有经济规划、社会规划、教育发展规划、科技发展规划等。对区域创新而言,我们重点考察区域科技发展规划。科技发展规划是一个国家(区域)未来特定时期科学技术及其与经济社会协调发展的总体设计,是指导国家(区域)科技发展的宏伟蓝图,对一个国家(区域)科技发展布局、科技资源分配、科技体制调整等具有重要影响,是引领社会经济发展的指向标。因此,从信息经济学来讲,一个科学合理的规划,是政府事前的"发信号机制",它具有权威性、可靠性和真实性特征。

但是,政府不重视市场作为创新资源配置的重要手段,可能引致各地间利益有所扭曲,致使各地的科技发展规划面临的障碍较多,从而可能导致科技发展规划畸形。周彩霞(2007)根据全国各地制订的中长期科技发展规划,仅就 R&D 强度目标、规划的重点发展领域或技术、政府强化对推动科技进步工作的绩效考核等三方面进行分析,得出如下结论:①中国的 R&D 强度与西方发达国家平均 2.0% 以上的水平相比仍相对较低,R&D 经费支出在各省区市之间的分布也极不均衡;部分省区市 R&D 强度目标偏高,实现难度大;省际 R&D 强度目标值趋同明显,这显然是不合理的,因为我国各省区市间在要素禀赋、经济发展水平、产业结构等方面的较大差别决定了各省区市间的 R&D 强度存在一定的差异也是必然的。②科技发展规划考虑了各地资源禀赋的特点,但是,发展领域求全、趋同,易导致资源重复浪费、低效率重复研究、产业结构扭曲和市场秩序混乱等。③政府强化对推动科技进步工作的绩效考核是一把双刃剑。一方面可以有力地推进科技投入和科技活动的开展,但另一方面也可能误导各级政府的具体决策,走向另一个极端,即不充分考虑本地的实际情况,以"运动式"的方式保证科技投入量的增加以实现考核指标的要求,而忽视投入主体、对象等结构的优化,从而导致政策的偏差或失效。是什么原因导致出现这种畸形的呢?这可能主要是由于在我国转型的大背景下,各地方政府科技创新发展规划决策面临客观和主观两方面的种种困境(周黎安,2008):①"信息孤岛"效应,政府决策者无从了解别的决策人在同一时间里所做出的决策和计划;此外,政府对研发项目拥有的信息要比研发者少得多,更为严重的是研发者的"逆向选择",致使政府能够识别出"好"的研发项目的难度加大;②因政府不懂得市场运行机制,导致科技创新规划不顺应市场规律；③在科技规划制订等科技管理工作中对技术预测、技术预见和技术路线图等方法的应用不成熟或不恰当；④政府评价监督成本上升，因为政府很难设计出一个近似市场评价体系的绩效评估体系来评估研发投入产出效率；⑤地区本位主义和政府追求政绩而导致人为研发投资过度、重复等现象；⑥因跨行政区域引致部分信息在上下逐级传递时损失，导致研发决策失误；⑦财政分权改变了对地方政府的激励方式，这种激励方式会产生扭曲的地方政府行为，典型的情况就是鼓励地方政府短视，引发创新不足或"超前""跨越"，构建面面俱到的科技和产业体系，导致地方政府以"运动式"的方式增加科技投入；等等。

由此可见，省际创新协同中由于不重视市场作为创新资源配置的重要手段，致使政府面临规划时障碍较多，其核心的问题是在省际层次上，因各省级及以下的地方政府行为的扭曲，促使省区市间利益有所扭曲，引致的激励弱化与冲突强化可能会导致省际创新协同难以可持续发展。因此，有效化解此类障碍的关键是地方政府及官员的激励，是因为它触及政府治理的一个核心方面，即要理性设计一个合适的激励结构。

（3）省际科技创新行为主体间的"囚徒困境"所致的障碍

为了能有效地分析省际创新协同中的信息障碍，我们运用"囚徒困境"博弈机理构建静态博弈模型。其假设如下：①假定省际创新协同发生在两个省份 A 和 B 之间。省份 A 和 B，作为博弈的参与双方，根据经济人假设，其对协同追求的是实现各省科技创新发展及其所引致的经济利益，即协同剩余（synergy residual）。由此驱使各省份都将选择最有利于实现各自科技创新收益的策略。②A、B 两个省份科技创新行为主体如政府①对其协同的政策进行决策，所以省份 A 和 B 可选择的策略有两种：协同和不协同，即 $H_i = \{协同, 不协同\}(i = 1, 2)$。③由于 A、B 两个省份之间信息的不完全性，并且缺乏共同遵守的协议或协调机制，省份 A 和 B 在决策之前都无法预知对方的决策，因此可以看作是同时做出选择，属于不完全信息静态博弈的范畴。④如果参与科技创新协同的省份约定共享技术、信息和知识资源，则协同的成本设定为 C。假设 A、B 两省科技创新协同后的总净收益——协同剩余为 SR，如果 A、B 两个省份都选择"协同"策略，按利益均等原则，每一方都会获得净剩余 $SR/2 - C$；若基于保护主义政策，省份 A 和 B 都采取"不协同"策略，则省份 A 和 B 的净剩余均为 0。在实际

———————————

①　省际创新协同的行为主体有政府、企业、科研院校和中介机构等，为了便于研究，我们选择分析政府，至于其他主体可以做同样分析。

的协同过程中，省份 A 和 B 出于各自利益的考虑，都有可能在协同和不协同策略之间进行选择。由此，会出现一种博弈情况，即一方采取“协同”策略，而另一方采取虚假的协同行为，实际采取“不协同”策略。由此，选择“不协同”策略的一方将获得比双方协同合作更大的实际收益，称为超额收益，记为 V'；而选择“协同”策略的一方因付出协同成本 C 而没有获得相应收益，并且还分担了另一方不协同引起的部分成本，由此导致得益为 $-C'$。当然，这种收益是建立在欺骗对方的基础上的，容易导致后续协同中信誉的丧失。由此得到省份 A 和 B 之间的一次静态博弈的效用矩阵，如图 7-1 所示。

		省份A 协同	省份A 不协同
省份B	协同	$SR/2-C, SR/2-C$	$-C', V$
	不协同	$V', -C$	0,0

图 7-1　省际创新协同静态博弈的效用矩阵

由图 7-1 可知，若省份 A 和 B 都选择“协同”策略，则博弈双方均获得协同剩余 $SR/2-C$，这是实现省际创新协同的最优策略。然而，这一策略具有不稳定性，因在实际的协同过程中，博弈双方出于各自利益的考虑，都有可能选择“不协同”策略而由此获得投机收益。用同样的方法分析其他策略，由博弈的最终结果可知，在该静态博弈中，(不协同，不协同)是一个具有内在稳定性的策略组合，即唯一的纳什均衡结果，其对应的得益为(0，0)，这是典型的“囚徒困境”博弈问题。由于 $V'>SR/2-C>0$，因此，对于参与科技创新协同的任一省份而言，因博弈双方都是按照经济人理性原则进行决策的，不管其他省份采取什么策略，“不协同”都是其最优策略。但从整体而言，“不协同”策略对省份 A 和 B 都不是理想的结果，由于博弈双方都无法信任对方，即使他们清楚其利害得益，也仍会选择“不协同”策略。由此，由于信息不对称以及省际创新协同协议或协作机制的缺失，各省之间的科技创新协同难以实现，构成了我国当前区域创新和发展的“囚徒困境”格局。这种格局不仅导致我国各省区市间的重复研发、低水平研发以致重复建设、产业同构、共享程度低和恶性竞争，也进一步加大了省际创新协同的障碍。

7.2　化解省际创新协同中信息障碍的制度安排

上述分析表明,虽然斯彭斯(Spence,1973)的信号显示模式(signalling model)和斯蒂格利茨(Stiglitz,1981)的信息甄别模式(screening model)在化解一般产品贸易中的信息障碍方面是行之有效的,但是,由于省际创新协同中信息障碍的特殊性,上述两种模式会在某种程度上表现出其局限性。因此,迫切需要构建有益的矫正障碍机制来降低交易成本,从而促进省际创新协同的形成与发展,实现科技创新效率的增进。

2009年获得诺贝尔经济学奖的威廉姆森(Williamson,1985)指出,治理结构(governance structure)指的是一些组织性框架。它的主要形式是市场和等级制,还包括介于两者之间的一些形式。不同的治理结构是可以相互替代的,交易成本的节约就是通过把性质不同的各种交易以一种有区别的方式分配于不同的治理结构而实现的,把等级制与市场一起视为治理结构。但因省际创新协同过程中的扭曲特殊性,市场治理和政府治理均有优势与困境,两者是互补的而非替代的,要充分发挥各自的优势,扬长补短,共同化解省际创新协同过程中的障碍。为此,我们认为,以激励相容为机制设计理念,构建以激励相容为特征的顺应市场导向的信息披露机制是化解此类信息障碍的明智选择。

7.2.1　激励相容的机制

哈维茨(Hurwiez)创立的机制设计理论中"激励相容"是指在市场经济中,每个理性经济人都会有自利的一面,其个人行为会按自利的行为规则行动;如果能有一种制度安排,使行为人追求个人利益的行为,正好与企业实现集体价值最大化的目标相吻合,这一制度安排就是"激励相容"。我们认为其本质特征是:将一方的预期收益的实现建立在他方的利益实现基础上,是一种利益共生现象。机制设计理论认为,当经济人要在信息不对称的市场条件下实现某个目标函数时,必须设计特定的游戏规则,引诱、鼓励经济人做希望做的事情。省际创新协同中各创新行为主体的共同追求目标是获取"协同剩余",正是这个共同目标促使他们间形成利益共生体,致使各创新行为主体间具备激励相容的条件。因此,这个利益共生体实际是激励相容的根本动力。在这种新理念的治理下,各创新行为主体"说真话",降低信息扭曲程度,提升了协同度,增进了"协同剩余",实现自己的利益目标,达到各利益方的激励相容。不仅如此,激励相容的相关各创新行为主体可互相"锁定"于利益共生体之中。由于具备相同的目标函数,相关各创新行为主体的利益共生可动态增强,并产生某种正反馈效应(positive feedback effect)。正是这种具有激励相容的有益机制,一方面实现省际各创新行为主体自己利益与共同体整体利益的一致性,另一方面,让信息优势方具有强大动力可发出真实的信息,即"说真话",从而遏制"逆向选择"行为,可能有效地降低了障碍程度,从而导致区域创新的可持续发展。其内在机理是"事前的科学规划→信息障碍少→合理分工→适度竞争→融合互补→协同度高→'协同剩余'增进→利益共生体稳固→激励相容→发真实的信号→科学的规划",这是一种动态自增强机制。

障碍、扭曲不仅来自信息不全,而且来自信息失真。由于利益的驱动,各创新行为主体会提供"假信息",从而导致在省际创新协同中,假冒伪劣科研行为与成果层出不穷,给其他创新行为主体带来了负激励,因而严重制约了省际创新协同的可持续发展。因此,我们认为,要化解省际创新协同中的障碍、扭曲等问题,除了必要的利益补偿外,还需要规范和营造一个诚信的市场环境,其中一个关键因素在于,构建"重复博弈"机制和能对不诚信行为产生有效阻遏的制度,具体来讲,如要进一步完善以声誉机制为核心的科研项目招投标制度。

正如博弈论的声誉模型(reputation model,1982)所表明的,参与人对其他参与人支付函数或战略空间的不完全信息对均衡结果有重要影响。在重复博弈的情况下,参与人就倾向于选择合作行为。因此,只有博弈重复的次数足够多,声誉机制才能对区域创新各行为主体起作用,创新行为主体才会重视自己的声誉,约束自己的行为,遏制"道德风险"的出现。

在我国,科研项目招投标制度已实施多年,应该说对推进科研体制改革起到了很大作用,但是,现行的科研项目招投标制度因借助"同行专家系统"而导致扭曲。因为,在科研项目招投标过程中,同行专家评价系统的不透明,容易形成学术官僚或学术腐败,甚至会出现因利益驱动而人为扭曲评价的现象,从而导致科研项目招投标制度实施的效率低下。为此,我们认为,必须建立以实名制为基础的专家声誉机制,以及对专家实行"株连效应",从而增大其造假的"代价",进一步有效推进科研项目招投标制度的改革。只有这样,省际创新协同才能形成政政之间、政企之间、企研之间的内生型多重"激励兼容"(incentive compatibility),促进省际创新协同的可持续发展。

7.2.2　顺市场导向的制度安排

省际创新协同的主体是企业,其决定性调节力量是市场机制,一个好的市场经济,对企业自主创新的作用是巨大的。完善的市场机制是企业进行技术创新的动力和压力,也是促使创新成果优化配置、创新所引致的经济绩效提高的有效途径。但是这并非意味着省际创新协同不要政府,完全没有政府参与的市场经济体系从来就没有出现过,脱离政府干预的省际创新协同也只是一种理想或空想状态。于是,就出现了"市场失灵"与"政府失灵"的困境,所以,问题的实质并非要不要,而是要求政府治理的变革成为摆脱困境的必然选择,其主旨在于政府要放松对市场的干预,给市场更大的自由度,也就是说实施顺应市场导向的治理机制,即要充分顺应市场经济运行规律,政府的作用是市场的补充,而不是替代市场,是"掌舵而不是划桨"。为此,要把握三方面的要求:一是要增强政府决策部门的信息吸收和处理能力,提高信息的安全性;二是要改革行政管理体制,加强监督管理,增强政府部门的运作效率,避免或减少"规制俘获"的产生;三是政府实施顺竞争导向治理(pro-competition oriented governance)机制,而非反竞争导向治理机制。反竞争导向治理机制将导致过度保护和对竞争的限制,反而会遏制创新的活力和动力。

改革开放以来,地方政府在地区经济乃至我国经济发展中一直扮演着十分重要的角色,因此,地方政府的激励机制以及地方政府行为对经济增长和经济发展的影响备受学术界的高度关注。在保护市场的财政联邦主义理论的基础上,Jin,Qian 和 Weingast(2005)通过考察我国中央和地方政府关系的变化及其对市场发展的影响,认为财政分权带来的财政激励促进了地区经济的发展。周黎安(2004、2007)利用一个地方政府官员政治晋升的博弈模型——政治锦标赛模式,分析了地方官员的晋升激励及其对地区经济竞争和合作的影响,认为地方官员的政治晋升竞争是导致我国地方保护主义和重复建设问题长期存在的根本原因。这些研究表明,这种经济分权和政治集权相结合的中国式分权体制,为地方政府提供了高能的财政激励和政治晋升激励,促进地方政府为增长而竞争。正是这种省际的激烈竞争,一方面有力地促进了地方经济的发展,是中国经济奇迹的重要根源;另一方面,由于政府激励的目标与政府职能的合理设计之间存在严重的冲突,它又是当前经济面临的种种重大困难的主要根源。

在我国的分权体制下,地方政府有着追求 GDP 的强烈激励,竞相采用税收优惠竞争和公共支出竞争等财政竞争手段来吸引 FDI。随着地方经济竞争的加剧,地方保护主义就会日渐兴起,各地方为了自身利益加强对本地经济资源和税收资源的保护,由此导致国内市场分割。Sandra Poncet (2003)的研究结果表明,中国省际贸易的关税税率从 1978 年的 37% 上升到 1997 年的 51%,省际贸易壁垒非常接近主权国家之间的水平,但显然要高于主权国家(比如美国和加拿大)内部的水平。各地方政府封锁本地市场和本地资源,并竭力用直接投资或财政补贴的方式去发展和保护那些产品价高利大,但本地生产却并不具有优势的产业,就必然会在跨省份乃至全国范围内造成地区分割、重复建设、限制竞争、保护落后的经济发展的局面。这种局面不仅造成产业结构畸形,而且极大地影响了规模经济的形成。也正是这个原因,导致跨省份间利益有所扭曲,由此跨省份层次上进行协同所面临的障碍要更多。因此,在省际层次上的"政府"[①]激励与治理是化解此类障碍的有效途径。

要实现省际层次的公共激励与治理,一个关键问题是要有财政资源的支配权。为此,通过建立一种"利益补偿机制",用规范的利益转移来实现,即通过对地方利益进行再分配,使地区利益分配处于一种比较公平的状态,这就需要建立一种全区域的财政资源平衡机制。因此,建立利益补偿和平衡的创新发展基金,既是省际层面上可支配的财政资源,又是顺市场导向的制度安排,其主要用于省际层面的补偿与平衡。

研究结果表明,省际层次上科技创新协同的动因是获取"协同剩余"。正是这个"协同剩余"形成了省际层次上的省际创新协同的各创新行为主体的利益共生体,由此也成为激励相容的基础动力,这样,利益共生体与激励相容之间存在双向互动作用,而前者则为这种双向互动提供了最初的动力。因此,实施激励相容的关键,在于各创新行为主体间形成有效的利益共生体。这样可以实现政府与政府之间、政府与"协调机构"之间、政府与企业之间、政府与研发机构之间、企业与企业之间、企业与研发机构之间等多种关系的激励相容,从而形成利益共生系统。为此,我们认为,化解的途径很多,但主要是构建"三位一体"的机制——"协同机构—契约政策—公共论坛"来对省际层次上的"协调机构"进行公共激励与治理,其核心内容主要是赋予省际层次上的"协调机构"财政资源和人事资源的支配控制权。

---

① "政府"的引号表示此政府有别于拥有一定的地方司法权的政府。有学者建议要在跨省份层次上设立真正的治理机构——政府,但也有学者表示不可行,因此,下文用"协调机构"来替代。

7.2.3　基于"战略联盟"的信息披露制度安排

目前,学术界对信息披露(quality disclosure)问题的研究,无论在私人领域还是在公共(准公共)部门中都被高度重视(Dranove and Jin,2010)。在私人领域,人们着重研究通过规范市场信号传递途径来避免市场价格机制失灵,从而促进资源配置效率提升。在公共(准公共)部门,因其既是有效提供公共服务品的前提,也是设计公共部门新的竞争形态的一种方式,所以信息披露问题更加突出。然而,从现有文献分析,其研究主要集中在私人领域中自愿披露、强制披露,还是第三方认证的问题(Dranove and Jin,2010),既缺乏对公共(准公共)部门的信息披露机制的特殊性的研究,也缺乏对科技经验品(知识信任品)披露机制的研究。具体表现为以下方面的不足。

首先,目前的研究缺乏对公共(准公共)部门信息披露机制的关注。国内外在电子商务、金融、食品安全等领域的信息披露都有了广泛的实践,但基本上都是以私立部门为主。与此相对,公共(准公共)部门信息披露机制是中国转型过程中的一个重要话题,但在经济学领域的研究却十分有限。在我国经济体制中,事业单位、国有企业等公共部门扮演着公共服务提供者的重要角色。然而,这些领域中经常出现盲目择校、争夺生源、产能过剩、信贷配给和财政补贴失灵等资源配置扭曲的现象。因此,信息披露落后造成产品提供效率低下,客观上要求改革和理论创新。那么,是否可以直接套用私立部门信息披露经验? 是否有必要单独研究公共部门的信息披露机制? 答案在于私立部门和公共部门的特点不同。私立部门具有独立运作的特点,因此,不论是政府强制披露,还是第三方认证,目前的研究都只能停留在对产品结果(outcome)的信息披露上,理论创新有限。而在公共部门,一方面是价格机制作用有限,使得信息披露更为重要;另一方面是政府对公共部门具有更强的监管能力,不仅有权对服务产品质量进行监管和处罚,还可以获得更多生产过程中的信息,这为创新披露机制提供了有利的条件。因此,以公共部门为对象研究披露机制,既是解决中国现实问题之所需,也可以对创新披露机制设计理论有所贡献。

其次,目前的研究缺乏对知识信任品的信息披露机制的关注。科技、知识、医疗、教育等公共产品,既不同于普通的商品,也不同于搜寻商品(search goods)和体验品(experience goods),而是具有典型的"信任品"(credence goods)特征——由于个体差异,即使消费完成,消费者也很难获悉其质量及评价带来的效用(Darby and Karni,1973)。该机制的一个核心理念是:设计一种新的竞争机制,通过事前设置战略联盟的形式,让真正质量好的知识产品在质量排名的竞争中占据优势,以此达到真实披露的目标(解学梅,2010)。

省际科技创新战略联盟,是指两个或者多个省份以维持和提升科技创新水平为战略目标组成的技术互补、风险共担和共享彼此之间科技资源的联盟形式,是化解省际创新协同过程中的障碍的有效途径,是省际创新协同的重要模式之一,也是省际创新协同的高级形态。省际科技创新战略联盟通过各省份创新资源要素集成,适应复杂多变的环境,降低各种各样的风险。同时,科技创新战略联盟的各省基于各自分工优势,良性竞争和融合互补,可以产生单独创新资源所无法实现的协同效应。然而,省际科技创新联盟创新协同过程中信息的不对称,使得各省追求自身利益最大化的机会主义行为常常给整个区域带来损失,最终导致联盟关系解体,跨省份的技术创新联盟产生困境(李敏、刘和东,2009)。

要有效化解省际科技创新战略联盟的困境,各省间需要形成合理的信息披露制度,为此,必须进行以下几个方面的改革(李敏、刘和东,2009)。①加强各省份的创新行为主体诚信建设,合理提高各创新主体在联盟中的信任度。选择互补性创新主体构成战略联盟的核心成员,要订立具有硬约束力的契约或规章制度,从制度上保证承诺的可信度;增加联盟核心成员的专用性资产的投入,尽可能消除其他创新主体的顾虑,提高承诺的持久性。但是,这种承诺要适度,过度则适得其反。②要从省际科技创新战略联盟的内外各方面入手,不能顾此失彼。一方面要加强联盟内部创新行为主体间的信任度,另一方面要加强联盟组织或者第三方(中央政府、地方政府)的作用,制定合理有效的支持联盟创新的政策,综合运用激励措施和惩罚措施,提高创新协同补贴和破坏创新协同的奖惩力度。③通过对信誉低于信誉阈值的各省创新行为主体进行信誉教育,促使他们提升信誉度。研究表明,影响省际科技创新战略联盟困境的关键因素之一是信誉,那是因为创新行为主体信誉越高,其采取机会主义策略的可能性就越小,从而有利于联盟困境的有效治理。④加强信息公开披露体制机制建设,适时提高贴现率。完善的信息公开披露机制能够减少利用信息阻碍来投机的可能性,也能够对区域的机会主义行为产生有效的威慑作用。同时,要适时提高贴现率。适当的贴现率不仅可以增加对创新成果的良好憧憬,而且可以避免挫伤创新者的积极性。

总之,上述分析表明,一是将一方的预期收益实现建立在他方的利益实现基础之上,使双方利益共生,弱化甚至避免冲突,从而形成良性正反馈循环,由静态变为动态;二是顺市场导向的政府治理,政府通过规划引导,发布信息,由事后变为事前,弱化信息扭曲,可避免化解信息成本的高昂代价,降低各省间的误分工比例,促进竞争适度,防范过度竞争,从而提升省际融合度,最终导致省际创新协同的整体效益增进。上述分析表明,构建以激励相容、事前矫正和顺竞争导向为特征的信息披露治理机制和制度安排是一个明智的选择,其化解障碍的途径多种多样,而我们认为关键是地方政府行为的公共激励与治理。

7.3　本章小结

本章在考察了省际创新协同过程中的障碍及其特殊性的基础上,着重从治理机制设计的视角就化解障碍进行了有益的探索。结果表明,在省际创新协同过程中,其信息障碍的特殊性主要表现为以下几点:一是技术、知识含量较高的创新自身引起的交易费用过高所致的障碍;二是政府不重视市场作为创新资源配置的重要手段的行政规划所致的障碍;三是省际科技创新行为主体间的"囚徒困境"所引致的障碍。而原有的惯用治理模式化解此类信息障碍有一定的难度,因此,构建新型的以激励相容为特征的顺市场导向的信息披露治理机制是明智的选择。这种治理机制一是将一方的预期收益的实现建立在他方利益实现的基础上,使双方利益共生,弱化甚至避免冲突,从而形成良性正反馈循环,由静态变为动态;二是顺市场导向的政府治理,政府通过规划引导,发布信息,由"事后"变为"事前",弱化信息扭曲,可避免化解信息成本的高昂代价,降低区域间的误分工比例,促进竞争适度,防范过度竞争,从而提升区域融合度,最终导致省际创新协同的整体效益增进。其化解障碍的有效机制是在省际层次上的公共激励与治理。当然,这种治理机制在理论层面做了一些研究,也提供了一些有益的具体途径,但其实际操作层面仍然需要深入探索。

第8章　增进省际创新协同效应的有效运行机制研究[*]

基于前几章的分析,区域创新系统中,省际创新协同是区域创新发展的重要方式之一,为了实现并增进省际创新协同的协同效应,其运行机制值得研究,为此,必须寻找有效载体。我们认为,省际创新网络是实现并增进省际创新协同效应的静态机制和有效载体。本章在借鉴前人有关研究成果的基础上,通过揭示省际创新网络与创新协同效应的内在机理,引入省际创新网络效率的分析框架,在此基础上,以长三角为例,着重探讨区域创新系统中省际创新网络的形成及其有效运作机理。

8.1　文献综述

网络组织理论是 20 世纪 80 年代中后期逐渐形成并迅速发展起来的一个新领域,且成为经济学家在分析经济全球化现象和区域创新现象时经常运用的理论工具。科斯最早提出企业与市场两分法,后来他自己承认存在企业与市场之间的中间状态。威廉姆森较早提出类似"网络"这一概念,他没有明确提出 network 这个概念,他用的是 hybrid(混合组织),但人们一般把 hybrid 的提出看成是网络组织思想的萌芽。他认为"非连续的交易处在一端,高度集中的、科层式的交易处在另一端,混合交易(特许经营、共同投资、别的形式的非标准合约)处在两者的中央"(Williamson,1985)。他将处在市场和科层之间的"中间形态"用另一个词概括:quisi-market,即准组织、准市场。同时指出中间组织是广泛存在且非常普遍的,关注这些中间状态可以使我们更好地理解复杂的经济组织。而 Hodgson(1998)认为网络不是中间组织,而是一种既不同于市场也不同于科层的独特的组织。他认为,网络不是"准企业",不是市场和企业的"混合组织",而是一种

---

　　* 本章内容根据陈丹宇发表在《经济地理》(2007 年第 3 期第 370-374 页)上的"基于效率的长三角区域创新网络形成机理"一文整理。

"关系的交换"(relational exchange),网络不是"市场"和"企业"的折中,而是完全不同种类的、不同企业之间的一种"非市场的关系"。Hodgson(1998)认为网络中"关系的交换"也是一种"关系合约",但是与"市场合约"是不同的,前者是持久的,具有关联性和保障性,而且这种关系是紧密的,包含信任与相互理解,他认为这些特征是市场合约不具备的,市场合约一般来说是没有个人色彩的和短期的。

从组织形式来看,区域创新的本质应该是网络创新。波特关于创新集群的分析中,在 17 个与竞争优势有关的要素中,有一半以上是与严格意义上的合作活动有关的,系统的区域创新正是在合作的基础上,变得"制度化",企业从中能获得超越外部规模经济和范围经济的竞争优势。这里"合作"与"网络"是等同含义的,因为网络的本质特征是企业之间的合作和不同主体之间合作形成的网络。Foss(1999)指出,区域能力实际上就是网络能力(network capabilities),并且这种能力的积累需要时间。

网络组织对于区域创新的意义,很重要的方面在于网络化创新能有效降低企业之间的协调成本、信息沟通的成本,从而降低学习成本,提高学习效率。Bart Nooteboom(1999)对以美国为代表的市场创新范式与以日本、德国为代表的网络创新范式进行了比较研究,其结果表明,在网络创新范式中,产品的差异性较高,交易成本相对较低,虽然企业的机会主义存在较大空间,但其机会主义倾向较低,并且企业更有可能进行专有性的投资;对于市场创新范式而言,网络创新范式更可能实现渐进式的创新,而区域中的创新恰具备渐进的特征。以上网络创新范式的特点决定了其对于区域创新的重要意义。

Cooke(1994)的实证研究结果也支持以上观点,Cooke 观察到在"第三意大利"的产业区中,那些网络的组织结构从形态上看如果类似"企业集团"的,这种网络中的企业的绩效好于行业的平均水平。在欧洲的某些地区,地区性的贸易网络和完善的制度支持机制,在促进创新活动区域化中,发挥着重要的作用。

"网络"(network)的概念,早已在许多学科,如社会学、运筹学、地理学、经济学、神经生理学、现代传播学中被广泛应用。1991 年技术创新研究的重要期刊《政策研究》出版创新网络研究专集,标志着创新网络(innovation networks/networks of innovation, networks of innovators)已成为创新研究前沿的最新导向之一。Freeman(1991)认为,创新网络是应对系统性技术创新的一种制度安排,是在技术创新过程中企业之间合作关系的总和。Koschatzky(1999)认为网络的出现主要不是成本上的考虑,而是战略利益上的安排,即希望实现技术和其他方面相互弥补的协同效应。按照 Arndt 和 Sternberg(2000)的概念,创新网络被看作不同的创新参与者(制造业中的企业、R&D 机构和创新导向服务供应者)的协同群体。GLückler(2007)分析了世界众多创新网络结构后指出,网络都存在着一个影响网络行为、绩效的关键地点,即"结构洞"(structural holes)。Bathelt 等(2012)对创新网络、产业集群网络及其背后支撑的多维邻近性成因进行了系统研究,认为它们共同参与创新的全过程,通过交互作用建立科学、技术、市场之间的直接及间接、互惠和灵活的关系,参与者之间的这种联系可以通过正式合约或非正式制度安排形成,且网络形成的整体创新能力大于个体创新能力之和,即网络具有协同特征。盖文启(2002)对省际创新网络的定义是:一定地域范围内,各个行为主体(企业、大学、研究机构、地方政府等组织及个人)在交互作用与协同创新过程中,彼此建立起各种相对稳定的、能够促进创新的、正式或非正式的关系的总和。王灏(2013)以光电子产业为例,对其区域创新网络的构建与演化机制进行了剖析。我们认为,现有省际创新网络的内涵研究只限于表面现象的描述,缺乏内在本质探索。Maillat 等(1991)、De Bresson(1999)、Huggins 等(2017)以及孙议政、吴贵生(1999)等中外学者对省际创新网络的类型做了有益的探索,但是,现有文献均在区域均质性假设前提下进行了省际创新网络类型的研究,因而,其解释力和应用性有限。Saxenian(1994)、Storper(1995)及 Sabel(1992)等学者对省际创新网络形成与发展的原因和作用加以研究。但是,从现有的创新网络形成与发展的原因和作用的研究文献来看,学者大多只是做了静态的竞争优势分析,而忽略了动态的竞争优势研究。高长春(2018)以长三角为例,对区域创新网络协同治理进行了研究。近年来,随着对网络及网络组织、创新网络的深入研究,研究人员开始从经济学、管理学向行为学等研究方向发展,并取得了较好的进展,得出了一些有益的结果。这些论述为我们研究省际创新网络形成与发展的内在逻辑提供了参考和启示。但以区域为分析对象,省际创新网络与创新协同效应的内在关系究竟如何? 创新网络中生成协同效应的内在机理究竟是什么? 有哪些机制? 现有文献则缺乏系统的分析。

8.2 省际创新网络与创新协同效应

8.2.1 省际创新网络的概念及内涵

省际创新网络理论是在国家创新系统理论、新产业区理论、渐进经济学、新区域科学、新发展理论等学科基础上逐渐演化发展而来的，它就是从熊彼特创新思想，到国家创新系统理论，再到区域创新系统理论一脉相承而演化的。

依据网络经济学理论，从系统论的观点看，网络是指多个节点和连接构成的网状系统，节点和连接是构成网络系统的最基本要素（罗仲伟，2000）。本文所研究的网络①是指信息网，从更深层次来理解，网络是指在一种相互理解和信任的环境中处于同样等级层次的不同合作伙伴之间的一种长期稳定的关系。

创新网络作为区域创新协同关系的进一步深化和拓展，它是指在区域创新过程中紧紧围绕区域所形成的各种正式或非正式合作关系的总和。其主要表现在水平或垂直企业之间的合作关系、产—学—研的协同关系和企业与政府的互动关系等，更主要表现在区域之间的协作互动关系上。在创新网络环境下，协同效应、网络外部性更受到重视，创新行为者要求在战略利益、资源能力上能够实现互补。当今区域创新的一个重要而突出的特点是创新结果的不确定性、创新过程的跨学科性以及创新工具的复杂性。从某种角度上讲，如果没有外部创新资源的介入，单个区域创新行为主体是无法完成复杂性创新的。创新网络作为各种创新主体之间互换资源、相互传递知识信息的活动平台和载体，既弥补了科层组织刚性的缺陷，又弥补了市场机制多变的弱点，为复杂性区域创新提供了一种柔性的、高效的创新资源配置途径。

因此，我们认为，**省际创新网络就是各创新行为主体在区域基础上以创新协同为目标指向、以获取协同剩余为动因、以互动学习为过程、以增进协同度为媒介而结成的密切的、相互交织的网络联系总和**。特别值得指出的是，省际创新网络的"节点"（nodes），可以有两个主要层面，一方面是指在一定区域内客观存在的，以网络化合作关系相联结的微观创新行为主体机构和组织，包括企业、政府、大学、研究机构和中介服务机构——"点"；另一方面是由微观主体（企业、政府、大学、研究机构和中介服务机构）组成的模块化的次区域创新群——"群"。本章着重研究后一种情况。②

---

① 从网络输送的内容来看，网络可划分为物理网和信息网。物理网络所输送的是水、电、气等物质资源，比如，自来水管网、电网、煤气管网等。而信息网络所输送的是信息、知识资源，如通信网、人际关系网等。

② 本书的研究对象是长江三角洲的江浙沪两省一市，因此，省际创新网络的节点主要是江苏、浙江和上海三个区域创新系统，每一个区域创新系统由企业、政府、大学、研究机构和中介机构等组成，是一个模块化组织。这也是本书研究的视角。

8.2.2 省际创新网络的特征

省际创新网络最基本的特征是创新性，除此之外还有以下特征。

首先，省际创新网络具有开放性的特点。省际创新网络不是一个封闭的系统，而是一个面向外界环境的开放系统，反映在网络整体层面上表现为网络边界在不停地扩张和收缩。同时，网络的开放性意味着网络具有动态特征。

其次，省际创新网络具有互动性的特点。这种互动性指的是网络内部各"节点"之间的互动性。在创新协同的过程中，企业是直接参与创新活动最重要的行为主体，处于省际创新网络的中心位置。大学和科研院所等研究机构也直接参与创新，但其知识、技术成果只有转化成企业的产品并在市场中实现价值，才能够完成创新活动的整个过程，新知识和新思想只有通过教育、培训才能渗透到企业的决策与生产经营管理中，才能够实现创新的价值；区域内政府部门和中介服务机构等行为主体，则是通过为创新的直接主体提供良好的创新环境和服务条件，间接参与创新活动和创新过程。创新主体之间的互动贯穿创新的整个流程。

再次，省际创新网络兼具市场和等级组织的优点。省际创新网络不仅是一种混合的、双方自愿平等的交易方式，处于市场与等级结构之间，而且是一种旨在获得和分享资源的制度安排。它在本质上是一种"有组织的市场"，或者说是一种松散的组织。省际创新网络既摒弃了组织结构的严密等级控制，又能够有效规避市场交易对于个体的巨大风险。省际创新网络既解决了外部"市场失效"，又克服了内部"系统失效"。它兼具市场与组织的优点，是现代经济中自由放任与政府调控的有机结合。

最后，省际创新网络具有嵌入性特点。嵌入性（embeddedness）概念可以追溯到 Granovetter(1985)的社会关系思想，其含义是指经济行为深深地嵌入当地社会关系之中。因此，嵌入性实际上是一个集经济、社会、地理于一体的综合性概念，对于它的准确理解宜从交叉学科的视角来看。为此，理解省际创新网络的"嵌入性"可以从两个方面入手：一是共同的文化理念和制度环境，即文化（制度）"嵌入性"；二是地理位置的接近，即地理嵌入性。嵌入性对于区域的意义在于：作为区域的微观基础，企业可以通过嵌入而充分享受省际创新网络"本垒"（home base）中蕴含的丰厚的社会资本，并以此构筑起企业间交流与合作的平台，激发企业主体的创新潜力与竞争活力，进而使整个区域的创新活力都得到提高。不过，嵌入性的这种效应却是隐形的。正如美国学者萨克森宁（Saxon）所指出的：人们，包括

"硅谷人",往往都没有意识到硅谷网络的嵌入性给他们带来的成就。其实,正是这种创新区域的"嵌入性"才使得硅谷企业获得了突飞猛进的发展。因此,"嵌入性"是省际创新网络形成的关键,也是省际创新网络的重要特征。

8.2.3　省际创新网络与创新协同效应

"协同效应"源自协同学理论,协同学理论认为,组成系统的各要素之间、要素和系统之间、系统和系统之间、系统与环境之间存在着协同作用,即合作、同步、协调、互补是指在复杂性系统中,各要素之间存在着非线性的相互作用,当外界控制参量达到一定的阈值时,要素之间互相联系、互相关联以代替其相对独立、相互竞争的局面,从而表现出协调、合作的局面,其整体效应增强,系统从无序状态走向有序状态,即"协同导致有序"。在一个系统中,各种要素之间能够很好地合作、同步、协调、互补,就可以产生"1+1＞2"的协同效应。那么,省际创新网络是如何产生其协同效应的呢?为此,我们借鉴并试图运用网络经济和协同学的基本原理,重点研究其生成的内在机理。

按照西方学者(OECD,1997;Wolff,1997)所做的估计,创新过程中的"外溢比率"即创新收益分配给他人而没有分配给投资者的份额,一般会达到 40％～86％。因此,区域创新引致的效率并不完全等同于市场机制作用下的资源配置效率,区域创新的核心是组织单元之间互动所形成的网络效应,如果说这种网络是一种社会资本,那么区域创新中"外溢效率"更多地表现为一种"社会效率",即创新的外溢效应经由省际创新网络扩散和传播,最终所诱致的经济增长绩效,我们称此为区域创新引致的网络效率(张小蒂、王焕祥,2004)。Arrow(1962)、罗默(Romer,1986)、卢卡斯(Lucas,1988)等都强调了创新外溢对经济增长的重要性,Baumol(2002)的研究表明,创新中的直接外溢与间接外溢构成了美国 GDP 的 50％以上。其作用的内在机理是,不同创新主体在区域创新系统中联结成的网络系统,是介于市场和企业组织之间的一种中间组织形态。在这种网络组织形式中,一方面,创新外溢过程可以激发出更多的相关创新,另一方面,创新者可以通过创新外溢过程的"正反馈机制"实现进一步的创新,从而外溢本身将促进生产率,提高创新给整个区域经济体带来的总收益。在现实经济活动中,浙江民营经济主导型区域创新效率具有典型示范意义。浙江区域创新中相对低的投入(2017 年浙江的研发密度为 2.45％)和相对高的产出效率(2017 年浙江人均 GDP 为 9.21 万元,居全国各省区市第二位),除了其相对优良的市场经济因素——民营经济外,其块状经济产业集群所形成的网络,进一步提升了其创新网络。区域创新系统的核心特征是网络化创新,即企业、政府及其他服务组织等创新主体之间的互动形成的社会网络。浙江省基于民营企业的集群经济,从区域创新的角度而言,其本身就是一个创新网络的集合:第一,一个专业化产业区——集群就是一个创新网络;第二,不同的专业化产业区——集群之间形成更为复杂、更高层次的创新网络,如果将一个专业化产业区即一个特定的企业集群视为一个完整的创新系统,则浙江的集群经济就是一个由若干微型创新系统组成的"创新系统群"。这种网络禀赋因素所产生和包含的网络外溢效应,才是促成区域创新高效率的根本因素,它不可替代,难以模仿,是一种极具竞争优势的区域创新系统。因此,省际创新网络是区域经济发展的新思维(盖文启,2002)。由此,我们可以得出如图8-1所示的逻辑推理。

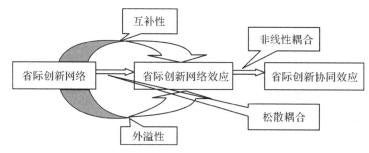

图 8-1　省际创新网络产生协同效应的内在机理

我们认为,省际创新网络是一种基于模块化的松散耦合系统。

当今社会,区域可以借助于各种精巧的制度安排与组织设计逐步减少对自然物的依赖,但却不能摆脱对知识和日益完善的模块化分工网络的依赖,从而导致区域组织结构逐步转型为以动态分工和知识共享为特征的区域网络组织结构。这种网络化组织结构具有鲜明的特征:网络由若干相互依赖、相互作用的模块(节点)构成,并通过各模块之间的相互协调和互动关系来凸显其整体性特征;构成网络的各节点模块具有独立性,因此,解决网络整体性与节点的独立性关键之一在于探寻有效协同的耦合。

(1)省际创新网络是一种由多个模块化节点构成的典型的复杂网络组织

省际创新网络是一种既分工又合作的创新组织形式,是典型的复杂网络组织。Ethiraj 和 Levinthal(2004)认为,模块化已日益成为复杂网络组织与治理的有效模式之一,已成为一种管理复杂系统的有用的方法与工具。

"模块化"(modularity)的概念最早是由西蒙(Simon)于1962年提出

的,随着市场变化加剧和产品技术复杂性的增强,模块化应用范围逐步从产品设计拓宽到组织设计。青木昌彦、安晴彦(2003)认为,模块化作为一种新的组织模式以及产业结构的新本质,正日益受到人们的青睐。Baldwin 和 Clark(2000)认为,模块化是一种有效组织复杂产品和过程的战略。他们将模块化组织定义为:一个单元内部各要素紧密联系,而与其他单元系统相对独立的单元系统。进一步的,复合系统被分解为模块后,其要素的复杂性表明各单元系统如何交互形成更大的系统。党兴华、张首魁(2005)将技术创新网络中的节点组织看作模块化的组织,从模块之间的耦合形式来研究它们之间的互动关系。这种模块化组织本身是一个自律的子系统,也是一个开放的子系统,其必须与网络中的其他组织进行能量的交流和关系的互动。唐方成、马骏、席酉民(2004)针对这些模块间的相互关联性以及互动程度的变化对组织系统绩效的影响进行了仿真,仿真结果表明,和谐管理的耦合机制具有在局部最优和全局最优之间"适应性游走"的特征,并涌现出值得关注的复杂性。从模块本身来看,提升模块本身的效率不仅要关注模块内部的效率,而且更要关注模块之间的协调和配合。模块之间的联动效应和协同效应其实就是非分工合作,但是目前的模块化理论还没有充分认识到这一点(张小宁,2005)。林娟娟、程丽英、崔金秀(2009)应用模块化理论和设计规则,探讨了提升企业自主创新能力的实现路径。王亚娟、张钰、刘益(2014)认为,模块化改变了价值链中企业间的合作方式和行为,模块化能降低外部环境和双边关系中的不确定性影响。因此,我们认为,省际创新网络的节点也可以看作模块化组织,并可以从模块化组织间的耦合关系来分析它们之间的互动机理。

(2)省际创新网络模块化组织的特性考察

省际创新网络是为了解决网络系统环境下技术创新的不确定性、复杂性的问题以及单个行为主体创新资源约束和有限性的突出矛盾,将各个不同层次的相关行为主体或组织基于共同的区域创新目标而组织起来的一种制度化的安排。从模块化的视角来看,省际创新网络是由多节点(模块化组织)构成的复杂网络组织。信息经济时代,模块化组织形式独特的结构,使其在创造"新组合"或需求创造方面具有特殊的优势(刘茂松、曹虹剑,2005)。这一网络组织中的模块化组织节点,本身就是一个独立的组织,同时又与其他节点(模块化组织)交互作用,构成以创新协同为目的的系统。因此,省际创新网络中的模块化组织节点具有"双重"特性。

①互补性。省际创新网络是由节点组织共同形成的复杂网络系统,其中各模块化组织节点只是这一系统的子系统(sub-system),每一个子系统

运作于不同的社会、经济、技术、制度环境,模块化组织节点间具有较高的异质性,因此,从创新网络整体的角度看,形成了两个层面的互补性,一是节点之间的互补性,二是节点与整体网络的互补性。模块化组织节点一方面只有与网络中的其他节点共同合作,才能实现创新协同的目标。另一方面,省际创新网络只有整合了网络上各节点的创新资源,才能实现其复杂网络"涌现"性的协同效应。

②独立性。省际创新网络中的模块化组织节点本身是一个利益主体,是一个相对完整的独立组织。模块化组织节点一方面由于创新外溢性存在,要参与并实现创新网络的整体利益;另一方面其自身也在按照一定的功能与目标实现个体利益。因此,相对于整体创新网络系统来说,模块化组织节点是一个子系统;相对于其他节点来说,其只是一个相对独立的自主运营的完整的整体。

正是模块化组织节点的这些特性,决定了省际创新网络产生了网络的整体性与模块化组织的独立性之间的矛盾。这样必须进行某种形式的耦合,实现网络的整体性与模块化组织节点的独立性之间的有效统一。

(3)基于松散耦合关系的省际创新网络效率分析

省际创新网络系统整体最优与模块化组织节点局部最优之间的矛盾超越目前组织理论的范畴。而正是松散耦合理论(loosely coupled theory)为具有异构性质的不同组织间的学习提供了可能(Spender,1999)。Weick(1976)认为,聚焦于关系或组织要素之间相互联结与作用的理论方法,称为松散耦合(loosely coupled)。松散耦合的思想早期用于研究生物与完形心理学(gestalt psychology),强调整体与部分总和的不同,注重整体的经验模式。之后,学者Weick(1976)将其应用于组织分析中,Orton和Weick(1990)在总结了10年的应用后,重新定义了松散耦合的概念。他们认为,当整体层次的组织表现掩盖了各部分的特征时,系统是紧密耦合(tightly coupled);如果各部分的特征未体现整体特征,系统可以被认为是非耦合(decoupled);松散耦合是指那种整体的表现和部分的特征同时存在,整体的表现没有因为功能分散于各部分而失去核心或失去运营控制的情景。党兴华、张首魁(2005)的研究结果表明,技术创新网络的特点决定了其节点间应该采用较为松散的耦合。因为松散的耦合不仅能有效地降低机会主义的风险,而且能在保证各节点组织利益的条件下实现网络的整体绩效,提高创新系统的灵活性和可扩充性。同时作为独立的节点企业往往同时嵌入多个创新网络,松散耦合可以提高各创新节点的可重用性(Beekun and Glick,2002)。那么,省际创新网络的效率与模块化组织节点的关系如何？为此，我们借鉴协同学中有关动力学的模型，创造性地构建了一个基于耦合互动的省际创新网络的效率分析模型。

在区域创新系统中由知识序列所构成的省际创新网络是一个开放的、动态的基于模块化的耦合网络系统。在这一网络系统中许许多多的知识序列相互交织、相互影响、相互作用，每一个主体（模块化组织）均处于多个知识序列的环节中，进一步的，我们以动态互动联系的形式来体现基于耦合互动的省际创新网络的整体效率。以 E 代表基于耦合互动的省际创新网络的整体效率，则可以表达为：

$$E = \frac{\alpha}{2} \sum_i^n \sum_j^n T_{ij} K_i K_j + \beta \sum_{i=1}^n I_i K_i \tag{8-1}$$

式中，K_i，K_j 是模块化组织（主体）i 和 j 的知识拥有量；α 和 β 分别代表模块化组织内部知识学习和外部知识获得对创新贡献的权重系数。α 的系数 $1/2$ 意味着我们不考虑节点交互式作用的方向。T_{ij} 则表示为两个主体间的知识互动系数。按照姜照华等（2004）的研究成果，可以把模块化组织（主体）之间的知识交互系数定义为：

$$T_{ij} = \frac{S_{ij}}{K_i + K_j} \tag{8-2}$$

式中，S_{ij} 是模块化组织知识主体 i 和 j 之间的知识流量。两个模块化组织知识主体之间知识流量占两者各自知识拥有量之和的比例越大，知识交互系数就越大。因此，T_{ij} 反映了知识的自我繁殖能力。

假定 R_i 为网络主体 i 的自身研发知识获得，则 R_i 与创新网络的整体效率 E 之间的关系式表达为：

$$\frac{\mathrm{d}R_i}{\mathrm{d}t} = \theta \frac{\partial E}{\partial K_i} \tag{8-3}$$

式中，θ 是研发带来的知识增长率与知识增长对创新的作用两者间的比例系数。

式（8-1）两边对 K_i 求偏导数，可得：

$$\frac{\partial E}{\partial K_i} = \frac{\alpha}{2} \sum_{j=1}^n K_i \left(\frac{\partial T_{ij}}{\partial K_i} K_i + T_{ij} \right) + \beta I_i \tag{8-4}$$

将式（8-4）代入式（8-3）可得：

$$\frac{\mathrm{d}R_i}{\mathrm{d}t} = \theta \left[\frac{\alpha}{2} \sum_{j=1}^n K_i \left(\frac{\partial T_{ij}}{\partial K_i} K_i + T_{ij} \right) + \beta I_i \right] \tag{8-5}$$

由式（8-5）可以得出，K 是 R 的非线性函数，网络主体之间交互作用系数变化率 $\frac{\partial T_{ij}}{\partial K_i}$ 大于零，则 $\frac{\mathrm{d}R_i}{\mathrm{d}t}$ 也大于零。

由此，可以考察创新网络的效率 E 的变化情况：

$$\frac{\mathrm{d}E}{\mathrm{d}t} = \sum_i^n \frac{\partial E}{\partial K_i} \cdot \frac{\mathrm{d}K_i}{\mathrm{d}t} = \left[\frac{\partial}{2}\left(\sum_{i=1}^n \sum_{j=1}^n \frac{\partial T_{ij}}{\partial K_i} + \sum_{i=1}^n \sum_{j=1}^n T_{ij}\right) + \beta \sum_{i=1}^n I_i\right] \frac{\mathrm{d}K_i}{\mathrm{d}t}$$

$$(8\text{-}6)$$

式(8-6)体现了基于耦合互动的创新网络的主体的知识存量、互动关系状况和网络外部知识获得对创新网络创新的作用。

通过以上模型分析可以得出，一方面，创新网络中主体的知识拥有量（市场效率）与其整体创新效率密切相关；另一方面，创新网络中各主体间的知识交流互动（网络效率）对其整体创新效率的影响巨大，如果网络主体随着自身知识的不断增长，不能进行有效的知识互动和交流，势必影响创新网络整体创新效率的提升。

因此，在省际创新网络中基于松散耦合的模块化组织之间互动越频繁，则创新网络的整体效率会越增进。

协同学的基本原理表明，耦合机制可以分为线性的和非线性的。而网络经济的基本规律告诉我们，由网络所形成的耦合机制是非线性的，理由如下：首先，从技术的角度分析，摩尔定律（Moore's Law）表明，硅芯片的功能每 18 个月翻一番，而其价格则以减半的方式下降。从摩尔定律中可以看出，信息技术的进步导致硅芯片的功能增大和价格下降，两者的相关程度呈现出非线性变化的特征。其次，从网络本身的角度看，著名的反映网络价值与节点间内在关系的梅特卡夫法则（Metcalfe's Law）表明，网络的价值等于网络节点数的平方。这样，网络的收益随着网络节点数的增加而呈现出非线性的增长方式。再次，从网络中传递的信息角度分析，更能体现网络所形成的耦合机制非线性的特征。由于信息的复制成本几乎为零，所以，信息一旦生成并在网络上传递，就可以在几乎不增加成本的情况下任意运用，从而导致报酬递增。最后，从结构的角度分析，网络经济一个显著的特征是其所特有的网络结构——由节点和连接组成的网状系统。网络系统的效率不仅取决于节点和连接的数量和质量，更重要的是网络结构的性质和特点，不同的结构具有不同的网络效率。

因此，省际创新网络是一种非线性耦合关系的复杂网络组织。正是在这种非线性的耦合机制的作用下，其实现了协同效应。所以，我们认为，省际创新网络是实现创新协同效应的有效载体。我们将以此为分析框架来探索长三角省际创新网络的形成与发展。

8.3 省际创新网络形成分析

长江三角洲省际创新网络的形成,是国家创新系统和区域创新系统理论的发展和运用。长江三角洲省际创新网络是介于国家创新网络与省际创新网络之间的一种"亚国家层面的创新网络"。它既不同于一般意义上的国家创新网络,也不同于各省或市的省际创新网络。国家创新网络是从国家层面宏观地考察技术创新问题,主要通过政府、大学与科研机构、企业与中介服务机构间的互动网络来提高国家的综合科技竞争力,相对而言,各省区市的省际创新网络则是从一个省或一个地区的角度通过当地政府、大学与科研机构、企业与中介服务机构的互动网络来有效提高一个省或一个地区的区域创新能力;而这种"亚国家层面的创新网络"则是在各省际创新网络的基础上,以市场机制为主导,把同技术创新关联度较强的诸创新要素经过有效整合,组成一个相互作用的网络系统,运用系统的作用减少创新要素之间的摩擦,降低交易成本,增强要素活力,共同推动区域内技术创新的开展。正如《中国区域创新能力报告(2003)》所分析的,一个区域内有特色的、与地区资源相关联的、推进创新的制度组织网络,其目的是推动区域内新技术或新知识的产生、流动、更新和转化。区域创新系统将不会替代国家创新系统,而是一个更适应各体系间要素互动,呈现更多的特色制度安排,更强的产业,专业化的技术,更富创新性的企业和更明显的创新系统。

探讨长江三角洲省际创新网络的形成无疑为研究如何有效地开展长江三角洲区域的技术创新活动开辟了一个独特的视角。它可以有效地协调长江三角洲各省市或各地区的科技资源、人才资源与创新资源,形成不同层面的创新网络,提高跨区域的"区域创新能力"。它不仅强调了各区域内部的省际创新网络"群"上的技术创新能力,而且还强调这些"群"与"群"之间的互动网络,即综合的系统网络创新能力,同时,还从微观层面上不断致力于提高技术创新网络的节点——创新主体——企业、政府等这些"点"的技术创新能力,只有将这些"点""群"有效地整合在一张网络上,才能充分发挥长江三角洲的联动效应、网络效应和集聚效应。

长江三角洲省际创新网络的基本要素构成,主要包括企业、大学或研究机构、政府与公共组织机构、中介服务组织以及区域金融机构等五方面(盖文启,2002),具体见图 8-2。

比如在长江三角洲区域内,拥有南京大学、浙江大学、复旦大学、上海

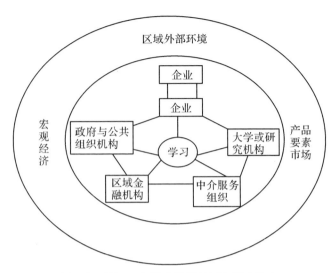

图 8-2　长江三角洲省际创新网络要素构成

注:根据盖文启(2002)的图 3-3 改编而成。

交通大学、东南大学、同济大学等一批高水平研究型大学,并拥有中国科学院和国家各部委所属院所等一批一流的科研机构,还拥有县级以上国有独立的研究和开发机构 2000 余家。

上海在吸引外资总部企业及其职能机构方面具有独特的优势,上海是我国投资性公司和跨国公司总部机构最集中的城市,具备了别的省区市无法拥有的优势,昭示了上海作为国际性都市的经济地位。上海的金融机构已初步形成了银行、证券、保险等三大服务体系,其中,有大量的外资银行、外资保险公司等,同时进驻了一批风险投资机构,为长江三角洲提供了金融服务保障。

至 2017 年年底,江苏的国家高新区总数达 18 家,位居全国第一,是全国首个实现国家高新区设区市全覆盖的省份。[1]江苏实施“创业江苏”行动计划,加快推进“苗圃—孵化器—加速器”科技创业孵化链条建设试点,截至 2018 年 8 月,江苏各类众创空间、科技企业孵化器达 1373 家,其中国家级有 447 家,保持全国领先。[2] 作为全国首个创新型省份建设试点省,江苏坚持以科技创新为经济社会发展的核心驱动力。力争到 2020 年年底,江苏全社会研发投入占地区生产总值比重达 2.74% 左右,科技进步贡献

---

① 江苏省国家高新区总数达 18 家 居全国第一,http://jsnews.jschina.com.cn/jsyw/201801/t20180123_1365547.shtml。

② 科技协同创新的发展现状和强化路径,http://www.fx361.com/page/2018/0806/3975456.shtml。

率达 65％,高新技术产业产值占规模以上工业产值比重达 45％。①

浙江杭州凭借发达的民营经济,拥有众多处于国内领先行业的浙商企业。杭州借助于"电子商务之都"的称号,全力打造全省浙商回归的投资高地和精神家园,力争成为全国浙商总部中心。2014 年 3 月,思科中国总部正式落户杭州,是第一家将中国总部落户杭州的"世界 500 强"企业。此外,近年来,杭州聚集了一大批国内大型企业总部,吉利、苏泊尔、康恩贝、盾安、宋城、华大等大企业将总部迁到杭州。

从长三角地区科研合作网络发展来看,科研合作网络的构成密度和节点联结广度不断增强。上海、杭州、南京、合肥四大城市是长三角地区科研合作网络的核心节点。四大核心城市中,上海"首位城市"地位明显,形成了"上海—南京"G42 沿线、"上海—杭州"G60 沿线的科研合作主干线,以及"上海—合肥""南京—杭州"的次级干线。

长三角省际创新网络形成的原则是超行政区域的"共建、共享、流动、互利",即长三角共建省际创新网络的平台和环境,共享区域创新成果,其基本职能是在市场化进程中,实现区域创新各要素的无障碍流动,达到互惠互利、共同发展的目的。这种基于知识外溢和信任的运作机制的有效运转,促进了省际创新网络形成良性的创新循环状态。而这种省际创新网络有效运转的实质是一个创新要素和社会资本的融合过程,是一个动态的社会过程,其有效性不仅取决于企业和大学、科研机构内在的创新动力与能力,更来自良好的制度创新,正如著名经济学家吴敬琏(2002)提出的"制度重于技术"。因此,长三角各地都要不断地进行制度创新,逐步建立以企业技术革命为主体,政府投入为引导,金融机构和社会资本各方参与的技术创新体系。

8.4　省际创新网络形成的实质是非同质化:三个创新群

长三角经济一体化迫切需要有一个创新网络的支撑,只有将长三角各具特色的省际创新网络进行有效的联结,才能推进长三角经济一体化。但是,长三角省际创新网络的形成不是将各自具有较强竞争力的各地省际创新网络整合为一个创新模式,也就是说,长三角省际创新网络的形成将强化原有各自的区域创新网络,进一步发挥长三角两省一市的创新模式优

---

① 在科技创新"高原"上竖起更多"高峰",江苏将启动建设综合类国家技术创新中心,https://www.yangtse.com/zncontent/201566.html.

势,使长三角的增长模式由原来的"中心—外围"的模式转变成三个增长模式共同作用、互相推进、互相渗透,形成"1+1+1>3"的合力,共同推动长三角经济社会的繁荣。

近年来,长三角两省一市积极推进科技兴省(市)战略,区域科技进步取得显著成绩。科技部全国科技进步统计监测结果显示,2017年,上海、江苏和浙江分别位列科技创新第一、第五和第六位(见表8-1)。

表8-1 2017年部分省市科技创新统计监测综合评价结果 单位:位

	指标名称	北京	上海	江苏	浙江	广东
1	科技创新环境排序	2	4	3	5	7
2	科技活动投入排序	6	2	4	3	1
3	科技活动产出排序	1	2	7	8	5
4	高新技术产业化排序	4	3	5	12	7
5	科技促进社会经济发展排序	3	2	5	4	1
6	总排序	2	1	5	6	4

资料来源:《中国区域创新能力评价报告(2016—2017)》。

两省一市都属于全国科技进步先进地区。正是因为长三角省际创新网络的实质是非同质化,从而使得长三角经济增长水平不断提高,而上海、江苏和浙江三个创新群之间又组成一个网络,互相外溢、互相补充,共同推进长三角经济可持续发展。

总体上讲,《中国区域创新能力报告》显示,长三角的上海、江苏和浙江在综合排名上,均属于较强区域创新能力的地区,并且各自显示了各地的特色。

正如我们前面分析的,上海的创新模式称为以现代服务业为主导的创新群,特别是发达的金融服务业,为此称其为**金融服务业主导型的创新群**。而江苏因其FDI的突出特点,我们把江苏的创新模式概括为**FDI主导型的创新群**。浙江是民营经济大省,为此,我们将浙江的创新模式概括为**民营经济主导型的创新群**。其相互之间的作用如图8-3所示。

从上面的分析可以看出,长三角经济一体化进程中,两省一市各自拥有较完善的区域创新系统,显示出各自不同的特色,形成三个互相促进、互相依赖的互补型创新群,这种"群"与"群"之间也会产生外溢,是一个更高层次的外溢,正是这三个创新群的互补性和依赖性,从而形成长三角进一

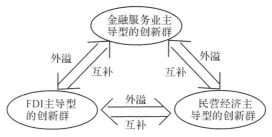

图 8-3　长三角省际创新网络的非同质化:三个创新群

步提升区域创新能力并获取竞争优势的共生环(见图 8-3)。这样,产生了
长三角创新网络的非同质化现象。所谓非同质化,是指长三角省际创新网
络是由其网络内的沪苏浙三地各自不同的创新群融合而成的,上海是以现
代服务业为主导型的创新群,江苏是以 FDI 为主导型的创新群,浙江是以
民营经济为主导型的创新群,这三个创新群之间是互补而非替代的,共同
构成了长三角省际创新网络,其效率在于互补、互动中的外溢,即三个创新
群之间的外溢,是一种群外溢,即模块化的外溢,外溢单位并非一个微观创
新主体,而是一个模块。这种模块化的省际创新网络效率与以往不同,一
是来自于模块化本身的效率,二是外溢效率。因此,我们将专门对三个创
新群的外溢效率做进一步分析,以揭示其如何增进区域创新的网络效率。

8.5　三个创新群的外溢效率

次国家层面的区域技术创新系统的研究,起源于国家创新系统
(national innovation system,NIS)的研究,区域创新系统(regional
innovation system,RIS)是 NIS 的基础和重要组成部分。但是,NIS 的研
究,忽略了次国家层面不同区域间的差别,以及 RIS 对 NIS 的影响。
Cooke 和 Morgan(1994)较早提出了"区域创新系统"的概念。Carlsson
(1997)等一批学者的研究,形成一个分析 RIS 和区域经济发展的理论框
架。这些理论的共性是,强调区域市场力量、网络化、互动联系和知识资产
的作用,归结为一点就是创新决定区域经济运行的质量。从现有文献来
看,关于区域创新系统问题的研究,主要从"结构"和"过程"两个视角进行
探讨,但是存在着两个重要的假设前提:一是区域创新系统内的同质化;二
是在讨论"外溢"特征时,从"体系"或"系统""网络"出发,分析考察单位均
为微观个体(如企业、政府和科研机构等),强调的是"点"的外溢。因而,结
合现有区域创新理论,并考虑其不足,省际创新网络应该有四种:一是均质

和封闭的省际创新网络,二是均质和开放的省际创新网络,三是非均质和封闭的省际创新网络,四是非均质和开放的省际创新网络。

区域创新系统的核心是构建区域创新网络,是区域技术创新主体之间互动形成的网络效应,这种基于网络的外溢效应产生于创新的过程中,是创新的一个重要方面(Romer,1994),创新的大量收益——大约80%——皆以外溢(spillovers)的形式流向了社会中除创新者以外的各类主体,创新中的直接与间接外溢构成美国目前GDP的50%以上(Baumol,2002)。因此,区域创新中的"外溢效率"更多地表现为一种"社会效率"。区域创新的效率,即创新所引致的经济绩效,不光取决于以投入—产出为基础的市场效率,更取决于以创新网络为基础的外溢效率。创新过程中的知识、技术创造行为除了作为私人产品接受市场机制的均衡调节以外,同时还存在着显著的正外部性——"外溢效应",即非创新者通过区域技术创新网络,以"外部性"的形式获得了创新者的部分创新收益,进而这种知识和技术溢出将进一步引致经济绩效。外溢效应意味着创新过程所创造的知识和技术,即使可以以私人产品的形态内部化于创新者手中(包括产权保护所提供的内部化空间),仍然会以一般知识的形态通过非市场的途径扩散和传播,或者同时在此基础上产生更一般形式的科学知识和技术,引致经济增长及其质量改善。

事实上,对处于转型经济时期的中国而言,尤其对长三角一体化来说,由于长三角内涵盖了沪苏浙三个区域创新网络,以此为基础而形成长三角创新网络,显然其内部是非同质的,其创新网络应该是非均质和开放的省际创新网络,而且其外溢为"群"外溢,即模块化的外溢,是长三角两省一市区域内创新网络的有效整合,是在统一设计规划下,在充分发挥各自区域创新网络优势的基础上,实现互补和联动效应,共同推进长三角经济的可持续发展。因此,这种外溢效应是建立在长三角三个创新群基础上的网络效应,是一种具有双重效应的创新模式,具有极强的难以模仿性和复制性,不可替代,因而具有持续的竞争优势。所谓双重效应,一是指三个创新群本身具有的效率,据有关学者分析,上海、江苏和浙江三个创新群均属于中国创新效率高的地区;二是指三个创新群通过互动、互联的效应形成一张自增强的省际创新网络,从而具有极强的外溢效率。

最新研究统计结果显示,从长三角区域技术专利转移情况可以看出,上海、苏州、南通三大技术转移枢纽城市已逐步形成。其中,上海是典型的技术输出型城市,对长三角区域的创新辐射作用极其显著;苏州是典型的均衡型城市,技术输出量和输入量基本保持平衡;南通是典型的技术输入型城市,是长三角最大技术专利输入城市。

据李晓钟、张小蒂(2005)的计算,上海、江苏和浙江的外溢效率分别为44%、29%和41%。长三角不同创新主体在长三角区域创新系统中联结成的网络形式,是介于市场和企业之间的一种中间组织形态。在这种长三角一体化网络组织形式中,一方面,长三角三个创新群外溢过程可以激发更多的相关创新;另一方面,长三角三个创新群可以通过外溢过程的正反馈机制实现进一步的创新,从而外溢本身将促进长三角的生产率,增进创新效率,以提高创新群给整个长三角区域经济带来的总收益,进而增进区域创新的网络效率,实现省际创新协同效应。

8.6　本章小结

本章在考察了省际创新网络产生协同效应的内在机理基础上,通过对基于网络效率省际创新网络形成的内在机理的研究,充分认识到在区域经济一体化进程中,省际创新网络的形成与发展是区域创新系统中实现协同效应的有效载体,区域创新系统中要进一步增进协同效应,必须拓宽、提升省际创新网络效率空间,创造出更为发达和完善的省际创新网络,即要提高区域创新的协同经济效率。长三角创新网络具有三个创新群之间的外溢效应,即"群"与"群"之间的外溢,其外溢效率要远大于"点"与"点"之间的外溢效率。这样,就区域创新而言,一体化的制度安排是对长三角区域创新各要素的一个有效整合,通过提升区域内分工协作网的效率,增进了长三角区域创新中各地的省际创新网络效率,最大限度地拓展了技术创新的效率的可能性边界,由此不仅可以提高长三角的国际竞争力,而且可以增强长三角内各地可持续发展的能力,为进一步加快长三角一体化进程提供了理论和实践指导意义,也为我国转型时期的经济构建国家创新系统和区域创新系统丰富了理论研究。当然,我们只不过是探索了长三角创新网络形成的理论分析框架,寻找长三角创新网络发展的实证与政策研究内容,是有待进一步研究的问题。

第9章 增进省际创新协同效应的动态运行机制研究

要在跨省份的区域创新系统中真正获得尽可能多的"协同外溢",从而提升整体区域创新协同效应,尤其要紧紧围绕着激励相容机制,设计理论主线,在充分发挥市场决定性作用的同时,发挥政府信息披露机制的有效作用,即通过制度创新和构建新机制来形成和促进区域内各主体之间的"合作博弈",防止"恶性"的过度竞争与非合作博弈的种种倾向,以公正、透明、可预期的规制来保障区域内政府与政府之间、政府与企业之间、企业与企业之间、中国与国外之间实现共赢。

因此,以长三角为例,在考察其省际创新协同现状的基础上,本章运用激励相容的理念,顺市场竞争的逻辑,构建长三角省际创新协同的动态运行机制。

9.1 省际创新协同的情况

9.1.1 主要进展

(一)长三角区域一体化协同日趋加强

(1)三地政府及各级职能部门间的合作与交流得到进一步加强

近年来江浙沪三省市的主要领导人都非常重视长三角地区一体化机制建设,特别是长三角一体化上升到国家战略层面后,长三角地区的交流和互动更加频繁。2007 年 12 月 1 日,"长江三角洲地区发展国际研讨会"在上海召开。长三角两省一市的主要领导人悉数出席。长三角地区类似的研讨会,以往已经召开过多次。但像这次的规格如此之高,规模如此庞大,前所未有。研究长三角一体化 10 多年之久的时任江苏省社会科学院副院长张颢瀚据此认为,长三角一体化将进入实质性的操作层面。大会以"提升长三角地区整体国际竞争力"为主题,设立了"世界级城市群的发展轨迹和经验启示""区域重大基础设施一体化建设与管理、区域环境保护和循环经济发展""长三角地区统一大市场建设""共享世博机遇、放大世博效应"等四个专题。长三角各地政府间的协调进一步加强,并在构筑区域内大交通、区域内信息资源共享等重大区域合作与发展方面取得重大进展。各级政府职能部门间的合作与交流频频增加。通过对话沟通、会晤交流、友好协商,各地市在工商、金融、信息、交通、旅游、科教、文化、人才、人力资源等众多领域达成了广泛的共识与默契。例如,江浙沪两省一市工商局就市场准入、政策信息共享、帮助民营企业发展、开通三省市著名商标保护直通车等达成共识;江浙沪15个城市银行就长三角金融合作框架、金融监管跨地区合作、货币市场和资本市场基础建设联动合作一体化进行磋商;"第二届长三角金融发展与创新论坛"于2008年10月12日在南京召开;"长三角人才开发一体化论坛"召开,就建立区域人才共同市场、职业资格证书相互认定等问题进行探讨;2007年8月11日长三角16个城市正式会盟,共同加入"长三角网上人才市场",长三角网上人才交流资源共享长效机制初步建立;等等。2008年7月15日,江浙沪三地科技部门协商编制的《长三角科技合作三年行动计划(2008—2010)》正式公布。这些为构筑区域统一的政策平台与投资发展环境,为实现区域资源的共享、产业的互补、基础设施的衔接和政策的对接,奠定了良好的开端。在2019年全国"两会"期间,上海市委书记李强表示,在三省一市进一步商议达成共识的基础上,下一步长三角将聚焦规划对接、战略协同、专题合作、市场统一、机制完善等五个着力点来推进。一是规划对接。下一步要重点加强规划对接,强化功能布局互动,形成分工合理、各具特色的空间格局。2018年,长三角区域合作办公室组建,江苏、浙江、安徽、上海三省一市派出的人员已经到位,办公地点放在上海。二是战略协同。江苏、浙江、上海两省一市都承担着一些重大的国家战略项目和重要的改革举措,比如自贸试验区建设、行政审批制度改革、科技和产业创新中心建设等。下一步将共同推进试点,共享改革成果,放大改革创新示范效应和带动作用。三是专题合作。长三角已有交通、产业、科技、环保等12个方面的专题合作,要聚焦各方关注的问题,提升专题合作质量,比如基础设施的互联互通、公共服务便利化等。下一步要深化研究,明确措施,积极推进。四是市场统一。更加注重运用市场的力量,进一步消除市场壁垒和体制机制障碍,共建一批开放性的合作平台,在更大范围内推动资源整合、一体化共享。五是机制完善。在已形成决策层、协调层和执行层"三级运作"机制的基础上,进一步完善常态长效体制机制,配强专业力量。2018年6月1日,"2018年度长三角地区主要领导座谈会"在上海举行,会上审议并原则同意《长三角地区一体化发展三年行动计划(2018—2020年)》(简称《三年行动计划》),进一步明确了长三角一体化发展的任务书、时间表和路线图。《三年行动计划》指出,到2020年,长三角地区要基本形成世界级城市群框架,建成枢纽型、功能性、网络化的基础设施体系,基本形成创新引领的区域产业体系和协同创新体系,绿色美丽长三角建设取得重大进展,区域公共服务供给便利化程度明显提升。

(2)企业间的合作日趋紧密

区域内异地之间的各种招商引资、商贸洽谈、产权交易、企业并购、技术合作等活动十分频繁,"走出去"与"请进来"并举,政府、企业与社会中介组织互动。据相关统计,在上海市的内地投资中,来自江浙的投资已占50%。而在环杭州湾5万多家企业中,有一半以上已经或即将在上海设点。①

(3)学术界、社会各界间的合作与交流增多

近年来,有关长江三角洲的各种专门研究机构纷纷成立。2003年以来,先后在上海召开了"长江发展论坛"第四届、第五届年会,"上海及长江三角洲地区合作与发展"国际研讨会等,众多学术会议、论坛及专题研讨接连不断。并且,一些专业合作研讨活动也蓬勃开展起来了,如2005年12月,上海社会科学院、江苏省社会科学院、浙江省社会科学院共同发起和成立了"长三角联合研究中心";2007年6月24日中国中小企业协会长三角地区服务中心在上海成立;2008年7月9—11日,由浙江省机械工程学会、江苏省机械工程学会、安徽省机械工程学会、上海市机械工程学会共同主办的"2008年长三角区域装备制造业自主创新科技论坛"在上海新国际博览中心举行。2008年,科技部和上海市人民政府共同主办浦江创新论坛,该论坛创办以来,每年围绕创新主题,以全球视野谋划和推动创新,已成为具有广泛国际影响力的高层次国际创新论坛。

(4)长三角产业一体化"共同体"建设不断提速②

深入研究发现,充分释放和有效发挥城市、园区、企业等的主观能动性、积极性和创造性,从自上而下的政府主导模式走向平等的、优势互补的

① "长三角"将建成世界第六大城市群. https://business. sohu. com/87/37/article213223787. shtml.

② 资料来源:长三角地区一体联动　区域合作释放发展新功能,http://www. sts. org. cn/Page/Content/Content? ktype=4&ksubtype=5&pid=24&tid=96&kid=2466&pagetype=1&istop=[IsShow].

多元联动市场主导模式,将为推进长三角地区高质量一体化发展注入新的动力和活力。2018 年以来,随着长三角高质量一体化的推进,一个个跨行政区的"共同体"建设不断提速。2018 年年底,长三角区域一体化发展上升为国家战略。当年 12 月 30 日,规划 16.5 平方千米的中新嘉善现代产业园项目正式签约;2019 年 3 月,园区正式发布产业规划,15 个专项规划全部完成评审。2019 年 5 月 16 日,由平湖、嘉定、温州、昆山、太仓共同发起的长三角汽车产业创新联盟正式成立,将联合创建一批科技企业孵化器等科技成果转化基地。

全力推动区域协调发展战略,推进长三角一体化发展等国家战略,应明确各地区在长三角高质量一体化发展进程中的功能定位,立足自身的资源禀赋和产业基础,确定区域产业链的重点发展环节,拓展产业链融合发展,促使要素的空间优化配置与产业活动的合理布局,培育中小企业特色产业集群。同时,加强区域间经济合作,以园区共建、对口帮扶、新型"飞地经济"等多种模式,发挥企业在区域经济合作中的作用,以市场化运作的方式强化地区间的经济联系和产业分工,进而消除地区间的产品和要素流动壁垒,共享经济发展带来的收益。

(5)长三角绿色一体化生态保护协同推进①

绿色一体化是指区域城市间绿色发展水平的平衡与趋同化,是地区间各具结构特色的绿色发展程度的相近化。绿色一体化是长三角一体化发展的重要组成部分。如今,绿色发展理念和绿色生活方式在长三角地区广泛普及,绿色已成为长三角经济社会发展的鲜明底色。

2018 年上半年,长江经济带优良水质比例为 74%,比 2017 年提高 0.1 个百分点;劣 V 类水质比例为 2.4%,比 2017 年下降 0.6 个百分点。2018 年 1—12 月,长三角地区 41 个城市 PM2.5 平均浓度为 44 微克/立方米,同比下降 10.2%;10—12 月 PM2.5 平均浓度为 50 微克/立方米,同比下降 13.8%;PM2.5 平均浓度最低的 4 个城市是舟山、温州、台州和黄山。

开启长三角更高质量的一体化进程,要求沪苏浙皖三省一市共同推进污染治理、生态建设。在长江经济带生态环境协同保护方面,建立长江生态补偿机制,激发沿江省市保护生态环境的内生动力,探索长江分级保护制度。除此之外,还需建立长三角地区政府间的工作协调机制,引导绿色

---

① 资料来源:长三角地区一体联动　区域合作释放发展新功能,http://www.sts.org.cn/Page/Content/Content? ktype=4&ksubtype=5&pid=24&tid=96&kid=2466&pagetype=1&istop=[IsShow].

循环低碳产业和企业发展,协商解决实际问题,弥补绿色发展的短板,在政策、资金和技术等方面加强相互协调和对接。再有,各地在进行地方性环境立法前,应充分征询相互意见,避免地方性法规相互冲突,加快推进重点领域、关键环节体制改革,形成生态环境保护共抓、共管、共享的体制机制。

(6)长三角交通一体化点多面广立体发展①

都市圈作为资源是在城市与城市群之间实现跨区域优化配置的又一空间尺度,是城市合作突破行政边界、区位导向性政策精准施策、城市群建设稳步推进的基础空间单元。高速铁路、城际铁路等现代交通方式极大地拉近了中心城市与都市圈内其他城市的时空距离,带来了生产要素突破城市行政边界、实现跨区域的优化配置,加速了核心城市和周边地区融合发展的进程。

长三角轨道互联互通积极响应"长三角区域一体化发展战略"。2018年12月底,"沪杭甬"作为首批互联互通城市,成功为长三角交通一体化的推行奠定了基础。随着江苏、安徽的正式加入,长三角"三省一市"交通一体化的新格局轮廓开始呈现,切实落实了2018年度长三角地区主要领导座谈会审议并原则同意的《长三角地区一体化发展三年行动计划(2018—2020年)》。

以现代化都市圈建设推进长三角高质量一体化发展,本质上是要中心城市与圈内其他城市间形成竞合并存、互为依托、交互影响的有机发展整体。加快跨区域不同等级公路衔接、城际轨道交通网建设,将有助于构建高效便捷的综合立体交通网络,有效支撑都市圈有序联动发展。长三角一体化点多面广,必须抓住基础性、关键性的领域与环节,实施重点突破。从硬件到软件,从基建联通到制度打通,这是长三角更高质量一体化的必由之路。

(二)长三角的省际创新协同日趋加强

(1)签订共同推进长三角区域创新体系建设的协议书

上海、江苏和浙江为了构筑长三角区域创新体系,于2003年11月上旬共同签署了《沪苏浙共同推进长三角区域创新体系建设协议书》,这是我国第一个省级政府间签订的共建区域创新体系的协议,在全国具有重要的示范作用。根据协议,沪苏浙两省一市将首先加快推进科技文献、科技信

---

① 资料来源:长三角地区一体化联动　区域合作释放发展新功能,http://www.sts.org.cn/Page/Content/Content? ktype=4&ksubtype=5&pid=24&tid=96&kid=2466&pagetype=1&istop=[IsShow].

息、专家库、动植物资源和水文资源等基础性科技资源的联网共享；相互开放国家级和省级重点实验室、工程技术研究中心、中试基地、大型公共仪器设备、技术标准测评机构；逐步构建科技资源共享的信息平台。协议还明确相互认可经两省一市科技行政管理部门认定的有关资质；还将协同规划建设长三角高性能宽带信息网等科技基础设施，联合开展科技攻关，跨地区、跨学科、跨单位联合承担国家重大科技项目，联合共建创新载体等。这标志着长三角创新体系建设正式启动。

自此，长三角区域科技合作向纵深发展。2004 年 6 月 24 日，江浙沪科技界、大专院校和企业界人士会聚上海，以"构筑长三角科技中介服务体系，促进区域科技与经济联动发展"为主题，举行"东方科技中介论坛"，并且共同签署"长三角科技中介战略联盟""长三角技术与资本对接服务平台""推进长三角技术经纪人合作平台""长三角技术信息服务平台"等四个相关协议。

2005 年 3 月，长三角区域创新体系建设联席会议办公室工作会议在扬州召开。江浙沪两省一市进一步扩大合作层面、推进科技资源开放共享、强化科技信息交流、加强战略规划研究。其中，上海启动长三角 16 城市科学仪器共用服务平台建设，积极推进科技资源的共享；认真遴选一批三方共同关心的科研合作攻关项目，同时加强对 2004 年启动的合作项目的管理；在实施由上海牵头的合作项目中，重点推进三地科技政策的对接、开展国际科技合作交流和长三角区域科技发展规划的前期研究。

为推动长三角地区社会经济协调发展，促进区域间创新创业资源的合理流动和有效配置，长三角区域创新体系建设联席会议办公室于 2005 年 9 月在江苏举办"长三角民营企业苏北行"活动，组织上海、浙江和苏南地区的民营科技企业到苏北地区开展产业转移和投资项目对接，促进资金、技术、智力等创新资源的区域转移和优化配置，实现沪苏浙三地的互动、互补、互利、共赢。

(2)建立长三角区域创新体系建设联席会议制度

这是 2003 年 11 月由上海市科学技术委员会和江苏、浙江科技行政部门在杭州举行的"长三角区域创新体系建设论坛"上共同确定的。根据协议，三地在科技部指导下，建立由两省一市主管领导组成的长三角创新体系建设联席会议制度，每年召开一到两次联席会议。联席会议负责组织开展长三角科技发展战略和中长期规划研究，实行科技资源开放和互享，共建科技基础条件平台，联合承担国家重大项目。联席会议下设办公室，办公室由两省一市科技行政管理部门联合组建，采取轮值制度，并设立相应的专项资金。

(3)长三角地区首度建立科技协同机制

建立覆盖上海、江苏、浙江三地的科技协同机制。三地科研机构和科技人员围绕长江三角洲地区共同发展中遇到的重大问题,携手合作、资源共享、优势互补、共同发展。长三角地区作为新崛起的世界第六大城市群,蓬勃发展势头举世瞩目。而作为第一生产力的科技,更是日益显示出支撑该地区全面协调和可持续发展的重要作用。为推动整个长三角地区科技、经济和社会的协调发展,三地科技界商定:建立一个科技协同机制,围绕长三角地区共同发展中的重大问题,在学术研究、科学普及、对外科技交流与合作、科技人才资源开发和流动、维护科技工作者合法权益等方面打破藩篱,实现信息、资源的共享和研究成果互通。在这之前,三方科技部门已共同签署了一个名为《长三角地区发展科技交流与合作协议书》的协定。作为实施协议的重要举措,首届"长三角科技论坛"于 2004 年 10 月 12 日在浙江拉开帷幕。这个论坛共设 1 个主论坛和 13 个分论坛,内容涉及电力与能源科技、生物医药产业、生态环境与可持续发展、港口航运科技、城市发展与建设等。"长三角科技论坛"计划每年举办一次,由三地轮流主持。在首届"长三角科技论坛"上,时任浙江省科协副主席张明生表示,如此大规模、综合性的科技论坛的启动,表明三地科技界的携手合作已进入实质性操作阶段。把三地科研人员的这些针对性极强的研究成果进行集中展示和交流,不仅可以提高效率、减少不必要的重复投入和科研浪费,同时还能形成合力,推动更多更新科研成果的涌现。① 2019 年 6 月 28 日下午,长三角科创圈共建创新平台(南京)圆桌会议在南京国际会议中心成功举办。会议以"共建共享 协同创新"为主题,邀请中国科技发展战略研究院、江苏科技发展战略研究院专家,上海、江苏、浙江、安徽三省一市的创新平台代表,就如何共建长三角科创圈创新平台,提升区域创新整体效能展开研讨交流。三省一市共同签署并发布了《共建长三角科创圈创新平台倡议书》。

9.1.2 尚需解决的问题

重新审视长三角的省际创新协同进程,我们可以看到,各种新兴的合作机制尚处于起步探索阶段,虽然达成了不少共识,但多限于文件、口号,务虚多,务实少,也更多关注合作、互惠、优势互补,没有着眼于区域整体科技资源的系统规划和整合,如何进行区域创新协同,从"对话性"合作走向

---

① 世界第六大城市群 长三角首度建立科技协同机制,http://www.ce.cn/new_hgjj/guonei/dqjj/200410/12/t20041012_1962267.shtml.

"制度性"融合,仍然存在较多的制约和瓶颈。

（一）缺乏成熟的市场机制

尽管1978年以来长三角地区市场化改革取得了举世瞩目的成就,但是仍需要进一步加快发展。例如,①从经济观察来看,由于国有经济产权主体非人格化和代理人问题的存在,决策相关的经济效率仍有待提高。②虽然政府对经济的垄断程度不断放松,但仍存在很多产业进入的壁垒和不必要的行政性管制。③尽管产品市场发育较为成熟,但在要素市场发育上还有很长的路要走。④尽管区域内的经济合作增加,但由于行政性垄断分割的存在,两省一市之间的地区壁垒仍较高,且地区内跨省市的合作与分工的层次和水平都还处于比较低的水平。

（二）缺乏激励相容利益协调机制

目前长三角区域创新协同尚需解决的主要问题是行政体制障碍。由于行政分割导致各自为政,经济运行带有显著的行政区域利益特征,由此引致的市场分割和地方保护阻碍了创新资源的自由流动、共享和跨地区的合作。如前分析所述,长三角区域创新协同可引致区域创新协同效应的提高,因而可给经济主体带来利益的激励。但是,利益可分为个人利益、局部利益和全局利益,也可分为短期利益和长期利益。在区域创新协同中,创新资源以多元化的方式存在,涉及企业、政府、大学、金融机构、中介机构、社会组织等,由于利益主体的多元化和地方化倾向,特别是当地方经济利益与整个长江三角洲地区经济发展全局性、整体性和长远利益不一致时,就会导致区域创新协同难以深入进行,制约了区域创新资源的整合。因此,行政区划分割只是表象,其根本在于利益机制的不协调。因为市场机制本身就是利益驱动取向的,长三角的政府、部门、企业都有自身的利益选择,区域创新协同进程要想取得突破性进展,只靠政府间的例行协调会、几项重大工程是远远不够的,必须在观念和体制上率先转变,建立利益协调机制,构建激励相容机制,只有这样,才可能找到区域创新协同的可持续动力源。

（三）缺乏统一的区域科技发展规划和配套的科技政策法规

与珠三角不同,长三角区域创新协同涉及两省一市,在不同的行政区域内。现行的体制下,地方利益不可能被完全排除,如果不能将各自的科技发展规划整合,不能尽快出台区域整体科技发展规划,不能使各地间形成分工协作、优势互补,那么产业雷同、科技布局相似的状况就不可能得到根本性扭转。因此,三省市要充分参照国家中长期科技发展规划,对各自的科技发展战略进行全面梳理,不仅明确各自科技发展方向,更应突出区域合作,就长三角整体科技发展战略进行研究和部署,加强三方的科技合作与交流,全方位地进行双向对接,制定统一的区域科技发展战略和布局规划,形成产业层次错落、布局合理、协作关系紧密的科技合作局面。

(四)缺乏跨区域的运行机制和载体

由于长三角区域创新协同涉及江浙沪两省一市各自不同的地区,在其实质的运行过程中,缺乏跨地区的有效运行机制和载体,主要体现在如下几方面。

(1)缺乏跨地区的创新协同协调委员会。从欧洲联盟的经验看,在区域内组成较完备的组织,比如制度化的协调委员会,通过集体谈判、缔结条约或协议等方式实质性推进区域的协同发展,具有较强的法律强制性和有效性。因此,通过独立的协调机构来推动长三角区域创新协同已日益迫切。

(2)缺乏跨地区行业组织协会和联盟。目前,长三角区域的行业协会大多是地方性的民间组织,虽然行业协会作为一种民间组织对企业间的合作起到了重要的纽带和桥梁作用,但是较难承担起跨区域协同的重任。因此,可借鉴美国、英国的区域规划协会的经验,突破行政区域约束和限制,组建长三角行业协会联盟,共同制订区域创新合作发展规划、区域共同市场规则以及区域合作行规,探索区域各类市场资源的连接和整合,建立跨地区的知识产权法庭、服务援助中心等。

(3)缺乏跨地区科技园区。区域创新协同实施的理想载体是组织跨地区科技园区。长三角区域基础设施相对完备,三地政府可以共同出台跨区域科技园区的建设制度,积极推进跨地区科技园区建设。以跨地区科技园区为载体,联合开展重大科技攻关,切实有效地推进重大科技成果转化和高新技术产业化等。

(4)缺乏跨地区的技术研究中心和产业创新联盟。面向长三角区域产业发展趋势,集成三地创新资源优势,以产业共性技术研究开发与示范应用为重点,结合重大工程项目建设,着力攻关一批关键技术项目,突破瓶颈制约,为提升长三角产业国际竞争力提供科技创新支撑;着力构建以市场为导向、企业为主体、产学研结合的跨地区技术研究中心和区域产业创新联盟,改变经济增长方式,率先实现由"长三角制造"向"长三角创造"的转变。

(5)缺乏跨地区的"生态环境和谐宜居区"。面临区域人口、资源、环境、能源等方面的严峻考验,以替代、节约、修复、利用和再循环等技术为重点突破口,深化事关民生、社会发展领域的关键共性技术联合攻关,有效控制环境污染,实质推动生态文明建设,促进生态良性循环和资源可持续利用,形成自然生态、人居生态和产业生态的和谐发展态势,切实提高长三角地区生活品质,营造跨地区的"生态环境和谐宜居区"。

9.2　省际创新协同的机制设计

9.2.1　完善市场机制

长三角区域创新的主体是企业,区域创新协同的基础性调节力量是市场机制,但是这并非意味着长三角的省际创新协同不需要政府,而是要求政府运用激励相容的理念,适时调整政府职能,提供良好的制度环境和政策环境,积极推进长三角的省际创新协同发展。刘志彪、陈柳(2018)提出,发挥政府和市场秩序有别的"双强"作用,发挥政府强力推动作用的目的,是营造让市场发挥决定性作用的环境。

市场经济有好坏之分。一个好的市场经济,对企业自主创新的作用是巨大的。完善的市场机制是企业进行技术创新的动力和压力,也是促使创新成果优化配置、创新所引致的经济绩效提高的有效途径。虽然相对于我国其他地区而言,长三角地区的市场化进程相对较快,但是,要使市场成为长三角地区创新资源的基础性调节手段至少需要如下三个方面的改革。

(一)建立一个完善的政府

一个好的市场经济,最突出的特点是有一个完善的政府,即一个法治政府和有限而有效的政府。因为一个健全、统一、开放、有序,能公平竞争、优胜劣汰的市场环境,是激励经济主体进行技术创新的动力源。从这个意义上讲,政府的职能就是要建立市场规则,实施反垄断法,打破地方保护、行业垄断,维护市场竞争的有序性,使企业更多地依靠技术创新而不是其他因素获取竞争优势,保证市场机制充分发挥作用,从而为企业营造一个良好的市场环境。因此,建立健全一个好的政府,是完善市场机制的前提条件。

(二)构筑长三角区域共同市场

从全国统一市场形成的进程来看,统一市场的形成是渐进的、局部推进的,长三角地区可顺应国家长三角区域一体化战略率先构筑长三角区域共同市场,在此基础上再与珠三角区域共同市场、环渤海区域共同市场等相互渗透、辐射,最终形成全国统一市场。

长三角区域共同市场是指在长三角区域内取消地区间政策的差异和行政壁垒,实现产品和生产要素的自由流动。共同市场的形成是通过建立统一的市场规则来实现的。我们可借鉴欧盟共同市场的经验,在符合我国加入 WTO 承诺的前提下,健全和完善各类市场体系,保障市场机制发挥基础性作用。对于区域创新协同而言,我们应加快产权交易共同市场、人力资源共同市场、科技成果及知识产权共同市场和基于信息网络的信息共享及信用征信共同市场等的建设,为经济主体进行技术创新提供一个有利的市场环境。

(三)健全知识产权制度,促进技术市场有序发展

技术创新是一个经济过程,即技术创新的起点是市场需求,其终点则是通过市场获得经济利益。而知识产权制度则可为新技术的所有人创造一个专有的或者是垄断的环境,以此保证其获得适当的利益回报,同时对剽窃他人的发明创造、侵犯他人知识产权的行为实行制裁。知识产权制度的激励约束机制在技术市场的有序发展中发挥了重要作用。

因此,在促进长三角区域创新协同过程中,应进一步健全知识产权制度,加大专利执法和知识产权保护力度,充分调动各类创新主体的创新动力。值得注意的是,技术创新的成果既可用于自己的生产过程,通过产品价值的实现来获得创新收益;也可通过技术转让来实现创新收益;还可上述两者兼而有之。而后两种方式依赖于技术市场的发展。故从这个角度来看,技术市场是否完善可影响创新主体的创新动力。更为重要的是,通过技术市场纽带形成的分工合作的创新网络,不仅可以促进科技创新和科技成果的市场化,即提高技术创新的市场效率,而且由于技术市场在促进技术要素流动时可产生大量的外溢,因而还可提高技术创新的系统效率。为此,政府应加强对技术市场的宏观引导,为技术市场提供必要的法律环境和政策环境,建立公平、公开、等价的交易原则,采取优惠的财政、金融、税收政策扶持技术市场发展,并通过完善技术成果产权激励机制和知识产权保护制度进一步推动技术创新与技术转移。值得重视的是,我们既要积极发展技术产权交易和各类科技产品、高新技术商品会展等有形市场,又要通过建设国内外技术市场信息网络体系等无形市场,进一步扩大技术市场的作用范围,从而使技术市场在提升区域创新效率中发挥更大的作用。

9.2.2 设计跨省知识创新共享平台

知识,作为一种准公共物品,其特点是具有整体性结构,同时,其产权

并不容易界定。从理论上说，知识的扩散有益于整个社会的福利，但对私人的回报却是不利的：如果知识的创造者不能独享由知识带来的哪怕是部分的租金，那么就没有人会在创造新知识上进行投资。与创造和传播知识有关的各种制度总是在这样的权衡取舍中塑造出来的。① 从区域经济层面来分析，随着经济发展的不断深化，区域竞争模式主要由"让利竞争"向"服务竞争"②转型，其核心问题是区域竞争的主要"武器"由价格转向创新。市场压力、晋升竞争迫使地方政府系统地、大规模地支持创新活动，而任何一个地区因创新努力取得的成功又会迫使其竞争对手更努力地开展创新活动。这样，在经济发展最快的区域中，地区与地区间展开了异常激烈的"军备竞赛"，其最重要的"武器"是创新。为了获取一定政治资本和地方经济利益，一个创新区域会通过共享，无偿或有偿地在区域间进行广泛的创新交流与合作，从而又将在更大的范围内加速创新步伐。设计怎样的机制和制度来创造、共享和传播创新知识是一个值得深入研究的问题。知识创新的创造力及竞争力的提升都源于社会的互动。机制、政策设计的着眼点不仅是创新方向的引导和重点领域的投入或重点项目的支持，更重要的是促进社会成员的广泛互动。为此，我们认为，在信息不对称前提下，构建基于激励相容的新型机制和体制，构筑长三角区域知识创新与知识共享平台，设计跨省的知识创新共享平台机制，应该从以下方面着手。

（一）构筑知识创新的"信息高速公路"

尽管长三角地区在国内属区域创新能力较强的地区，但与国外相比还存在很大的差距。因此，政府可以通过提供公共品和适当优惠政策对正外部性大及瓶颈产业进行局部扶持等，加快构筑知识创新的"信息高速公路"，从而整体提升长三角区域创新协同效应。我们认为，可以从如下几方面推进。

（1）加强网络型知识创新基础设施建设

发达的交通、运输和信息网络是长三角区域创新协同形成与发展的支撑条件，更是提升长三角区域创新能力的一个重要因素。网络型知识创新基础设施产业具有需求方的边际报酬递增的特性，这种特性使得江浙沪之间进行网络型知识创新基础设施产业的协同发展有利可图，进而提高网络

---

① 威廉·鲍莫尔.资本主义的增长奇迹.郭梅军，等译.北京：中信出版社，2004：V.
② 陈耀（2005）认为，"让利竞争"主要是指地区间在招商引资中，竞相出让好处或利益给投资商的一种竞争方式；"服务竞争"主要是指地区间提供优良的服务配套环境、规范透明的制度和高效的行政运转体系的竞争方式。

型知识创新基础设施的利用效率。

政府可采取适当的方式,参与建设和投资于那些需要较大规模的初始投资或需要较长建设周期的项目,例如教育、卫生、交通运输和能源等必要的基础设施部门。这样可以为社会经济活动提供必要的基础设施,降低经济活动和市场机制运行的交易成本,提高交易效率。

因此,应加强协调江浙沪三省市交通运输网络规划和建设,加快建设铁路、公路、水运、航运等多种运输方式相互配套、方便快捷的综合交通运输网络,尽快形成一体化的交通、信息网络体系,从而快速而方便地实现长三角区域内创新信息资源的流动。

在此基础上,长三角网络型知识创新基础设施建设的核心是为围绕知识创新的标准而进行有组织的对话,我们认为,在未来的几年中可实施如下行动计划:①举行长三角知识创新战略讲习班和研讨会;②举行长三角知识创新圆桌会议;③制订长三角知识创新基础设施研究计划;④制定长三角知识创新奖励制度;⑤实施每两年一次的长三角知识创新大会制度。

(2)跨省高层对话与协商机制

进一步完善跨省高层对话与协商机制是在区域创新协同推进过程中充分发挥政府推动力的关键。在科技部的统一领导下,进一步完善现有(如上海创新论坛)的沟通对话与协商机制,积极探索建立新的沟通对话与协商机制,特别是健全不同地方政府之间的跨区域协商机制以及不同层级政府之间的磋商沟通机制,对区域创新协同过程中出现的冲突危机或者适应社会新增的服务需求做出快速而有效的反应。为此,我们建议,一是要进一步充分发挥现有的长三角区域创新体系建设联席会议制度及其办公室的作用。充分发挥联席会议制度在制订区域科技中长期发展规划和行动计划,组织区域性重大创新项目的合作和攻关,确定区域内共同建设的重点创新基地(机构、园区等),协调和规划区域内相关的鼓励政策,建立区域性信息平台、技术及产权交易平台,培育区域性高层次科技管理和科技中介人才,开展区域性创新活动和对外合作、交流等方面的纽带、桥梁、沟通和协商的作用。二是要建立不同级别政府之间的磋商与对话,建议在目前的部省高层对话的基础上,构建"中央部门—长三角"的"部区"会商机制,争取得到国家层面对长三角区域创新体系的协调合作以及重大项目的支持。建立健全不同部门、不同地区之间的沟通与协商机制,形成落实各项事务的合力。三是建立健全联络员制度,使信息以最快的速度在三地之间得到传递和反馈。

(二)构建跨省的知识创新服务平台

知识创新服务平台是在信息、网络等现代技术支撑下,通过制度创新,实现公共知识基础资源的优化重组和开放共享,促进创新资源的有效配置和综合利用,服务于全社会知识创新与创业活动的支撑和保障体系。对于长三角区域来讲,实现区域创新协同,率先建成创新型区域,先决条件之一是构筑流畅的长三角区域的开放型资源共享网络,推进两省一市信息、资金、人才、成果、技术等创新资源的充分流动、互通有无,提升区域资源整合能力及配置效率。我们的研究结果表明,有效实施长三角区域创新协同应从如下几方面着手。

(1)积极推进长三角科技基础条件平台建设

科技基础条件平台包括研究实验基地和大型科学仪器设备共享平台、自然科技资源共享平台、科学数据共享平台、科技文献共享平台、科技成果转化公共服务平台、网络科技环境平台等,这些平台的建设是充分运用信息、网络等现代技术,对科技基础条件资源进行的战略重组和系统优化,从而可促进全社会科技资源高效配置和综合利用,提高科技创新能力。区域创新服务平台是区域技术创新体系的重要组成部分,是服务于长三角地区科技进步与技术创新的基础支撑体系。对于创新主体来讲,科技基础条件平台的建设,既可凭借技术创新平台,提高技术创新能力,又可部分地减少创新的沉入成本,因而可激励经济主体进行技术创新。对于区域来讲,可以促进区域内科技资源的集成、共享和集约利用,从而达到提升整个区域科技创新能力的目的,并最终服务全国。

根据目前的实际情况,长三角地区的科技基础条件平台建设可分两步走:第一步,上海、江苏和浙江对本地创新资源进行整合,建立和完善相应的科技基础服务平台;第二步,以增强区域科技创新能力为目标,对三省市科技投资资源进行有效整合和战略重组,激活存量科技资源,优化增量科技投资资源,构建布局合理、功能齐全、开放高效、配置完整的科技创新保障体系。在科技基础条件平台建设中,应建立部门、行业共同参与,相互协调的工作机制,强化行业公共知识创新服务平台建设。

(2)利用优惠政策积极扶持战略产业

政府可以依据"窄幅移动带"(the narrow moving band)原则,尽可能正确地选择特定的关键产业予以适当的政策支持。世界各国经济发展的历程表明,高新技术产业的竞争优势往往是人们努力创立的,而不是与生俱来的,政府在支持高新技术产业领域问题上经过慎重决策是可以避免失误的。一般而言,任何一国政府在选择那些能代表未来发展方向的关键性产业时,如计算机、电信、生物技术等,发生信息不完备的可能性较少,因此,世界各国对这些产业大都予以政策支持。此类产业一旦获得成功,通常可产生广泛的外部经济,且能占领相应的国际市场。当然,政府的"扶持"必须是暂时的、积极的,必须与促进企业努力参与竞争结合起来。

应当强调的是,由于长三角地区民营企业众多,且存在"低、小、散"的问题,因此,政府应通过引导、扶持、鼓励企业之间互相参股、合作研发等,在政企之间及企企之间建立某种激励兼容的纽带,这也是鼓励企业攻克区域内共性关键技术的有效途径。例如,浙江桐庐分水镇有600多家制笔企业、200多家配套企业和3万多"靠一支笔吃饭"的农村劳动力,2004年圆珠笔产量为55亿支,是我国的"制笔之乡"。然而,由于制笔的核心技术(笔芯和油墨)尚没有掌握,笔的价格一直受制于人,虽然笔的销量越来越大,但其效益提高却很缓慢。尽管该地民营企业进行了大量的技术创新并涌现了一批专利申请量,但是大量的专利申请属于难度较小的"外观设计"和"实用新颖",制笔的核心技术并没有突破。其主要原因,一是分水镇制笔业以中小企业为主,绝大多数企业没有能力进行研发;二是笔芯和油墨为整个制笔业共性的技术难题,可能的"搭便车"行为也引致经济主体缺乏攻克核心技术的动力,从而使核心技术的研发陷入"纳什均衡"。为此,地方政府牵头,推动制笔企业与浙江大学联合开发,共担风险、共负盈亏,通过这种利益激励兼容的机制,有效地攻克了产业"共性"的核心技术研发难关。

(3)构建跨行政区域的生产力促进中心

针对长三角地区中小企业众多的特点,地方政府应充分利用WTO对R&D、贫困地区及环保治理等补贴的"绿箱"政策,大力扶持、构建企业化运作的、覆盖大产业区域的行政生产力促进中心,提高经济主体将比较优势转化为竞争优势的能力。其作用包括:①组织中小企业参与研究与开发(包括委托研究);②推行国际标准;③促进现代企业制度的形成;④业务培训;⑤申报与维护知识产权;等等。这样有利于长三角地区众多小企业避免被"锁定"在低附加值产业分工层次上,促使其向高层次演化升级,而不仅仅依靠其"自组织功能"。

(4)优化跨省的科技中介服务机构联盟

科技中介服务是为科技研发、技术转移与扩散以及产品的市场化和产业化提供中介和关键资源配置服务的总和。科技中介机构活跃于技术需求者与持有者之间,沟通大学、研究机构和企业间的技术流动,促进创新系统内各参与主体间的互动,并通过技术搜寻、评估和传播,实现创新系统内在的有效联系,是各类创新主体的黏合剂和创新活动的催化剂,在有效降低创新成本、创业风险,加速科技成果产业化进程中,发挥着不可替代的关键作用。

2004 年 6 月,在科技部及江浙沪科技行政管理部门的统一指导下,江浙沪两省一市科技系统共同签署了我国首个科技中介联盟——《长三角科技中介战略联盟》。这标志着在长三角区域搭建起了一批科技中介公共服务平台,将进一步促进江浙沪各地科技中介组织的交流与合作,为逐渐化解地区壁垒,实现优势互补,形成区域科技中介服务体系夯实基础。但是,长三角区域科技中介的跨区域发展空间有限,自身服务能力不足,不能有效形成协同服务效应,难以发挥促进区域创新协同的纽带作用,从而三地科技资源融合互动、流动和优化配置效应未能显示。究其原因,一是中介机构机制不活、理念落后;二是中介机构力量分散,协同不够;三是中介机构自身商誉有待提高。为此,我们认为,要冲破条块分割,打破地方主义壁垒,让江浙沪三地中介机构在长三角区域范围内公平竞争、合作共赢,在市场机制的作用下,实现科技中介资源跨区域的合理流动和高效配置,进一步完善长三角区域中介联盟。要通过限制过度竞争行为,消除人为分割状态,积极推动科技中介组织跨地区、跨部门的兼并和重组,提高技术交易的匹配效率,提升科技中介机构服务功能能级,充分发挥其协同作用。

(5)创建跨省的高科技园区

高科技园区作为发展高新技术产业的平台和载体,不仅是发展高新技术产业的重要组织形式,而且是实现长三角区域创新协同的有效载体。截至 2017 年年底,长三角区域各类园区、开发区已超过 500 家,其中国家级的有近 50 家,省级的有 230 多家。目前,这些园区存在几方面的不足:一是大企业、大项目进入园区的不多;二是各园区专业化特色不够明显;三是缺乏新型的体制机制。因此,我们认为,通过建设跨省的高科技园区如"G60 科创走廊",实现长三角区域创新协同。建议要充分利用国家级高新区的体制、机制和政策优势,整合园区资源,以"一区多园,一园多基地"的建设理念,在江浙沪三地间地理相邻的地方构筑起跨省的高科技园区,可以成立三地政府入股的经营性股份公司来管理和经营这种园区。通过这类园区的平台和载体的建设,加强协调互动,培育主导产业,引进大企业、大项目,壮大园区的经济实力,提升核心竞争力;通过突出抓好企业技术创新体系、科技成果转化体系、技术支持体系、技术创新服务体系和政府技术创新调控体系等五个体系建设,进一步加快体制和机制创新的步伐,增大创新的优势。

(三)建立跨省统一的政府采购支持自主创新机制

理论研究揭示,政府采购是支持企业自主创新的有效政策工具,发达国家的实践表明,通过政府采购扶持本国产业发展尤其是高科技产业发展是普遍而通行的做法。

目前,江浙沪两省一市均制定了相应的鼓励自主创新的政府采购政策,建立了政府采购自主创新产品目录,对纳入自主创新产品目录的产品,在财政支出和政府投资的重大项目建设中给予优先政府采购;在国家和地方政府投资的重点工程中,国产设备采购比例一般不低于60%;对企业或科研机构生产或开发的试制品和首次投向市场的产品,具有较大市场潜力并符合政府采购需求条件的,进行直接收购和订购。

但是,长三角区域创新协同发展的政府采购制度存在如下几方面的问题:①缺乏统一完整的自主创新企业和产品评价标准,使政府采购扶持自主创新政策导向功能缺乏明晰的标杆;②缺乏系统完整的激励企业自主创新的政府采购政策体系;③长三角地区政府采购实践中,政府采购促进技术创新的理念未得到高度重视和统一认识;④江浙沪各地政府采购规模相对较小,对技术创新的拉动作用有限。

为了充分发挥政府采购支持企业自主创新的独特作用,我们认为,迫切需要构建长三角区域创新协同发展的跨省的政府采购新机制,其构建要点是:①建立健全政府采购高新技术产品统一协调机制,建议在长三角成立一个包括财政部门、科技部门、信息部门、监察部门、采购中心和采购大户等在内的长三角政府采购联合委员会,以协调解决政府采购过程中的问题;②明确自主创新企业和产品标准,建立一套统一的自主创新企业及产品的评价认定体系;③对长三角企业开发的具有自主知识产权的重要高新技术装备和产品,政府实施首购政策;④实现江浙沪三地政府采购机构的联盟,三地联合起来进行集中统一采购,从而扩大相关产品的市场需求拉动作用,推动政府采购对技术创新的支持与促进作用。

9.2.3 设计新型的跨省的协同平衡机制

长三角区域创新协同要以机制为基础性的协调力量,创新资源的配置是建立在经济主体的利益趋向基础上的。在市场经济利益主体多元化的情况下,各个创新主体都追求自己技术创新所引致的利益最大化,利益可分为个人利益(微观主体)、局部利益(地方政府)和全局利益(长三角区域),也可分为短期利益和长期利益。当个人利益、局部利益和全局利益发生矛盾,或当短期利益和长期利益发生矛盾时,单靠市场机制就难以协调。在长三角区域经济一体化过程中,实现区域创新协同,应从"单赢"思维转向"双赢""共赢"思维,而要做到这一点就需要构建新型的长三角区域创新协同平衡机制。

目前,江浙沪三地已建立长三角区域创新体系建设的联席会议制度,这对推动长三角区域创新协同起了一定的作用。但是,由于我国长三角地区尚存在各种与市场经济规则不一致的问题,地方政府的干预在现有行政区划下难以破除,因而从制度、体制、组织创新的角度进一步完善区域创新协同机制显得尤为重要。为此,我们针对长三角区域创新协同过程中存在的问题,以激励相容的理念,设计了新型的跨省的协同平衡机制,具体包括以下几方面。

（一）构建新型的跨省的协调机构

要突破原有体制机制的条块分离,首先要设计和建立适合我国国情的新型的跨省的协调机构。

综合国外典型的案例,其模式也因各地区的不同情况而具有不同的特点,但归纳起来可分为三类:第一类是集中管理模式,即组建一个统领全局的行政机构,统一对区域内所有行政主体进行调度,统一管理所有重大经济和社会事务,如经济发展战略、投资开发项目、基础设施建设、科技发展和文化教育事业发展等。第二类是分立联合模式,以区域内的各行政主体为基础,成立一个联席会议性质的组织,协调各个行政主体的行动,统一规划,协调发展。第三类是联盟一体模式,区域内保留原行政主体,但由各行政主体联合成立统一的联盟式机构,这个机构是常设的、有权威的,可下设一定数量的具体管理协调机构。在联合体内建立统一规划、分别执行和管理的协调机制,逐渐实现区域内要素市场、通信交通、基础设施、社会发展和文化建设的一体化。

考察欧盟各国间的协调平衡机制发现,欧盟就是实现了第三类模式。欧盟是一个超国家的组织,既有国际组织的属性,又有联邦的特征。欧盟成员方自愿将部分国家主权转移至欧盟,欧盟在机构的组成和权利的分配上,强调每个成员方的参与,其组织体制以"共享""法制""分权和制衡"为原则。

欧盟下设欧洲理事会(European Council),是欧盟的最高决策机构,由各成员方元首或政府首脑及欧盟委员会主席组成,每年至少举行两次会议。理事会主席由各成员方轮流担任。欧盟还设有欧洲联盟理事会 (Council of European Union),它由欧盟各成员方部长组成,所以又称"部长理事会",是欧盟的重要决策机构。根据议题不同,参加会议的分别为外交部部长、农业部部长、工业部部长、运输部部长等。部长理事会根据欧盟委员会的建议就欧盟各项政策进行决策,并负责共同外交和安全政策、司法、内政等方面的政府间合作事宜,任命欧盟主要机构的负责人并对其进行监督。这是两个最重要的决策机构。

此外,还有欧洲经济和社会委员会(European Economic and Social Committee),简称"经社委员会"(ESC),为欧盟咨询机构。经社委员会代表雇主、工会以及中小企业、环境组织等经济和社会集团的利益,可应欧洲议会、理事会和欧盟委员会的要求或自发地对欧盟决策在经济和社会方面的影响发表意见,为欧盟决策提供咨询并对其施加间接影响。欧盟当局在就人员培训、就业、社会基金等问题决策前必须咨询经社委员会的意见。

另一个地区平衡的机构是欧洲地区委员会(European Committee of the Regions),和经社委员会一样也是欧盟的咨询机构。欧洲地区委员会由来自各成员方地区当局的代表组成,如市长、市参议员及地区政府首脑等。欧盟委员会和理事会五个方面的决策必须咨询欧洲地区委员会的意见:①经济和社会统合(包括结构基金);②泛欧交通、通信和能源网络;③公共卫生;④教育和青年;⑤文化。在其他领域决策上,地区委员会也可应欧盟委员会和理事会的要求或自发地提出意见,对欧盟决策施加间接影响。

为此,我们认为,长三角地区可参照欧盟的经验成立类似的机构,比如成立由省、市党政主要领导参加的长三角地区经济社会发展理事会作为最高协调决策机构;成立由各省、市职能机构领导参加的长三角地区经济社会发展工作委员会,就具体的发展规划、协调平衡、执行方案做出决策,下设若干常设的专门机构负责落实实施;成立一个地区委员会,由各地区政府、企业、社区、研究机构和相关中介组织的代表组成,对上述两个机构的决策和执行情况进行咨询和监督,提出改进意见。这样一个相对有权威和执行力的协调平衡体制,能保证较顺畅、高效地实行区域创新协同进程。

在这个相对统一的协调管理架构下,制订长三角区域经济社会发展总体规划、产业调整规划、资源环境保护规划、科技发展规划等,在长三角地区经济社会发展工作委员会下设的具体执行机构的指导和监督下,各地区完成对这些规划的实施。可以逐步推进实施,采取先易后难、先局部后全区的办法,经过一些年的发展,逐渐实现区域内的全面协同发展。

　　从区域创新角度来讲,协调机构的主要职能首先就是要对长三角目前和今后的发展趋势进行全面分析,并据此制定出含近期、中期和远期目标以及长三角区域创新协同推进的规划,一系列鼓励创新的激励政策等。应创造一个良好的环境,促进企业与企业之间、企业与地方政府之间、地方政府与地方政府之间在长三角区域创新协同中形成一个激励相容的机制。特别需要强调的是,由于各种经济利益主体并存,经济纠纷难以避免,因而仲裁经济纠纷应该成为协调机构的主要职能之一。我们可以借鉴 WTO 的做法,设立具有权威性的仲裁协调机构,而使该机构有效运作的前提是保证其工作的独立性,以使仲裁机构的结论不受任何利益集团左右,具有公正性。

　　(二)建立一种"利益补偿"与平衡发展基金

　　要实现上述新型的协调机构的建立,一个关键问题是要有财政资源的支持。比如规划一个区域内的水资源保护地区,需要该地区关闭所有产生污染的生产企业,还要投资改善水资源环境。这样,这个地区一方面工业生产产值会下降,相应的税收会减少,同时还要拿出资金来改善环境,这就必须有财政保证,而这样的财政保证理所当然地应来自该地区外的受惠区域。通过建立一种"利益补偿"机制,即通过规范的利益转移,对地方利益进行再分配,使地区利益分配处于一种比较公平的状态。又比如区域内落后地区的发展,这不但关联到发达地区产品市场的扩大和升级,同时也是全地区协调发展的需要,这方面也需要资金。这就需要建立一种全区域的财政平衡机制。

　　可以借鉴欧洲的经验,建立一种"利益补偿"与平衡发展基金。由各省、市按照 GDP 的一定比例上缴到基金中,基金由长三角地区经济社会发展工作委员会下设的一个专门机构管理,由地区委员会参与咨询和监督。

　　"利益补偿"与平衡发展基金主要是用于地区补偿与平衡的专项基金。

　　用于地区补偿与平衡部分的基金可参照德国的经验,对人均财政收入低于全区域人均财政收入的地区进行补贴,并根据差距的大小实行累进的补贴比例,即差距大的补贴比例相应高一些。

　　另一部分基金可以按专项基金使用。专项基金主要用于以下几个方面:①建立区域共性技术研发中心和技术创新项目;②促进产业优化和转移;③发展农业和促进缩小城乡差别;④改进区域基础设施布局;⑤区域内资源开发和保护;⑥资源枯竭地区的产业转型;⑦环境资源保护项目;⑧促进就业和人力资源培训;⑨自然灾害的预防和赈灾等。

这些专项基金的使用由长三角地区经济社会发展工作委员会的相应机构或各地区政府提出申请，经基金管理机构和委员会讨论通过后下拨，同时要求各地政府在接受基金时要落实相应比例的配套资金。

(三)构建新型的政府评价机制

我们认为，建立财政平衡机制以后，一个重要的问题就是建立科学的政府评价机制。光有补贴还不行，还存在着 GDP 发展的硬约束。目前，我们的评价机制是以各自地区的经济社会发展业绩，主要是 GDP 指标来评价的。那么谁也不愿意降低自己的 GDP，来提升诸如保护资源、减少污染、技术创新等软指标。

事实上，评价一个政府的工作水平，不能光是经济指标，它应该是一个全面的概念，包括经济发展、科技创新、市场调节、社会管理、公共服务等几个方面。它既包括政府的宏观调控能力、该地区经济发展水平、产业技术升级、企业核心竞争力等经济指标，也应包括市场秩序、法律环境、就业情况、社会事业发展、社会保障水平、服务质量、资源环境保护、社会治安、市容市貌、公民素质、教育健康水平等多方面的指标考核。从全区域的角度出发，还应有区域发展的全局观和对区域发展的贡献。我们的干部都是由组织部门考核的，如果组织部门的观念更新了，将带动干部队伍的诉求和观念更新，直接影响政府工作人员素质的提高和服务水平的升级。

在对各级政府部门评价和对干部进行考核时，还要注意不能只由组织部门单独进行，要吸纳政府服务对象即企业、事业单位及市民的意见，在区域内还应该吸纳其他地区的意见，最好由组织部门选择独立的中介机构来完成。

建立新型的政府评价机制和干部考核机制对于有效控制和消除地方保护主义，促进创新资源的自由流动和优化配置，平衡各地利益，推动区域创新协同是至关重要的。

长三角地区是我国经济社会发展的最发达区域，长三角地区的发展关系到全国的发展。面对经济全球化的大形势，应对目前的国际金融危机，我们要勤于思考、勇于创新、敢于实践，尽早在长三角地区建立新型的跨省的协同平衡机制，促进长三角省际创新协同的发展。

9.3　本章小结

本章在考察了长三角省际创新协同进展及存在问题的基础上，紧紧围绕激励相容的理念,化解或缓解省际创新协同的困境,从完善市场机制着手,设计跨省的知识创新共享平台机制,实现长三角省际创新协同的预期发展;设计新型的跨省的协同平衡机制,实现长三角区域创新利益共建共享,促进长三角区域创新协同发展,提升整体协同效应。

第 10 章　结论与展望

10.1　主要结论

通过前面各章的考察与分析,本书得出如下一些主要结论。

(1)借鉴了微观视角创新协同的概念,从中观——区域视角,拓展了创新协同的内涵,揭示区域创新系统中形成省际创新协同的内在机理,构建其理论研究框架。现有的研究多集中于对创新协同表面现象的研究,对创新协同现象的动因研究比较少。现有研究表明,省际创新协同的动因是各创新行为主体预期获取的协同剩余;提高协同度是形成与增进协同效应的关键,而各创新行为主体因追求此种经济利益有可能故意扭曲信息,引致系统整体协同度较低,导致剩余减少。

(2)长三角区域创新系统的形成与发展是在江浙沪各具特色的创新系统模式基础上形成一个"多元均衡极化"一体化模式,其具有多样性、互动性、对偶性及双重外溢性等互补性的特殊作用机理,正是这种基于互补性的特殊作用,产生了省际创新协同行为,形成了协同效应。

(3)区域创新系统中,通过省际创新协同的作用,实现创新资源的跨区域流动,促进创新资源的优化组合,进一步提高创新资源的利用效率,进而形成社会净增值,即协同剩余。在充分信息情况下,它的形成与增进可通过区域的"合理分工+适度竞争+融合互补"三个维度来实现。但是,在存在信息障碍的前提下,会导致区域间显现出"误分工+竞争过度+融合虚置"态势,弱化互补效应,强化冲突效应,从而妨碍协同剩余的形成,不要说是增进协同剩余了,甚至会起负面效应。这论证了追求协同剩余、提升协同度的实质是各创新行为主体在信息不对称条件下通过有效的制度安排来强化互补效应、弱化冲突效应而形成的净增益的过程,其问题的症结在于信息障碍程度的差异。因而,化解信息障碍,是形成与增进协同剩余迫切需要解决的关键问题。

(4)长三角区域创新系统整体协同度较低,而江浙沪各地的区域创新系统的有序度却相对较高。这一反差表明,虽然各地政府为省际创新协同构筑了环境、设计了机制和实施了有效的规制,使得长三角区域创新系统在跨省份层次上初步形成,但是,一方面因协同层次"重心"越高,市场作用发挥越小,利益扭曲会越高,信息障碍也会越多;另一方面,各省份为追求局部自身利益,引致省份间利益扭曲程度较大,致使跨省份间面临协同的信息障碍多,从而导致这种政府主导型的、跨省份的创新系统,其整体协同度较低。而江浙沪各自区域内,一方面,省份层次上的区域创新系统协同度高,主要源自市场在配置创新资源时发挥作用较明显,致使政府在做出科技创新规划时所面临的信息障碍较少;另一方面,协同层次"重心"越低,市场作用发挥越大,利益扭曲会越低,信息障碍也越少,导致其创新系统的有序度相对较高。因此,化解信息障碍,提升协同度的关键是要构建市场治理和政府治理的互补而非替代的机制。

(5)在省际创新协同过程中,信息障碍有其特殊性。一是源于不重视市场作为创新资源配置重要手段的行政规划;二是源于技术、知识含量较高的创新自身引起的交易费用过高;三是省际科技创新行为主体间的"囚徒困境"所引致的障碍。而政府惯用的规划难以化解此类信息障碍,因此,构建新型的以激励相容为特征的顺应市场导向的信息披露治理机制是明智的选择。这种新型的治理机制可以让市场纠偏机制由事后转变为事前,由静态转变为动态,从而降低化解信息障碍的高昂的代价,最终促使省际创新协同所致整体效率的增进。

10.2　进一步研究的展望

虽然本书的研究以长三角为例,主要针对区域创新系统中的协同效应理论问题进行积极的探索,得出了一些有益的结论,但是受资料收集的限制,加上本人学术水平的制约,以及所涉及研究主题本身的复杂性,因此,本书对区域创新系统中协同效应问题的研究还是一个初步尝试,许多问题尚有待今后深入研究。主要涉及以下方面:

(1)区域创新系统中协同效应的动力机制、运行机制和剩余分享机制等问题;

(2)区域创新系统中协同剩余的揭示模型有待完善,以便可以定量分析和具体测算;

(3)区域创新系统中整体协同度测算,由于数据的可得性,其准确性和可靠性需要进一步研究。

我们将沿着这些思路在区域创新系统领域做进一步研究,希望能得到各位专家和同行的指教,共同交流、共同探索。

参考文献

[1] Akerlof G. The Market for "Lemons": Quality uncertainty and the market mechanism[J]. Quarterly Journal of Economics, 1970(84): 488-500.

[2] Anderson E S. The transformation of innovation systems: Towords a policy perspective[J]. Paper prepared for the DRUID conference on National Innovation Systems, Industrial Dynamics, and Innovation Policy, Rebild, Denmark, 1999(6):9-12.

[3] Anderson M, Karlsson C. Regional innovation systems in small & medium-sized regions: A critical review & assessment [C]. JIBS Working Paper Series, 2002 (2).

[4] Anselin L, Varga A and Acs Z. Local geographic spillovers between university research and high technology innovation[J]. Journal of Urban Economics, 1997(42):422-448.

[5] Arndt D, Sternberg R. Do manufacturing firms profit from intraregional innovation linkages? An empirical based answer [J]. European Planning Studies, 2000(8):465-485.

[6] Arrow K. The economic implications of learning by doing [J]. Review of Economic Studies, 1962 (29):155-173.

[7] Arthur W B. Silicon Valley locational clusters: Do increasing returns imply monopoly? [J]. Mathematical Social Sciences, 1990(19):235-251.

[8] Asheim B T, Isaksen A. Localization, agglomeration and innovation: Towards regional innovation systems in Norway? [J]. European Planning Studies, 1997, 5(3):299-330.

[9] Asheim B. Interactive, innovation systems and SME policy[J]. Paper Presented on the IGU Commission on the Organization of Industrial Space residential conference, Sevillia, Spain, August,1998.

[10] Asheim B T, Cooke P. Localised Innovation Networks in a Global

Economy: A Comparative Analysis of Endogenous and Exogenous Regional Development Approaches[M]//Comparative Social Research, Stanford, CT: JAI Press, 1998(17):199-240.

[11] Asheim B, Cooke P. Local Learning and Interactive Innovation Networks in a Global Economy[M]//Malecki E J Oinas P(eds.). Making connections technological learning and regional economic change, Aldershot:Ashgate, 1999:145-178.

[12] Asheim B. Industrial Districts: The Contributions of Marshall and Beyond [M]// Clark G L,Feldman M,Gertler M (eds.). The Oxford Handbook of Economic Geography. Oxford: Oxford University Press, 2000:413-431.

[13] Asheim B, Isaksen A. Regional innovation systems: The integration of local "sticky" and global "ubiquitous" knowledge[J]. The Journal of Technology Transfer , 2002, 27(1):77-86.

[14] Audretsch D B, Feldman M P. R&D Spillovers and the geography of innovation and production[J]. The American Economic Review, 1996, 86 (3):630-640.

[15] Autio E. Evaluation of RTD in region systems of innovation[J]. European Planning Studies, 1998, 6(2):365-382.

[16] Aydalot K D. High Technology Industry and Innovative Environments: The European Experience [M]. London: Routledge, 1988.

[17] Bagnasco A. The Three Italies[M]. Bologna: Il Mulino, 1977.

[18] Baldwin Y, Clark K. Design Rules: The Power of Modularity[M]. Cambridge, MA: MIT Press, 2000.

[19] Baptista R, Swann P. Do firms in clusters innovate more? [J]. Research Policy, 1998(27):525-540.

[20] Bathelt H, Zeng G. Strong growth in weakly developed networks: Producer user interaction and knowledge brokers in the greater Shanghai chemical industry [J]. Applied Geography,2012(32):158-170.

[21] Bathelt H, Li P. Global cluster network-foreign direct investment flows from Canada to China[J]. Journal of Economic Geography, 2014 (1):45-71.

[22] Baumol W. The Free-market Innovation Machine: Analyzing the Growth Miracle of Capitalism[M]. New Jersey, USA: Princeton

University Press, 2002.

[23] Becattini G. The Marshallian Industrial District as A Socio-economic Notion[M]// Pyke F G. Becattini and Sengenberger W (eds.). Industrial Districts and Inter-firm Co-operation in Italy, Geneva: International Institute for Labour Studies, 1990:37-51.

[24] Beckenbach F, Briegel R and Daskalakis M. The influence of regional inn ovation systems on regional economic growth-linking regional input-output analysis and agent based modeling[J]. Papers on Agent-based Economics, 2007.

[25] Becker G, Murphy M. The division of labor, coordination costs, and knowledge[J]. The Quarterly Journal of Economics, 1992,107 (4):1137-1160.

[26] Beekun R I, Glick W H. Organization structure from a loose coupling perspective: a multidimensional approach[J]. Decision Sciences, 2002 (1):227-250.

[27] Bergman et al. Regions Reconsidered-economic Networks, Innovation, and Local Development in Industrialized Countries[M]. Hillsdale, New Jersey: Mansell Publishing Limited of London and New York, 1991.

[28] Bernstein J I, Nadiri M. Research and development and intra-industry spillovers: An empirical application of dynamic duality[J]. Review of Economic Studies, 1989 (56):249-269.

[29] Bernstein J I, Nadiri M. Product demand cost of production spillovers and the social rate of return to R&D[J]. NBER Working Paper, 1991.

[30] Bianchi P, Bellini. Public policies for local networks of innovators [J]. Research Policy, 1991 (20):487-497.

[31] Boyer R. Technical Change and the Theory of "Regulation"[M]//Dosi G, Freeman C, Nelson R, Silverberg G and Soete L (eds.). Technical Change and Economic Theory. London, UK: Pinter, 1988.

[32] Braczyk H, Cooke P and Heidenreich M (eds.). Regional innovation systems: The role of governance in a globalized world[M]. London: UCL Press, 1998.

[33] Bramanti A, Maggioni M A. The Dynamics of Milieux: The Network Analysis Approach [M]// Patti R, Bramanti A, Gordon R. The

Dynamics of Innovative Regions: The Gremi Approach. London, UK: Ashgate Publishing Ltd., 1997:31.

[34] Brusco S. Small Firms and Industrial Districts: The Experience of Italy [M]// Keeble D, Wever E (eds.). New Firms and Regional Development in Europe. London, UK: Croom Helm, 1986:184-202.

[35] Buzzel D, Gale T. Profit Impact on Market Strategy: The PIMS Principle[M]. New York: Free Press, 1987.

[36] Camagni R (eds.). Innovation Networks: Spatial Perspectives[M]. London: Beelhaven-Pinter, 1991.

[37] Camagni R, Salone C. Network urban structures in northern Italy: elements for a theoretical framework[J]. Urban Studies, 1993 (6): 1053-1064.

[38] Capello R. Spatial transfer of knowledge in hi-tech milieux: Learning versus collective learning progresses [J]. Regional Studies,1999(33):352-365.

[39] Carlsson B, Jacobsson S. Diversity Creation and Technological Systems: A Technology Policy Perspective[M]//Edquist C. Systems of innovation: Technologies, institutions and organizations. London: Pinter Publisher, 1997.

[40] Cassar A, Nicolini R. Spillovers and growth in a local interaction model[J]. The Annals of Regional Science, 2008,42(2):291-306.

[41] Coase R H. The nature of the firm[J]. Economica(NS),1937(4): 386-405.

[42] Coffey J, Polèse M. The concept of local development: A stages model of endogenous regional growth[J]. Papers of the Regional Science Association, 1984(55):2-12.

[43] Cohen W M, Levinthal D A. Innovation and learning: The two faces of R&D [J]. Economic Journal, 1989 (99):569-596.

[44] Cohen W M, Levinthal D A. Absorptive capability: A new perspective on learning and innovation [J]. Administrative Science Quarterly, 1990 (35):128-152.

[45] Cooke P M Heindenreich. Regional Innovation Systems: The Role of Governance in a Globalized World [M]. London, UK: UCL Press, 1996.

［46］ Cooke P Schienstock. Structural competitiveness and learning region［J］. Enterprise and Innovation Management Studies, 2000,1(3):265-280.

［47］ Cooper R. Organization/Disorganization［M］//Hassard J, Pym D (eds.). The Theory and Philosophy of Organizations: Critical Issues and New Perspectives, London,UK: Routledge, 1990.

［48］ Cooke P. Regional innovation systems: Competitive regulation in the new European［J］. Geoforum, 1992(23):365-382.

［49］ Cooke P. Innovation Network & Regional Development ［M］// Krumbein W (eds.). Konomische und politische netzwerke in der region Hamburg: LIT-Verlag, 1994.

［50］ Cooke P, Morgan K. The regional innovation system in Baden-Württemberg［J］. International Journal of Technology Management, 1994(9):394-429.

［51］ Cooke P, Urange M and Etxebarria G. Regional innovation systems: Institutional and organizational dimension［J］. Research Policy,1997,1(26):475-491.

［52］ Cooke P. Regional innovation systems: General findings and some new evidence form biotechnology clusters ［J］. Journal of Technology Transfer, 2002 (27):133-145.

［53］ Cooke P. Regional innovation systems: Origin of the species ［J］. International Journal of Technological Learning Innovation & Development, 2008,1(1):393-409.

［54］ Darby, Karni E. Free competition and the optimal amount of fraud ［J］. Journal of Law and Economics, 1973,16(4):68-88.

［55］ De Bresson C, Amesse F. Network of innovators: A review and introduction to the issue［J］. Research Policy, 1991, 20(5):363-380.

［56］ De Bresson C. An entrepreneur cannot innovate alone: Networks of enterprises are required ［C］. The meso-systems foundation of innovation and of the dynamics of technological change. Paper to be discussed at the DRUID conference on systems of innovation in Aalborg, Denmark, 1999.

［57］ Doloreux D. What we should know about region systems of innovation ［J］. Technology in Society, 2002,24(3):243-263.

［58］ Dosi G, Freeman C, Nelson R, Silverberg G, Soete L (eds.).

Technical Change and Economic Theory[M]. London, UK: Pinter Publishing, 1988.

[59] Dosi G. Sources procedures and microeconomic effects of innovation [J]. Journal of Economic Literature, 1988(26):1120-1171.

[60] Dosi G, Lundvall. The Nature of Innovative Process[M]//Dosi G, et al. (eds.). Technological change and economic theory, London, UK: Pinter Publishers, London,1988.

[61] Douma M. Strategic alliances: Fit or failure[J]. Master Thesis, University of Twente, Enschede,1997.

[62] Dranove D, Jin G Z. Quality disclosure and certification: Theory and Practice[J]. Journal of Economic Literature, 2010,48(4):935 -963.

[63] Edquis Charles, Cassell (eds.). System of Innovation: Technologies, Institutions and Organizations[M]. London, UK: Elsevier,1997.

[64] Enright M. Regional clusters: What we know and what we should know [J]. Innovation Clusters and International Competition, 2001 (11):12-13.

[65] Ensign P C. The concept of fit in organizational research[J]. International Journal of Organization Theory & Behavior, 2001:287-306.

[66] Ernst D, Kim L. Global production networks, knowledge diffusion and local capability formation [J]. Research Policy, 2002 (31): 1417-1429.

[67] Ethiraj K, Levinthal D. Modularity and Innovation in complex system[J]. Management Science, 2004(2):159-173.

[68] Feldman M. The Geography of Innovation [M]. Boston, USA: Kluwer Academic Publishers, 1994.

[69] Fleming L, Waguespack D M. Brokerage, boundary spanning and leadership in open innovation communities [J]. Organization Science, 2007,18(2):165-180.

[70] Florida R. Towards the learning region[J]. Futures, 1995, 27 (5): 527-536.

[71] Foss N. Capabilities and governance: The rebirth of production in the theory of economic organization [J]. Kyk-los, 1999 (52):201-218.

[72] Freeman C. The Economics of Industrial Innovation[M]. Harmond

Sworth, UK：Penguin，1974.

[73] Freeman C. Technology and Policy and Economic Performance： Lessons from Japan[M]. London，UK：Pinter，1987.

[74] Freeman C. Networks of innovators：A synthesis of research Issues [J]. Research Policy，1991(70)：499-514.

[75] Freeman C. The economics of technological change[J]. Cambridge Journal of Economics，1994：463-514.

[76] Freeman C. The national system of innovation in historical perspective[J]. Cambridge Journal of Economics，1995 (9)：5-24.

[77] Friedman H，Rafsky C. Multivariate generalizations of the Wld-wolfowitz and Smirnov two-sample tests[J]. Annals of Statistics，1979(7)：697-717.

[78] Friedman M. Do old fallacies ever die? [J]. Journal of Economic Literature，1992(30)：2129-2132.

[79] Fritsch M，Graf H. How sub-national conditions affect regional innovation systems：The case of the two Germanys[J]. Papers in Regional Science，2011，90(2)：331-353.

[80] Fusfeld (eds.). Raymond Lotta with Frank Shanon：America in decline[J]. Journal of Economic Issues，1985(19)：882-886.

[81] Garofoli G. Modelos locales de desarrollo[J]. Estudios Territoriales，1984(22)：157-168.

[82] Gaschet F. Regional innovation systems and economic performance： Between regions and nations [J]. European Planning Studies，2015，23 (2)：262-291.

[83] Giedre D，Birute G and Ignas D. The efficiency of regional innovation systems in new member states of the European Union：A Nonparametric DEA Approach[J]. Economics & Business，2016，28(1)：83-89.

[84] Glückler J. Economic geography and the evolution of networks[J]. Journal of Economic Geography，2007(5)：619-634.

[85] Gomes C B，Jaffe A B and Hagedoorn J. Do a lliances promote knowledge flows[J]. Financial Economy，2006，80(1)：5-33.

[86] Goold M，Campbell A. Corporate strategy：The question for parenting advantage[J]. Harvard Bussiness Review，1995 (3-4)：120-132.

[87] Grabher G. The Embedded Firms：On the Social-economics of Industrial

Networks[M]. London, UK: Routledge, 1993.

[88] Granovetter M. Economic action and social structure: The problem of embeddedness[J]. American Journal of Sociology, 1985, 91(3): 481 -510.

[89] Gregersen B, Johnson B. Learning economies, innovation systems and European integration[J]. Regional Studies, 2001(31): 479-490.

[90] Gregerson B, Johnson B. Learning economy, innovation systems and European intergration[J]. Regional Studies, 1997(9): 484.

[91] Hakansson H. Industrial Technological Development: A Network Approach[M]. London, UK: Routledge, 1987.

[92] Haken H. Advanced Synergetics, An Introduction [M]. Berlin, Germany: Sprinner, 1987.

[93] Harrigan K. Strategic Flexibility: A Management Guide for Changing Times[M]. Lexington, MA, USA: Lexington Books, 1985.

[94] Henderson J V, Shalizi Z and Venables A J. Geography and development[J]. Journal of Economic Geography, 2001(1): 81-105.

[95] Hodgson M. The Approach of Institutional Economics [J]. Journal of Economic Literature, 1998, 36(3): 166-192.

[96] Howells J. The location and organization of research and development: New horizons[J]. Research Policy, 1990(19): 133-146.

[97] Howells J. Regional Systems of Innovation in Archibugi, Daniele, Jeremy Howells & Jonathan[M]//Michie (eds.). Innovation Policy in A Global Economy. Cambridge, UK: Cambridge University Press, 1999: 67-93.

[98] Huggins R, Prokop D. Network structure and regional innovation: A study of university-industry ties[J]. Urban Studies, 2017, 54(4): 931-952.

[99] Isaksen A. Regional clusters and competitiveness: The Norwegian case[J]. European Planning Studies, 1997(1): 65-76.

[100] Isaksen A. Building regional innovation systems: Is endogenous industrial development possible in the global economy [J]. Canadian Journal of Regional Science, 2001(1): 101-120.

[101] Itami Hiroyuki, Roehl Thomas. Mobilizing Invisible Assets. Cambridge (MA) [M]. Boston, USA: Harvard University Press, 1987: 12-22.

[102] Izushi H. Conflict between two industrial networks: Technological adaptation and inter-firm relationships in the ceramics industry in Seto, Japan[J]. A Journal of the Regional Studies Association, 1997, 31 (2):117-129.

[103] Jaffe A B. Technological opportunity and spillovers of R&D[J]. American Economic Review, 1986(76):984-1001.

[104] Jaffe A B. Characterizing the "technological position" of firm, with application to quantifying technological opportunity and research spillovers[J]. Research Policy 1989(18):87-97.

[105] Jaffe A B. Real Effects of Academic Research[J]. American Economic Review, 1989(79):957-970.

[106] Jaffe A B, Trajtenberg M and Henderson R. Geographic localization of knowledge spillovers as evidenced by patent citations [J]. The Quarterly Journal of Economics, 1993, 63(3):577-598.

[107] Jaffe A B, Trajtenberg M and Henderson R. Geographic localization of knowledge spillovers as evidenced by patent citations[J]. Quarterly Journal of Economics, 1993(108):576-598.

[108] James Simmie. Knowledge spillovers and reasons for the concentration of innovation SMEs [J]. Urban Studies, 2002(5):885-902.

[109] Jean G. Boosting innovation: The clusters approach[C]. Innovation Clusters and International Competition, 2001(11):12-13.

[110] Jeremy R L. Howells. Tacit knowledge innovation and economic geography[J]. Urban Studies, 2002(5):871-884.

[111] Jin D J, Stough R R. Learning and learning capability in Fordist and post-Fordist age: An integrative framework [J]. Environment and Planning, 1998(30):1255-1278.

[112] Jin H, Qian Y and Weingast B. Regional decentralization and fiscal incentives: Federalism, Chinese Style[J]. Journal of Public Economics, 2005 (89):1719-1742.

[113] Kahn B. Interdepartmental Integration: A Definition with Implications for Product development performance [J]. The Journal of Product Innovation Management March, 1996, 13(2):137-151.

[114] Kahn B. Market orientation interdepartmental integration and product development performance [J]. The Journal of Product

Innovation Management September, 2001,18(5):314-323.

[115] Kaufmann A, Todtling F. System of innovation in traditional industrial regional: The case of syria in a comparative perspective [J]. Regional Studies, 2000, 34(1):29-40.

[116] Keller W. Geographic localization of international technology diffusion[J]. American Economic Review, 2002(92) :120-142.

[117] Keller W. International technology diffusion [J]. Journal of Economic Literature, 2004,42(30):752-782.

[118] Kline S J, Rosenberg N. An Overview of Innovation: The Positive Sum Strategy, Landau [M]. Washington DC, USA: National Academy Press, 1986.

[119] Koschatzky K. Innovation networks of industry and business-related services-relations between innovation intensity of firm and regional inter-firm cooperation[J]. European Planning Studies, 1999, 7(6):737-757.

[120] Koschatzky K. A river is a river-cross-border networking between Badan and Alsace [J]. European Planning Studies, 2000, 8 (4):429-449.

[121] Kuhlmann S. Future governance of innovation policy in Europe—Three scenarios[J]. Research Policy,2001(30):953-976.

[122] Kuznets S. Economic Growth of Nations[M]. Cambridge, Mass, USA, Harvard University Press, 1971:xii-363.

[123] Lambooy G. Knowledge and Urban Economic Development: An Evolutionary Perspective[J]. Urban Studies, 2002,39(5-6):1019-1035.

[124] Liu X, White S. Comparing innovation systems: A framework and application to China's transitional context [J]. Research Policy, 2001(30):1091-1114.

[125] Lucas, Robert E. On the Mechanics of Economic Development[J]. Journal of Monetary Economics, 1988,22(7):3-42.

[126] Lundvall B. Interaction between producer and user[J]. Journal of Management, 1988(3):23-48.

[127] Lundvall B. National System of Innovation: Towards a Theory of Innovation and Interactive Learning[M]. London, UK: Pinter

publshers，1992.

[128] Lundvall B，Johnson B. The learning economy[J]. Journal of Industry Studies，1994 (11):23-42.

[129] Maillat D. The Innovation Process and the Role of the Milieu[M]// Bergman E M，Maier G Todtling F (eds.). Regions Reconsidered: Economic Networks，Innovation，and Local Development in Industrialized Countries. New York，USA: Mansell，1991:103-117.

[130] Maillat，Dennis Amin，Ash Robins，Kevin Crevoisier，et al. Innovation Networks: Spatial Perspectives[M]. London，UK: Belhaven，1991.

[131] Malecki E J. Technology and Economic Development[M]. 2nd ed. Essex，UK: Longman,1997.

[132] Malmberg A，Maskell. Towards an explanation of regional specialization and industry agglomeration[J]. European Planning Studies，1997(5):25-41.

[133] Mansfield E (eds.). Social and private rates of return from industrial innovation[J]. Quarterly Journal of Economics，1977 (91):221-240.

[134] Mari Jose Aranguren，Marco Bellandi and James Wilson. Territorial industrial development policies and innovation [J]. European Planning Studies，2010,18(1):1-5.

[135] Marjolein. Processes and outcomes of team learning[J]. European Journal of Work and Organizational Psychology，2001,10(3):303-317.

[136] Markides C，Williamson P. Related diversification，core competences and corporate performance[J]. Strategic Management Journal，1994 (15):149-165.

[137] Maryann P Feldman，Richard Florida. The Geographic Sources of Innovation: Technological Infrastructure and Product Innovation in the United States[J]. Annals of the Association of American Geographers，1994,84，(2):210-229.

[138] Maskell P. Towards a knowledge-based theory of geographical cluster [C]. Paper presented to the IGU Conference on "Local development: Issues of competition，collaboration and territoriality". Turin，2001 (7):10-14.

[139] Messner D, Meyer-Stamer J. Governance and networks: Tools to study the dynamics of clusters and global value chains[C]. Paper prepared for the IDS/INEF project "The impact of global and local governance on industrial upgrading", 2000.

[140] Miller A, Davis M H. Intellectual Property: Patents, Trademarks and Copyright in a Nutshell[M]. Paul, MN: West Publishing, St. 1983.

[141] Morgan K. The learning region: Institutions, innovation and regional renewal[J]. Regional Studies, 1997, 31(5):491-503.

[142] Moulaert F, Djellal F. Information technology consultancy firms: Economies of agglomeration from a wide-area perspective [J]. Urban Studies, 1995(32):105-220.

[143] Moulaert F, Sekia F. Territorial innovation models: A critical survey[J]. Regional Studies, 2003(37):289-302.

[144] Muller E. Knowledge innovation process and regions [C]// Koschatzhy K, Mkulicke A Zenker eds. Innovation networks: Concepts and challenges in the European perspective. Physica-Verlag, 2001:37-51.

[145] Myerson P, Hamilton. Matching Corporate Culture and Technology [J]. Advanced Management Journal, 1986, 51(1):8.

[146] Myles J Shaver. A paradox of synergy: Contagion and sapacity effective in mergers and accquisitions[J]. Academy of Management Review, 2006,31(4):962-976.

[147] Mytelka L, Farinelli F. Local clusters, innovation systems and sustained competitiveness [J]. by Rio de Janeiro, Brazil, 2000(9): 4-8.

[148] Nadiri M Ishaq. Innovations and technological spillovers[J]. Working Paper 4423, National Bureau of Economic Research, 1993.

[149] Nadler D, Tushman M. Designing Organizations That Have Good Fit: A Framework for Understanding New Architectures[M]. Sanfrancisco: Jossey-Bass, 1992.

[150] Nadvi K, Halder G. Local clusters in global value chains exploring dynamic linkages between Germany and Pakistan[J]. IDS Working Papers, 2002:78-85.

[151] Nauwelaers C, Reid A. Methodologies for the evaluation of regional innovation potential[J]. Scientometrics, 1995(34):497-511.

[152] Nelson R, Winter S G. An Evolutionary Theory of Economic Change[M]. Cambridge, MA, USA: Belknap Press, 1982.

[153] Nelson R. National Innovation Systems: A Comparative Analysis [M]. New York and Oxford, USA: Oxford University Press, 1993.

[154] Nicholas C, Anthony A J. Globalization in history: A geographical perspective[C]. CEPR Discussion Papers 2001:3079.

[155] Nooteboom B. Innovation and inter-firm linkages: New implication for policy[J]. Research Policy, 1999(28):793-805.

[156] Nyhan B, Attwell G, Deitmer L (eds.). Towards the learning region: Education and regional innovation in the European union and the United States[C]. European Centre for the Development of Vocational Training, 1999.

[157] OECD. National Innovation System [R]. 1997.

[158] OECD. Innovative Networks: Co-operation in National Innovation Systems[R]. 2001.

[159] Ohmae K. The rise of the region state[J]. Foreign Affairs, 1993 (72):78-87.

[160] Orton J D, Weick K E. Loosely coupled systems: A reconceptualization [J]. Academy of Management Review, 1990(2):203-223.

[161] Padmore T, Gibson H. Modelling systems of innovation: II. A framework of industrial cluster analysis in regions [J]. Research Policy, 1998(26):625-641.

[162] Patricia M Close. Regional adaptive synergies in the world trading system[J]. Journal of World trade, 2006, 40(5):865-887.

[163] Pekkarinen S, Harmaakorpi V. Building regional innovation networks: the definition of an age business core process in a regional innovation system [J]. Regional Studies, 2006,40(4):401-413.

[164] Peters E, Hood N. Implementing the cluster approach: Some lessons from the Scottish experience[J]. International Studies of Management & Organization, 2000,30(2):68-94.

[165] Piore M, Sabel C. The Second Industrial Divide: Possibilities for

Prosperity [M]. New York, USA: Basic Books, 1984.

[166] Poncet S. Measuring Chinese Domestic and International Integration [J]. China Economic Review,2003(14):1-21.

[167] Porter M. Competitive Advantage [M]. New York: The Free Press, 1985.

[168] Porter M. The Competitive Advantage of Nations[M]. London, UK: Macmillan, 1990.

[169] Porter M. Clusters and the new economics of competition[J]. Harvard Business Review, 1998(76):77-90.

[170] Porter M. Location, competition and economic development[J]. Economic Development Quarterly, 2000(1):15-34.

[171] Powell, Walter W. Neither market nor hierarchy: Network forms of organization[J]. Research in Organizational Behaviour, 1990 (12):295-336.

[172] Prahalad C K, Hamel G. The core competencies of the corporation [J]. Harvard Business Review, 1990(5-7):79-91.

[173] Radosevic S. National systems of innovation in economies in transition: Between restructuring and erosion[J]. Industrial and Corporate Change, 1998(1):77-108.

[174] Radosevic S. Defining systems of innovation: A methodolgical discussion[J]. Technology in Society, 1998(20):57-86.

[175] Radosevic S. Regional innovation systems in central and eastern Europe: Determinants, organizers and alignments[J]. Journal of Technology Transfer, 2002(27):87-96.

[176] Ratti R. Small and medium-sized enterprises, local synergies and spatial cycles of innovation[J]//Camagni R (eds.). Innovation networks: Spatial perspectives. London, UK: Beelhaven-Pinter, 1991.

[177] Ratti R, Bramanti A, Gordon R. The Dynamics of Innovative Regions: The GERMI Approach [M]. London, UK: Ashgate Publishing Ltd. ,1997.

[178] Ricardo Moutiho, Manuel Au-Yong Oliveira, Amaldo Coelho, et al. The role of regional innovation systems(RIS) in translating R&D investments in to economic and employment growth[J]. Journal of Technology Management & Innovation, 2015, 10(4):9-23.

[179] Ring P S, Van de Ven A H. Structuring cooperative relationship between organizations[J]. Strategic Management Journal, 1992 (13):483-498.

[180] Robert W, Rycroft and Don E K. The Complexity Challenge: Technological Innovation for the 21st Century [M]. London: Pinter Pub-lishers, 1999:77-89.

[181] Romer P. Increasing returns and long-run growth[J]. Journal of Political Economy, 1986(94):1002-1037.

[182] Romer P. Endogenous technological change [J]. Journal of Political Economy, 1990(98):71-102.

[183] Romer P. The origins of endogenous growth[J]. The Journal of Economic Perspectives, 1994, 8(1):3-22.

[184] Rosenfeld A. Bringing business clusters into the mainstream of economic developmen[J]. European Planning studies, 1997, 5(1): 3-23.

[185] Rosenfeld A. Overachievers, business clusters that work: Prospects for regional development[J]. Regional Technology Strategies, 1996.

[186] Rothwell R. External networking and innovation in small and medium-sized manufacturing firms in Europe[J]. Technovation, 1991(11):93-112.

[187] Rothwell R. Successful industrial innovation: Critical factors for the 1990s. R&D Management [EB/OL]. https://doi. org/ 10. 1111/j. 1467-9310. 1992. tb00812. x, 1992(22):221-239.

[188] Royj. Canada's Technology Triangle[M]//De La Mothe J, Paquet G (eds.). Local and Regional Systems of Innovation. Boston, UK: Kluwer Academic Publishers, 1998:239-255.

[189] Rudd M A. Live long and prosper: Collective action, social capital and social vision[J]. Ecological Economics, 2000(34):131-144.

[190] Sabel C F. Studied trust: Building new forms of co-operation in a volatile economy[C]// Pyke E Sengenberger W (eds.). Industrial districts and local economic regeneration. Geneva, International Institute for Labor Studies, 1992.

[191] Saunders A, Walter I. Universal Banking in the United States: What Could We Gain? [M] What Could We Lose? New York,

USA：Oxford University Press，1994.

[192] Saunders A，Walter I. Financial System Design：Universal Banking Considered[M]. Burr Ridge：Irwin Publishing，1996.

[193] Saxenian A. The origins and dynamics of production networks in Silicon Valley[J]. Research Policy，1991,20 (1)：423-437.

[194] Saxenian A. Regional Advantage：Culture and Competition in Silicon Valley and Route 128 [M]. Massachusetts：Harvard University Press，1994.

[195] Saxton T. The effects of partner and relationship characteristics on alliance outcomes[J]. Academy of Management Journal，1997，(40)：443-461.

[196] Scherer F M. Inter-industry technology flows and productivity growth [J]. Review of Economics and Statistics，1982 (64)：627-634.

[197] Scherer F M. Using Linked Patent and R&D Data to Measure Inter-Industry Technology Flows[M]// Griliches Z (eds.). R&D Patents and Productivity，Chicago，USA：University of Chicago Press，1984.

[198] Scott A. New Industrial Space[M]. London：Pion，1988.

[199] Sernberg R. The regional impact of innovation networks[C]// Schatzl L，Diez J R (eds.). Technological Change and Regional Development in Europe. Physic-Verlag，2002.

[200] Simon H A. The Architecture of Complexity，Proceedings of American[J]. Philosophical Society，1962(106)：462-482.

[201] Sirower M. The Synergy Trap[M]. New York，USA：The Free Press，1997.

[202] Spence M. Job market signaling[J]. The Quarterly Journal of Economics 87，1973(3)：355-374.

[203] Spender G. The multinational enterprise as a loosely coupled system：The global intergration-local responsiveness dilenma[J]. Managerial Finance，1999(2)：63-84.

[204] Steiner M (eds.). Clusters and Regional Specialization：On Geography Technology and Networks[M]. London：Pion Limited，1998.

[205] Sternberg R. Entrepreneurship，proximity and regional innovation systems[J]. Tijdschrift Voor Economische En Social Geografie，

2007, 98(5):652-666.

[206] Stiglitz J, Weiss A. Credit rationing in markets with imperfect information[J]. American Economic Review, 1981(71):393-410.

[207] Stiglitz J. The private use of public interests: Incentives and institutions [J]. Journal of Economic Perspectives 1998,12 (2):3-21.

[208] Stohr W. Global Challenge and Local Response[M]. London, UK: Mansell, 1994.

[209] Storper M, Scott A. Pathways to Industrialization and Regional Development[M]. London: Routledge, 1992.

[210] Storper M. Regional technology coalitions: An essential dimension of national technology policy [J]. Research Policy, 1995(24):895-911.

[211] Storper M. The resurgence of regional economies, ten years later, the region as a nexus of untraded interdependencies[J]. European Urban and Regional Studies, 1995(12):191-221.

[212] Storper M. The Regional World: Territorial Development in a Global Economy[M]. New York, USA: Guilford, 1997.

[213] Sveikauskas L. Technological inputs and multifactor productivity growth[J]. Review of Economics and Statistics, 1981(63):275-282.

[214] Terleckyj Nestor. Effects of R and D on productivity growth of industries[C]. National Planning Association, 1974.

[215] Thorelli H. Networks: Between Markets and Hierarchies[J]. Strategic Management Journal, 1986 (7):37-51.

[216] Tidd J, Bessant J and Pavitt K. Managing Innovation: Integrating Technological, Market and Organisational Change [M]. New York: John Wiley & Sons, 1997.

[217] Todtling F, Kanfmann A. Innovation systems in regions of Europe—A comparative perspective[J]. European Planning Studies, 1999, 7(6).

[218] Todtling F. Innovation networks, collective learning and industrial policy in regions of Europe [J]. European Planning Studies, 1999, 7(6).

[219] Van Den Berghe L, Verweire K. Creating the Future with All Finance and Financial Conglomerates[M]. Dordrecht, Netherlands: Kluwer Academic Publishers, 1998.

［220］Verspagen B，Schoenmankers W. The Spatial dimension of knowledge spillovers in Europe：Evidence from firm patenting data ［J］. AEA Conference，Intellectual Property Econometrics，Alicante，Spain，2000.

［221］Vojko Potocan，Bostjan Kuralt. Synergy in business：Some new Suggestions ［J］. Journal of American Academy of Business，2007 （9）：199-204.

［222］Von Hippel E. The Source of Innovation［M］. New York，USA：Oxford University Press，1988.

［223］Von Hippel E. Sticky information and the locus of problem solving ［J］. Management Science，1994(4)：429-439.

［224］Weick K E. Educational organizational as loosely coupled systems ［J］. Administrative Science Quarterly，1976,21(1)：1-19.

［225］Williamson O F. The Economic Institutions of Capitalism［M］. New York，USA：Free Press，1985.

［226］Wolff N. Spillovers，linkages and technical change［J］. Economic Systems Research，1997 (9)：2-9.

［227］Yongrok Choi，Eui Young Lee. Optimizing risk management for the sustainable performance of the regional innovation system in Korea through metamediation ［J］. Human ＆ Ecological Risk Assessment An International Journal，2009，15(2)：270-280.

［228］阿林·杨格.报酬递增与经济进步［J］.贾根良,译.经济社会体制比较,1996(2)：52-57.

［229］埃里克·詹奇.自组织的宇宙观［M］.曾国屏,等译.北京:中国社会科学出版社,1992.

［230］奥利弗·E.威廉姆森.治理机制［M］.王健,等译.北京:中国社会科学出版社,2001.

［231］白俊红,陈玉和,李婧.企业内部创新协同及其影响要素研究［J］.科学学研究,2008(2)：409-434.

［232］本·斯泰尔,戴维·维克托,理查德·纳尔森.技术创新与经济绩效［M］.上海:上海人民出版社,2006.

［233］彼得·德鲁克.后资本主义社会［M］.张星岩,译.上海:上海译文出版社,1998.

［234］布朗温·H.霍尔,内森·罗森伯格.创新经济学手册(第一、二卷)

[M].上海市科学学研究所,译.上海:上海交通大学出版社,2017.

[235] 蔡宁,杨闩柱.企业集群竞争优势的演进:从"聚集经济"到"创新网络"[J].科研管理,2004(7):104-109.

[236] 巢来春,高福斌,楼巧玲.长三角区域创新体系研究[J].技术经济,2005(1):6-8.

[237] 陈丹宇.知识要素与 H-O 贸易理论的拓展[J].国际贸易问题,2003(7):9-13.

[238] 陈丹宇.区域创新系统研究的回顾与评述[J].科技进步与对策,2007(8):205-210.

[239] 陈光.企业内部协同创新研究[D].成都:西南交通大学,2005.

[240] 陈计旺.地域分工与区域经济协调发展[M].北京:经济管理出版社,2001.

[241] 陈建军,姚先国.论上海和浙江的区域经济关系——一个关于"中心—边缘"理论和"极化—扩散"效应的实证研究[J].中国工业经济,2003a(5):28-33.

[242] 陈建军,姚先国.上海建设国际经济中心与长江三角洲地区的产业经济关系研究——以浙沪经济关系为例[J].管理世界,2003b(5):45-51.

[243] 陈劲,王方瑞.再论企业技术和市场的协同创新——基于协同学序参量概念的创新管理理论研究[J].大连理工大学学报(社会科学版),2005(2):1-5.

[244] 陈劲,谢芳,贾丽娜.企业集团内部协同创新机理研究[J].管理学报,2006(6):733-740.

[245] 陈伟,张永超,田世海.区域装备制造业产学研合作创新网络的实证研究——基于网络结构和网络聚类的视角[J].中国软科学,2012(2):96-107.

[246] 陈喜乐.科技资源整合与组织管理创新[M].北京:科学出版社,2008.

[247] 陈玉和,白俊红.论创新的稳定来源[J].西南交通大学学报(社会科学版),2006(5):82-85.

[248] 程虹,孙芬芬.跨企业协同的交易成本经济学分析研究[M]//程虹.跨企业协同信息管理竞争力.北京:中国社会科学出版社,2006.

[249] 达尔文.物种起源[M].舒德干,等译.北京:北京大学出版社,2018.

[250] 大卫·史密斯.创新[M].秦一琼,等译.上海:上海财经大学出版

社,2008.

[251] 戴布拉·艾米顿.创新高速公路:构筑知识创新与知识共享的平台
[M].陈劲,朱朝晖,译.北京:知识产权出版社,2005.

[252] 丹尼尔·W.布罗姆利.经济利益与经济制度:公共政策的理论基础
[M].陈郁,郭宇峰,汪春,译.上海:格致出版社,2006.

[253] 当代上海研究所.长江三角洲发展报告 2008:协同创新与科技发展
[M].上海:上海人民出版社,2009.

[254] 党兴华,张首魁.模块化技术创新网络结点间耦合关系研究[J].中
国工业经济,2005(12):85-91.

[255] 道格拉斯·C.诺思.制度、制度变迁与经济绩效[M].杭行,译.上
海:格致出版社,2008.

[256] 道格森,罗斯韦尔.创新聚集——产业创新手册[M].陈劲,译.北
京:清华大学出版社,2000.

[257] 丁焕峰.学习与区域创新发展[M].北京:中国经济出版社,2006.

[258] 凡勃伦.有闲阶级论:关于制度的经济研究[M].蔡受百,译.北京:
商务印书馆,1964.

[259] 樊建民,牛文元.宁夏投资环境定量分析评价及创新对策研究.市场
经济研究,2003(6):25-26.

[260] 范剑勇.长三角一体化、地区专业化与制造业空间转移[J].管理世
界,2004(11):77-84,96.

[261] 费里德里希·李斯特.政治经济学的国民体系[M].邱伟立,译.北
京:华夏出版社,2013.

[262] 冯之浚.国家创新系统的理论与政策[M].北京:经济科学出版
社,1999.

[263] 符淼.地理距离和技术外溢效应——对技术和经济集聚现象的空间
计量学解释[J].经济学(季刊),2009(4):1149-1566.

[264] 傅家骥.技术创新学[M].北京:清华大学出版社,1998.

[265] G·多西等.技术进步与经济理论[M].钟学义,译.北京:经济科学
出版社,1991.

[266] G.M.格罗斯曼,E.赫尔普曼.全球经济中的创新与增长[M].何帆,
等译.北京:中国人民大学出版社,2003.

[267] G.L.克拉克,M.P.费尔德曼,M.S.格特勒.牛津经济地理学手册
[M].刘卫东,等译.北京:商务印书馆,2005.

[268] 盖文启,王缉慈.论区域的技术创新型模式及其创新网络——以北

京中关村地区为例[J].北京大学学报(哲学社会科学版),1999(5):29-36.

[269] 盖文启,王缉慈.论区域创新网络对我国高新技术中小企业发展的作用[J].中国软科学,1999(9):102-106.

[270] 盖文启.创新网络——区域经济发展新思维[M].北京:北京大学出版社,2002.

[271] 高长春.长三角区域创新网络协同治理思路和对策[J].科学发展,2018(9):35-46.

[272] 高勇等.区域创新网络形成的机理研究[J].科技管理研究,2006(5):166-168.

[273] 顾菁,薛伟贤.高技术产业协同创新研究[J].科技进步与对策,2012(29):84-89.

[274] 官建成,张华胜,高柏杨.R&D/市场营销界面管理的实证研究.中国管理科学,1999(2):8-16.

[275] 关士续.区域创新网络在高技术产业发展中的作用——关于硅谷创新的一种诠释[J].自然辩证法通讯,2002(2):51-54,30.

[276] H.哈肯.高等协同学[M].郭治安,译.北京:科学出版社,1989.

[277] H.哈肯.协同学[M].徐锡申,等译.北京:原子能出版社,1984.

[278] 哈维·阿姆斯特朗,吉姆·泰勒.区域经济学与区域政策[M].刘乃全,等译.上海:上海人民出版社,2007.

[279] 赫尔曼·哈肯.协同学——大自然构成的奥秘[M].凌复华,译.上海:上海译文出版社,2005.

[280] 何健,侯炜.历史事件锁定论及其应用[J].经济学动态,2004(1):59-62.

[281] 洪银兴等.长江三角洲地区经济发展的模式和机制[M].北京:清华大学出版社,2003.

[282] 洪银兴.关于创新驱动和协同创新的若干重要概念[J].经济理论与经济管理,2013(5):5-12.

[283] 洪银兴.论创新驱动经济发展战略[J].经济学家,2013(1):5-11.

[284] 洪银兴.产学研协同创新的经济学分析[J].经济科学,2014(1):56-64.

[285] 洪勇.企业要素创新协同模式研究[J].管理案例研究与评论,2010(10):386-394.

[286] 胡明铭.区域创新系统理论与建设研究综述[J].外国经济与管理,2004(9):45-49.

[287] 胡平波.网络组织合作创新中知识共享及协调机制[M].北京:中国
经济出版社,2009.

[288] 胡志坚,苏靖.区域创新系统理论的提出与发展[J].中国科技论坛,
1999(6):20-23.

[289] 胡志坚.国家创新系统:理论分析与国际比较[M].北京:社会科学
文献出版社,2000.

[290] 黄鲁成.关于区域创新系统研究内容的探讨[J].科学管理,2000
(2):43-48.

[291] 黄鲁成,张红彩,李晓英.我国电子及通信设备制造业的系统协同度
分析.统计与决策,2006(11):78-80.

[292] 黄少安,宫明波.论两主体情形下合作剩余的分配——以悬赏广告
为例[J].经济研究,2003(12):78-85.

[293] 黄少安.经济学研究重心的转移与"合作"经济学构想——对创建
"中国经济学"的思考[J].经济研究,2000(5):60-67.

[294] 黄中伟.网络结构:产业集群区域竞争优势的源泉[J].求实,2004
(5):36-38.

[295] 贾根良.演化经济学:现代流派与创造性综合[J].学术月刊,2002
(12):13-19.

[296] 江小娟等.全球化中的科技资源重组与中国产业技术竞争力提升
[M].北京:中国社会科学出版社,2004.

[297] 姜德波.地区本位论[M].北京:人民出版社,2004.

[298] 姜照华,隆连堂,张米尔.产业集群条件下知识供应链与知识网络的
动力学模型探讨[J].科学学与科学技术管理,2004(7):55-60.

[299] 解学梅.都市圈城际技术创新"孤岛效应"机理研究[J].科学学与科
学技术管理,2010(10):80-85.

[300] 经济合作与发展组织.创新集群——国家创新体系的推动力[M].
北京:科学技术文献出版社,2004.

[301] 克利斯·弗里曼,罗克·苏特.工业创新经济学[M].华宏勋,华宏
慈,等译.北京:北京大学出版社,2004.

[302] 雷家骕.国家创新系统是一种制度体系也是一种分析工具[J].中国
青年科技,2007(7):1.

[303] 黎继子,蔡根女.技术创新网络与隐性知识流转分析[J].研究与发
展管理,2004(10):53-57.

[304] 李海东,马威,王善勇.高技术产业内协同创新程度研究[J].中国高

校科技,2013(12):66-69.

[305] 李辉,张旭明.产业集群的协同效应研究[J].吉林大学社会科学学报,2006(3):43-50.

[306] 李金华,孙东川.创新网络的演化模型[J].科学学研究,2006(1):135-140.

[307] 李婧,谭清美,白俊红.中国区域创新生产的空间计量分析——基于静态与动态空间面板模型的实证研究[J].管理世界,2010(7):43-55,65.

[308] 李娟,张硕.试论经济转轨时期我国区域创新系统发展的模式选择[J].工业技术经济,2003(3):85-86.

[309] 李敏,刘和东.静态和动态技术创新联盟困境的有效治理[J].科学学与科学技术管理,2009(1):51-55.

[310] 李青,李文军,郭金龙.区域创新视角下的产业发展:理论与案例研究[M].北京:商务印书馆,2004.

[311] 李青原,王永海.西方公司并购协同效应的理论与实证回顾[J].财会通讯(学术版),2005(1):3-9.

[312] 李晓钟,张小蒂.长三角区域一体化创新模式与政策研究[D].杭州:浙江大学,2006.

[313] 李晓钟,张小蒂.江浙区域技术创新效率比较分析[J].中国工业经济,2005(7):57-64.

[314] 李新春.高技术创新网络——美国硅谷与128公路的比较[J].开放时代,2000(4):23-28.

[315] 李兆友.论技术创新主体间的协同[J].系统辩证学学报,2000(2):51-55.

[316] 李钟文等.硅谷优势——创新与创业精神的栖息地[M].北京:人民出版社,2002.

[317] 理查德·R.纳尔森.经济增长的源泉[M].汤光华,等译.北京:中国经济出版社,2001.

[318] 理查德·R.纳尔逊,悉尼·G.温特,经济变迁的演化理论[M].胡世凯,译.北京:商务印书馆,1997.

[319] 利奥尼德·赫维茨,斯坦利·瑞特.经济机制设计[M].田国强,译.上海:格致出版社,2009.

[320] 梁琦等.知识交流合作的空间溢出与邻近效应——来自长三角城市群的经验证据[J].吉林大学社会科学学报,2019(2):41-51,219-220.

[321] 林娟娟,程丽英,崔金秀.基于模块化理论提升企业自主创新能力分析[J].技术与创新管理,2009(6):719-721,732.

[322] 刘斌.构建区域创新系统的难点与对策[J].中国科技论坛,2003(3):22-23.

[323] 刘洪涛.国家创新系统(NIS)理论与中国技术创新模式的实证研究[D].西安:西安交通大学,1997.

[324] 刘景竹.比较利益学说与国际贸易的再认识[J].世界经济,1994(7):19-24.

[325] 刘丽莉,关士续.硅谷创新网络形成过程的历史考察[J].自然辩证法研究,2002(12):13-15,42.

[326] 刘茂松,曹虹剑.信息经济时代产业组织模块化与垄断结构[J].中国工业经济,2005(8):56-64.

[327] 刘曙光,田丽琴.区域创新发展的模式与国际案例研究[J].世界地理研究,2001(1):20-23.

[328] 刘曙光.区域创新系统——理论探讨与实证研究[M].青岛:中国海洋大学出版社,2004.

[329] 刘友金.集群式创新与外规模经济[J].求索,2002(6):27-30.

[330] 刘志彪,陈柳.长三角区域一体化发展的示范价值与动力机制[J].改革,2018(11):65-71.

[331] 柳卸林.知识经济导论[M].北京:经济管理出版社,1998.

[332] 柳卸林等.什么是国家创新体系?[J].数量经济技术经济研究,1999(5):3-5.

[333] 柳卸林,高太山.中国区域创新能力报告2012[R].北京:科学出版社,2013.

[334] 柳卸林,高太山,周江华.中国区域创新能力报告2013[R].北京:科学出版社,2014.

[335] 柳卸林,高太山.中国区域创新能力报告2014[R].北京:科学出版社,2015.

[336] 柳卸林,高太山.中国区域创新能力报告2015[R].北京:科学出版社,2015.

[337] 罗伯特·D.阿特金森,史蒂芬·J.伊泽尔.创新经济学——全球优势竞争[M].王瑞军,等译.北京:科学技术文献出版社,2014.

[338] 罗炜.企业合作创新理论研究[M].上海:复旦大学出版社,2002.

[339] 罗云辉.过度竞争:经济学分析与治理[M].上海:上海财经大学出

版社,2004.

[340] 罗仲伟.网络组织的特性及其经济学分析(上)[J].外国经济与管理,2000(6):25-28.

[341] 罗仲伟.网络组织的特性及其经济学分析(下)[J].外国经济与管理,2000(7):13-18.

[342] 马克·L.赛罗沃.协同效应的陷阱:公司购并中如何避免功亏一篑[M].杨炯,译.上海:上海远东出版社,2001.

[343] 马歇尔.经济学原理[M].朱志泰,陈良璧,译.北京:商务印书馆,2019.

[344] 曼弗雷德·费希尔,贾维尔·迪亚兹,福克·斯奈卡斯.大都市创新体系[M].浦东新区科学技术局,浦东产业经济研究院,组织翻译.上海:上海人民出版社,2006.

[345] 梅特卡夫.演化经济学与创造性毁灭[M].冯健,译.北京:中国人民大学出版社,2007.

[346] 孟庆松,韩文秀.复合系统整体协调度模型研究[J].河北师范大学学报,1999(2):177-179.

[347] 孟庆松,韩文秀.复合系统协调度模型研究[J].天津大学学报,2000(4):444-446.

[348] 帕萨·达斯库帕塔,保罗·斯顿曼.经济政策与技术绩效[M].徐颖,黄鹏,等译.吉林:长春出版社,2008.

[349] 彭灿.区域创新系统内部知识转移的障碍分析与对策[J].科学学研究,2003(2):107-111.

[350] 彭纪生,吴林海.论技术协同创新模式及建构[J].研究与发展管理,2000(5):12-16.

[351] 彭纪生.中国技术协同创新研究[D].南京:南京农业大学,2000.

[352] 齐建国等.技术创新——国家系统的改革与重组[M].北京:社会科学文献出版社,2007.

[353] 钱晓烨,迟巍,黎波.人力资本对我国区域创新及经济增长的影响:基于空间计量的实证研究[J].数量经济技术经济研究,2010(4):107-121.

[354] 钱颖一.硅谷的故事[J].经济社会体制比较,2000(1):28-35.

[355] 乔·蒂德,约翰·贝赞特.创新管理[M].陈劲,译.北京:中国人民出版社,2012.

[356] 乔治·J.施蒂格勒.产业组织和政府管制[M].潘振民,译.上海:上

海三联书店,1989.

[357] 青木昌彦.比较制度分析[M].周黎安,译.上海:上海远东出版社,2001.

[358] 青木昌彦,奥野正宽,冈崎哲二.市场的作用 国家的作用[M].林家彬,等译.北京:中国发展出版社,2002.

[359] 青木昌彦,安藤晴彦.模块时代:新产业结构的本质[M].周国荣,译.上海:上海远东出版社,2003.

[360] 石定寰,柳卸林.建设面向二十一世纪的国家技术创新体系[J].求是,1999(10):22-24.

[361] 石定寰.国家创新系统:现状与未来[M].北京:经济管理出版社,1999.

[362] 孙强,杨义梅.企业技术创新与管理创新的协同效应研究[J].武汉理工大学学报(信息与管理工程版),2006(3):82-84,89.

[363] 孙劭方.高新区创新网络的运行机制研究[J].决策探索,2003(1):22-23.

[364] 孙议政,吴贵生.国家创新系统的界定与研究方法初探[J].中国科技论坛,1999(3):16-18.

[365] 谭清美.区域创新资源有效配置研究[J].科学学研究,2004(10):543-545.

[366] 唐方成,马骏,席酉民.和谐管理的耦合机制及其复杂性的涌现[J].系统工程理论与实践,2004(11):68-75.

[367] 藤田昌久,保罗·克鲁格曼,安东尼·J.维纳布尔斯.空间经济学[M].梁琦,译.北京:中国人民大学出版社,2005.

[368] 田国强.经济机制理论:信息效率与激励机制设计[J].经济学(季刊),2003(2):2-39.

[369] 童昕,王缉慈.论全球化背景下的本地创新网络[J].中国软科学,2000(9):80-83.

[370] 万斌等.中国长三角地区发展报告[M].北京:社会科学文献出版社,2005.

[371] 万坤扬,陆文聪.中国技术创新区域变化及其成因分析——基于面板数据的空间计量经济学模型[J].科学学研究,2010(10):1582-1591.

[372] 王大洲,姜明辉,李广和.高技术产业创新的治理——美国硅谷的创新网络及其启示[J].决策借鉴,2001(4):59-62.

[373] 王德禄.区域创新:中关村走向未来[M].济南:山东教育出版

社,1999.

[374] 王灏.光电子产业区域创新网络构建与演化机理研究[J].科研管理,2013(1):37-45.

[375] 王核成,宁熙.硅谷的核心竞争力在于区域创新网络[J].经济学家,2001(5):125-127.

[376] 王缉慈.关于在外向型区域发展本地企业集群的一点思考——墨西哥和我国台湾外向型加工区域的对比分析[J].世界地理研究,2001(3):15-19.

[377] 王家庭.技术创新、空间溢出与区域工业经济增长的实证研究[J].中国科技论坛,2012(1):55-61.

[378] 王立军.沪苏浙联手共建长三角区域创新体系研究[J].中国科技论坛,2003(5):45-48,60.

[379] 王立军.浙江民营企业自主创新的模式与特点[J].政策瞭望,2006(5):22-24.

[380] 王荣华.2007年:创新长三角[M].北京:社会科学文献出版社,2007.

[381] 王伟光.中国工业行业技术创新实证研究[M].北京:中国社会科学出版社,2003.

[382] 王小鲁,樊纲,余静文.中国分省份市场化指数报告(2016)[M].北京:社会科学文献出版社,2017.

[383] 王晓蓉,贾根良."新熊彼特"技术变迁理论评述.南开经济研究,2001(1):49-53,58.

[384] 王亚娟,张钰,刘益.企业间技术耦合和关系耦合——知识获取效率对供应商创新的中介作用研究[J].科学学研究,2014(1):103-113.

[385] 王子龙,谭清美,许萧迪.区域创新网络中的政府职能分析[J].科学管理研究,2003(3):9-11.

[386] 威廉·鲍莫尔.资本主义的增长奇迹——自由市场创新机器[M].郭梅军,等译.北京:中信出版社,2004.

[387] 魏江.产业集群——创新系统与技术学习[M].北京:科学出版社,2003.

[388] 温新民,刘则渊,薛静.协同:技术创新推动科学技术与经济发展的作用形式[J].科技与管理,2002(2):105-108,111.

[389] 翁君奕,林迎星.创新激励——驱动知识经济的发展[M].北京:经济管理出版社,2003.

[390] 吴贵生,徐建国,魏守华.试论区域科技发展中的十个关系[J].中国软科学,2004(6):96-102.

[391] 吴建祖,宣慧玉.企业内员工间知识互换的博弈分析[J].科学学研究,2004(S1):120-122.

[392] 吴敬琏.制度重于技术[M].北京:中国发展出版社,2002.

[393] 吴彤.论协同学理论方法——自组织动力学方法及其应用[J].内蒙古社会科学(汉文版),2000(6):19-26.

[394] 吴彤.自组织方法论研究[M].北京:清华大学出版社,2001.

[395] 谢晓波.地方政府竞争与区域经济协调发展——以中国转型经济为背景的分析[D].杭州:浙江大学,2006.

[396] 徐浩鸣,徐建中,康姝丽.中国国有电子通信设备制造业系统协同度模型及实证分析[J].工业技术经济,2003(2):43-46.

[397] 许庆端.研究、发展与技术创新管理[M].北京:高等教育出版社,2000.

[398] 许庆瑞,谢章澍.企业创新协同及其演化模型研究[J].科学学研究,2004(3):327-332.

[399] 许庆瑞,谢章澍,杨志蓉.企业技术与制度创新协同的动态分析[J].科研管理,2006(4):116-120,129.

[400] 许庆瑞,蒋键,郑刚.各创新要素全面协同程度与企业特质的关系实证研究[J].研究与发展,2005(3):16-21.

[401] 杨小凯.当代经济学与中国经济[M].北京:中国社会科学出版社,1997.

[402] 叶伟巍等.协同创新的动态机制与激励政策——基于复杂系统理论视角[J].管理世界,2014(6):79-91.

[403] 余日昌.辩证看浙江创新文化个性[J].浙江经济,2007(9):34-37.

[404] 俞立中,郁鸿胜.长三角新一轮改革发展的战略思考[M].上海:上海人民出版社,2008.

[405] 袁昱明,兰娟.长三角区域创新体系的构建和培育[J].商业经济与管理,2004(7):48-51.

[406] 约翰·福斯特,J.斯坦利·梅特卡夫.演化经济学前沿:竞争、自组织与创新政策[M].贾根良,刘刚,译.北京:高等教育出版社,2005.

[407] 约翰·齐曼.技术创新进化论[M].孙喜杰,曾国屏,译.上海:上海科技教育出版社,2002.

[408] 约瑟夫·熊彼特.经济发展理论——对于利润、资本、信贷、利息和

经济周期的考察[M].何畏,易家详,等译.北京:商务印书馆,1991.

[409] 曾国屏.竞争和协同:系统发展的动力和源泉[J].系统辩证学学报,1996(3):7-11.

[410] 张方华,朱朝晖.长江三角洲"超区域创新体系"的理论模式研究[J].中国科技论坛,2004(7):44-48.

[411] 张钢,陈劲,许庆瑞.技术、组织与文化的协同创新模式研究[J].科学学研究,1997(2):56-61.

[412] 张红宇等.区域创新网络中的交互学习与信任演化研究[J].管理世界,2016(3):170-171.

[413] 张慧颖,吴红翠.基于创新过程的区域创新系统协调发展的比较研究——兼析天津市区域创新复合系统协调性[J].情报杂志,2011(8):12-16,21.

[414] 张林.区域知识系统的协同研究[J].科学学与科学技术管理,2008(3):86-90.

[415] 张首魁,党兴华,李莉.松散耦合系统:技术创新网络组织结构研究[J].中国软科学,2006(9):122-129.

[416] 张淑莲等.京津冀高技术产业协同创新研究[J].河北工业大学学报(社会科学版),2011(6):107-112.

[417] 张水潮,刘永,程情情.构建创新协同生产函数实现创新目标设计的机理研究[J].郑州大学学报(哲学社会科学版),2012(1):85-87.

[418] 张维迎.博弈论与信息经济学[M].上海:上海三联书店、上海人民出版社,1997.

[419] 张维迎,邓峰.信息、激励与连带责任——对中国古代连坐、保甲制度的法和经济学解释[J].中国社会科学,2003(3):99-112,207.

[420] 张伟峰,杨选留.技术创新:一种创新网络视角研究[J].科学学研究,2006(2):294-298.

[421] 张小蒂.风险投资基金:发展知识经济的推进器[J].金融研究,1998(9):37-39,19.

[422] 张小蒂.关于发展知识经济的思考[J].世界经济,1999(1):18-20.

[423] 张小蒂.美国创业投资业成功运作的主要因素及启示[J].金融研究,1999(9):75-79.

[424] 张小蒂.大力促进科技型小企业的发展[J].浙江经济,2000(4):28-30.

[425] 张小蒂,李风华.技术创新、政府干预与竞争优势[J].世界经济,2001(7):44-49.

[426] 张小蒂,王焕祥.国际投资与跨国公司[M].杭州:浙江大学出版社,2004.

[427] 张小蒂,李晓钟.转型时期中国民营企业家人力资本特殊性及成长特征分析[J].中国工业经济,2008(50):129-138.

[428] 张小蒂,李晓钟.中国绿色食品贸易中的信息障碍及其化解的制度安排[J].学术月刊,2005(11):35-44.

[429] 张小宁.企业中的非分工合作[J].中国工业经济,2005(1):102-109.

[430] 张小荣.政府在技术创新网络与高技术产业发展中的作用[J].财经科学,2004(S1):401-403.

[431] 张学良,林永然,孟美侠.长三角区域一体化发展机制演进:经验总结与发展趋向[J].安徽大学学报(哲学社会科学版),2019(1):138-147.

[432] 张宇燕.经济发展与制度选择——对制度的经济分析[M].北京:中国人民大学出版社,1992.

[433] 张运华等.企业内部创新与产学研合作创新协同度模型及其应用研究[J].情报杂志,2018(2):201-207,193.

[434] 张宗庆.技术创新研究的综合化趋势[J].国外社会科学,2000(6):15-20.

[435] 郑刚.基于TIM视角的企业技术创新过程中各要素全面协同机制研究[D].杭州:浙江大学,2004.

[436] 中关村区域创新能力课题组.中关村创新网络的分析[J].环渤海经济瞭望,1997(5):15-23.

[437] 中国科技发展战略研究小组.中国区域创新能力报告2001[R].北京:中共中央党校出版社,2002.

[438] 中国科技发展战略研究小组.中国区域创新能力报告2002[R].北京:经济管理出版社,2003.

[439] 中国科技发展战略研究小组.中国区域创新能力报告2003[R].北京:经济管理出版社,2004.

[440] 中国科技发展战略研究小组.中国区域创新能力报告2004—2005[R].北京:知识产权出版社,2005.

[441] 中国科技发展战略研究小组.中国区域创新能力报告2006—2007[R].北京:知识产权出版社,2007.

[442] 中国科技发展战略研究小组.中国区域创新能力报告2008[R].北京:科学出版社,2009.

[443] 中国科技发展战略研究小组.中国区域创新能力报告2009[R].北

京:科学出版社,2010.

[444] 中国科技发展战略研究小组.中国区域创新能力报告 2010:珠三角区域创新体系研究[R].北京:科学出版社,2010.

[445] 中国科技发展战略研究小组.中国区域创新能力报告 2011:区域创新与战略性新兴产业发展[R].北京:科学出版社,2011.

[446] 中国科学院大学,中国创新创业管理研究中心.中国区域创新能力评价报告 2015[R].北京:科学技术文献出版社,2015.

[447] 中国科学院大学,中国创新创业管理研究中心.中国区域创新能力评价报告 2016[R].北京:科学技术文献出版社,2016.

[448] 中国科学院大学,中国创新创业管理研究中心.中国区域创新能力评价报告 2017[R].北京:科学技术文献出版社,2018.

[449] 中国社会科学院工业经济研究所.中国工业发展报告——2014 中国工业技术创新[M].北京:经济管理出版社,2004.

[450] 周彩霞.省级中长期科技发展规划的比较分析[J].科学学与科学技术管理,2007(9):31-35,40.

[451] 周黎安.晋升博弈中政府官员的激励与合作——兼论我国地方保护主义和重复建设问题长期存在的原因[J].经济研究,2004(6):33-40.

[452] 周黎安.中国地方官员的晋升锦标赛模式研究[J].经济研究,2007(7):36-50.

[453] 周黎安.转型中的地方政府:官员激励与治理[M].上海:格致出版社,上海人民出版社,2008.

[454] 周佩,章道云,姚世斌.协同创新与企业多元互动研究[J].管理世界,2013(8):181-182.

[455] 周振华.论长江三角洲走向"共赢"的区域经济整合[J].社会科学,2002(6):12-16.

[456] 朱华晟.浙江产业群——产业网络、成长轨迹与发展动力[M].杭州:浙江大学出版社,2003.

[457] 朱祖平.企业协同创新机制与管理再造[J].管理与效益,1998(1):35-37.

[458] 邹波,周文萱,卜琳华."三螺旋"创新协同效应理论分析[J].学术交流,2013(11):111-114.

附录1:麦氏模型[①]

如图 1 所示,假定:(1)世界仅由甲国(接受外来投资国)和乙国(对外投资国)组成,甲为资本稀缺国,乙为资本富裕国;(2)资本受边际产出递减规律支配,即在其他要素投入量不变的情况下继续追加资本,则追加资本的单位产出率将递减;(3)两国国内经济均处于完全竞争状态,资本的边际收益率等于资本的边际产出率。在图 1 中,EJ 和 FD 分别为甲、乙两国的资本边际产出曲线。甲、乙两国之间资本未移动前的情况如表 1 所示。

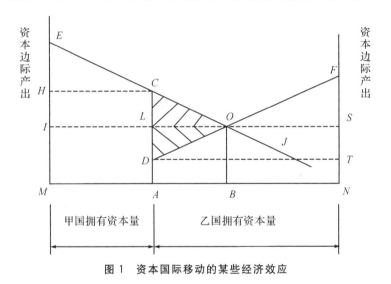

图 1　资本国际移动的某些经济效应

表 1　资本国际移动前的经济情况

经济情况	甲国	乙国
投入资本量	MA	NA
国内总产出	(梯形)$MECA$	(梯形)$NFDA$
资本收入	(矩形)$MHCA$	(矩形)$NTDA$
其他要素收入	(三角形)HEC	(三角形)TFD
资本的边际产出	MH	NT

同时,从图 1 中可以看出,如果甲、乙两国的经济均为封闭型经济,资

---

① 张小蒂等.国际投资与跨国公司.杭州:浙江大学出版社,2004:26.

本不能跨国界流动,则资本相对稀缺的甲国的资本边际产出从而资本收益率高于资本较富裕的乙国,即 $MH>NT$。但若甲、乙两国的经济均为开放型经济,资本能跨国界流动,则由于甲国的资本收益率较高,乙国的部分资本将流向甲国,直到两国的资本收益水平在 O 点达到均衡为止。这时,共有数量为 AB 的资本从乙国流入了甲国,情况如表2所示。

表 2　资本国际移动后的经济情况

经济情况	甲国	乙国
投入资本量	MA	NA
国内总产出	(梯形)$MEOB$	(梯形)$NFOB$
资本收入	(矩形)$MILA$	(矩形)$NSLA$
资本 AB 的收入	矩形 $ALOB$(计入 GDP)	(矩形)$ALOB$(计入 GNP)
其他要素收入	(三角形)IEO	(三角形)SFO
新增的收入	(三角形)LCO	(三角形)LDO
资本的边际产出	MI	NS

甲、乙两国之间的资本跨国界移动对双方的国民收入分配、经济资源利用效率及国际收支平衡等都会产生一定的影响。从甲国一方来看,虽然其资本收益率有所下降,但其原先国内资本稀缺的状况却得到了缓解。由于外资的引入,甲国的其他生产要素,如劳动力、自然资源等得到了更充分的利用,GNP 和 GDP 均将因此而上升。

这将促进其经济的发展,在图1中,表现为甲国的新增收入 LCO。在国际收支方面,若不考虑外贸及其他因素的影响,则短期内甲国的外汇收入会因外资的流入而快速增加。但在较长的时期内,随着外国资本利润汇出的增多,甲国的外汇收入会相应地减少。从乙国一方看,由于资本的输出,其他生产要素的收益率有所下降,但其资本收益水平却得到了很大的提高,其国民生产总值(GNP)也有了明显的增加,在图1中表现为新增收入 LDO。在国际收支方面,对外投资将会使乙国的外汇收入在短期内净流出。但在较长时期内,由于对外投资利润的不断汇回,乙国在国际收支方面的状况会得到改善。尽管各有利弊,但从总体上看利大于弊,双方均可获得新增的收入,其总和为三角形 CDO 的面积,即图1中的阴影部分。若由两国模型推而广之,不难看出,在各国自愿的前提下,资本的国际互动可导致各国资本的收益率在国际上趋于平均化,从而提高世界资源利用的经济效率,促进世界各国总的福利水平的增进。

附录 2:美国东北部大西洋沿岸城市群的创新协同情况

一、世界五大城市群的基本情况

考察世界主要的创新区域,不难发现,它们往往也是经济活动发达的区域,科技强区总是与经济富区相伴而生。从全球经济发展的潮流看,美国东北部大西洋沿岸城市群、北美五大湖城市群、日本太平洋沿岸城市群、欧洲西北部城市群、英国以伦敦为核心的城市群等五大城市群正成为全球性竞争的主角,也是创新活动频繁发展的区域。

美国东北部大西洋沿岸城市群:从波士顿到华盛顿,包括波士顿、纽约、费城、巴尔的摩、华盛顿等几个大城市,共 40 个城市(指 10 万人以上的城市)。该城市带长 965 千米,宽 48~160 千米,面积 13.8 万平方千米,占美国面积的 1.5%。该区人口 6500 万,占美国总人口的 20%,城市化水平达到 90% 以上。

北美五大湖城市群:分布于五大湖沿岸,从芝加哥向东到底特律、克利夫兰、匹兹堡,并一直延伸到加拿大的多伦多和蒙特利尔。该城市群与美国东北沿海城市共同构成了北美的制造业带。

日本太平洋沿岸城市群:又称东海道城市群。一般指从千叶向西,经过东京、横滨、静冈、名古屋,到京都、大阪、神户的范围。该城市群一般分为东京、大阪、名古屋三个城市圈。这个区域面积 3.5 万平方千米,占日本全国国土面积的 6%。人口将近 7000 万,占全国总人口的 61%。分布着全日本 80% 以上的金融、教育、出版、信息和研究开发机构。

欧洲西北部城市群:由大巴黎地区城市群、莱茵—鲁尔城市群、荷兰—比利时城市群构成。主要城市有巴黎、阿姆斯特丹、鹿特丹、海牙、安特卫普、布鲁塞尔、科隆等。10 万人口以上的城市有 40 个。

英国以伦敦为核心的城市群:以伦敦为核心的城市群,以伦敦—利物浦为轴线,包括大伦敦地区、伯明翰、谢菲尔德、利物浦、曼彻斯特等大城市,以及众多小城镇。

从这五大城市群的产业结构可以看出,以中心城市的总部经济为核心、以产业创新为动力,通过市场机制的调节作用,带动周边城市的产业承接与转移,形成完美的产业链和特色产品集群。因此,在分工上,中心城市主要是为现代服务业和其他各种创新性行业提供便利和多样性的经济基础,使它能够从这样一种环境中获得巨大的经济利益;周边城市则倾向于标准化的制造业或者是服务业,如基础重工业、食品加工、纺织、造纸、机械以及交通运输等。周边城市通过专门化于一类工业生产活动,集中了R&D资源,发展了本地经济。

OECD 早在 20 世纪 50 年代开始,就已经把竞争力的概念延伸至区域层面,对政策导向产生了重要的影响。一方面,许多国家区域政策的再定位已发挥了具体区域要素对区域创新过程的重要作用。OECD 的学者认为:"这种方式强调集聚效应对知识创新和扩散的重要性,同时认为在确保知识处于最有利的扩散环境方面,区域是最适宜的。"因为地理位置的临近性和经常与此相伴而生的区域文化共享,有助于达成默契和知识共享,这成了一种内在的"区域的"创新体系基石。OECD 发表了大量的论文和报告,对创新和区域之间的互动给予了支持,对 20 世纪 80 年代的一系列观察表明,从高技术企业集群到更加传统的产业区竞争力的不断增强,触发产生一种空间产业组织新形式的理念。这种理念的核心实际上是通过跨行政区域的合作实现共赢。OECD 成员方也在积极地进行区域发展模式的实践,比如日本东京郊区的"技术先进圈地区(TAMA)网络",意大利的艾米利亚—罗马涅大区,法国、芬兰、丹麦哥本哈根与瑞典斯科纳省组成的厄勒海峡地区、西班牙的中央卡马卡瓦西亚纲(CCV),都有比较独特的做法和成功的经验。

二、美国东北部大西洋沿岸城市群的创新协同情况

美国东北部大西洋沿岸城市群区域包括波士顿、纽约、费城、巴尔的摩、华盛顿等几个大城市,这几个大都市各具产业特色,分工合理,在纵向产业布局、横向科技合作上,形成了一个各有分工、有序的结构网络。

波士顿的工业比较发达,原来的支柱产业是纺织、造船等传统工业,现在则以高科技行业为主要产业,是全美仅次于硅谷的微电子技术中心。另外,波士顿拥有全球闻名的哈佛大学、麻省理工学院等 16 所大学以及国家航空与宇航电子中心等重要的科研机构。因此,波士顿的科研成果和科研人才为周边城市群源源不断地提供了智力之源和知识服务。

纽约处于整个城市群的核心地位,是美国的第一大城市,其城市功能是综合型的,虽然不是美国首都,但它却是国际政治中心,对全美乃至全球都有影响。纽约的产业几乎全是第三产业,并且突出地表现在金融、贸易和管理等知识密集型行业,早在 20 世纪初,纽约就是全美的"银行之都",

在世界金融、证券和外汇市场上有着重要影响。同时，纽约又是总部经济聚集地，全美 500 家最大的公司，约有 30％的总部设在纽约；广告、法律、税收、房地产、数据处理等管理机构和服务部门也云集于此，形成了一个控制国内、影响世界的服务和管理中心。

费城是城市群中仅次于纽约的第二大城市，它是一个多样化的城市，重化工业发达，是美国东海岸主要的炼油中心和钢铁、造船基地，同时也是美国的主要港口之一和全国重要的铁路枢纽，全市 2/5 的就业人口从事制造业。因此，费城是各种高新技术应用的密集区域。

巴尔的摩也是美国东海岸重要的海港和工商业中心。依靠进口原料，巴尔的摩发展了钢铁、造船和有色金属冶炼等工业，对外贸易在经济中占有重要地位。

华盛顿是美国的首都，仅仅以政府行政为主，是一个典型的以政治为中心的城市。城市中没有发展工业，但为行政和文化机构服务的印刷出版业、餐饮服务业、高级化妆品业则获得了长足的发展，同时由于城市环境优美，旅游业、酒店业、社会服务业相当发达。

三、启示

进入 21 世纪以来，长三角在国内生产总值、人均国内生产总值、科技综合实力、区域创新能力等方面持续走在全国前列，是我国综合实力最强的经济中心，已经成为亚太地区重要的国际门户和全球重要的先进制造业基地，是我国最有希望率先跻身世界级城市群的地区。然而，就长三角所处的战略区位和它在中国经济中的战略作用看，长三角的经济能级和能力还不能与此相适应。

首先，沪苏浙三地各城市分别处于不同的行政区划中，不利于区域的规划与整合；其次，长三角地区的城市化水平还比较低，2017 年，长三角地区的浙江，城市化水平已经达到了 68％①，但其与发达国家 75％的城市化水平相比还存在差距；从产业结构看，长三角地区与世界上的主要经济区域相比，第一产业仍然占有较大的比重，第二产业整体层次较低，第三产业比重偏低，2018 年约占 53.3％②，落后于发达国家的平均水平（占比 70％以上）。

---

① 2018 年我国城市化水平达到 58％，距发达国家及格线还差 15 个百分点，https://www.douban.com/note/7056173481.

② 2018 年我国长三角城市群产业门类、经济发展情况分析，http://market.chinabaogao.com/gonggongfuwu/03133244262018.html.

此外,从产业分工协作体系来看,与国外主要创新区域相比,长三角地区在很多方面仍然存在不足。五大城市群产业结构较一般的区域产业结构表现出产业层次突出、产业关联度高、产业结构成熟等特点。在发展布局上,美国东北部大西洋沿岸城市群中的各个城市都有自己的特定职能,在整个区域抱团发展的过程中,相互之间密切联系在一起。与此同时,城市之间又各有分工和侧重,华盛顿是政治中心,纽约是经济中心,波士顿是科研中心,费城和巴尔的摩是工业中心,因而各自对技术需求不同,在共同市场的基础上,通过协同创新,科技资源和生产要素得以自由流动,从而实现了合理配置,提升了区域各城市的整体知识竞争力,形成了城市群巨大的整体协同效应。

相比较之下,首先,长三角区域的产业结构趋同严重,产业结构呈现"同构化""低度化",导致区域规模效益和专业化经济效益的双重损失;其次,长三角区域的产业发展基本上还是以外延型、粗放型为主,拥挤在产业链的低端;再次,长三角区域出现的一些产业集群区还只是"企业群"或"专业化产业区",主要是同类产品的集聚,远远达不到国际标准的产业集群程度。

因此,在目前的形势下,要想参与国际竞争,沪苏浙三地只有根据各自的优势,实现合理的分工,走向创新协同,才能迅速提升长三角地区的科技竞争力和经济实力。

尤其是我国加入 WTO 之后,长三角面对的竞争环境和条件发生了显著变化。面对日趋激烈的国际竞争态势,面对产业的大转移、结构的大调整所带来的不确定性的挑战,面对区域竞争所产生的压力,对长三角而言,必须制定一个有效的、面对未来的、旨在提升国际竞争力的政策和策略,包括在全球分工条件下,制定有利于发挥长三角比较优势的产业发展思路和竞争战略;分析各行业受 WTO 影响的程度,采取差别化的分类调整和引导;加快企事业改革步伐,增强企业竞争能力;分析政府职能的转变,为行业创造一个公正、公平与公开的市场竞争环境;充分发挥行业协会等中介组织的作用,建立行业预警机制,保护行业的正当利益。

政府合作,加强协同,理顺地区合作秩序,实现区域产业发展一体化和产业布局合理化,优先发展高端制造和知识密集型服务业,才能培育和提升长三角产业的科技实力和整体竞争力,使长三角成为创新型以及参与国际竞争的龙头区域。

总之,构建一体化的区域创新系统、推进长三角创新协同,是实现长三角地区科技跨越发展的重要途径。科学技术发展的一个鲜明的时代特征就是科技全球化。现代科学技术越来越向规模化、复杂化、国际化方向发展，因此科技工作也面临着向大调整、大联合、大协作特征发展。沪苏浙两省一市的科技发展规划和发展纲要都把"国际化"作为主要的发展目标之一。上海多次强调要提高科技创新的国际化程度，率先形成自主创新与国际化先进技术引进相结合的创新体系，尤其在若干战略高技术领域形成丰厚的自主知识产权并在国际市场占据相对的主导地位。浙江也强调要积极运用高新技术改选提升块状经济，增强主业核心竞争力和国际竞争力。江苏明确提出以抢占产业制度高点、参与国际竞争为目标，积极发展具有自主知识产权和国际竞争力的高新技术产业集群。

索　引